초월의 상상

초월의 상상

정민의 도교 미학 깊이 읽기

Humanist

■ 서문

　현실의 닫힌 삶 속에서 사람들은 초월을 꿈꾼다. 꿈을 꿀 때 인간은 행복하다. 이룰 수 없어 꿈을 꾸고, 이루고 싶어 꿈을 꾼다. 꿈은 무의식의 세계다. 꿈의 한 자락을 걷어내면, 억압된 욕망이 실체를 드러낸다.

　도교, 그리고 신선세계를 향한 동경은, 초월을 향한 중세인의 꿈꾸기이다. 현실은 늘 질곡 속에 있다. 불의는 언제나 정의를 억압한다. 고통과 질병은 항상 곁에 따라붙는다. 삶은 풀잎 끝에 맺힌 이슬처럼 덧없이 스러진다. 인간에게 낙원은 있는가? 낙원은 없다.

　이데올로기가 사라진 공백 속에 인간이 남았다. 허공에 내던져진 인간은 어떤 꿈을 꾸는가? 몇백 년 전 선인들도 이런 절망에 몸을 떨었다. 지금의 독자들이 해리 포터의 마법과 판타지 소설에 환호하듯이, 옛 사람들은 부조리한 현실의 벽 앞에서 허공 위에 펼쳐진 옥황상제의 황금 궁궐과, 용이 끄는 수레를 타고 내려오는 신선들의 이야기에 열광했다. 유교의 엄숙주의가 강력한 힘을 행사할 때마다, 신선세계를 향한 꿈은 더 강렬한 흡인력을 발휘했다. 세상은 늘 똑같이 되풀이된다. 과거를 답습하고 모방한다. 달라진 것은 아무것도 없다. 꿈도 마찬가지다. 옛날을 들춰 미래를 알 수 있다.

도교는 유교·불교와 더불어 우리 문화의 기층을 떠받치고 있는 한 축이다. 하지만 도교는 한 번도 문화의 전면에 그 정체성을 뚜렷이 드러낸 적이 없다. 이 책은 중세 지식인들이 꿈꾸었던 초월을 향한 상상, 그 꿈의 흔적들을 주로 한시를 통해 들여다본 것이다. 흩어진 구슬을 한 자리에 꿰어놓고 보니, 제법 그 자취가 선명한 궤적으로 드러나보인다. 그 궤적을 따라 새 길을 내고, 현재와 소통시키는 작업은 이제부터 시작이다. 한국 문화사에서 도교가 차지하는 위상을 제대로 드러내기에 이 책은 턱없이 부족하다. 백리 길을 가는 사람은 90리를 절반으로 삼는다 했다. 하지만 우리의 도교 연구는 출발점에서 겨우 10리쯤 벗어나 있다. 이것이 부족한 대로 한 권의 책으로 묶을 용기를 내는 까닭이다.

이 책에 실린 글은 서설을 포함하여 모두 8편이다. 내용에 따라 3부로 나누었다. 1부 '한시와 도교적 상상'은 한시와 도교의 전반적 연관을 논한 글이다. 2부 '유선문학, 닫힌 세계 속의 열린 꿈'은 유선문학에 대해 논의한 세 편의 글을 실었다. 유선문학은 이상하게 우리 문학사에서 늘 서자 취급을 받았다. 그 중요성에 비하여 본격적으로 논의된 적이 한 번도 없다. 3부 '도교 문화의 심층과 기층'은 비기(秘記)의 문화사적 의미와, 민간 신앙 속에 뿌리내린 도교 신앙의 근저를 살폈다.

원래 이 글들은 모두 전문 학술지에 실었던 논문이다. 서양의 학술 성과는 출간하면 바로 인문 교양서가 되는데, 우리는 둘 사이에 버전이 판이하다. 사나운 욕심이겠으되, 전문 학술지에 실었던 논문이지만, 이런 구실도 감당할 수 있었으면 싶었다. 그래서 고생을 사서 했다. 글을 완전히 새로 뜯어고치고, 한문투를 걷어내고, 중간 제목을 달았다. 겹치는 논의를 덜어내고, 부족한 부분을 채워 넣었다. 작업 도중 떠오르는 생각이 참 많았다. 처음부터 이렇게 썼으면 좀 좋았을까?

　도교는 열린 세계다. 이것이 문학과 만나 그 품이 더 넉넉해졌다. 예나 지금이나 문제는 상상력이다. 주저앉으려 들 때마다 북돋워 일으켜준 휴머니스트의 선완규 선생께 깊은 고마움을 표한다. 그는 저자를 쉴새없이 자극하여 향상시키는 보기 드문 편집자다. 그와 함께 작업한 것을 행운으로 생각한다.

2002년 5월 행당 동산에서 정 민

차례

서문
서설 | 우리 문화 속의 도교　　　　　　　　　　　　　　　11

1부 한시 속의 도교적 상상

1장　**한국 한시와 도교**　　　　　　　　　　　　　　　27
　　　유선시, 선계를 향한 꿈
　　　현언시, 마음의 맑은 거울
　　　선취시, 신선의 땅에서
　　　연단시, 신선이 되는 방법
　　　의속시, 도교의 의례와 신앙

2장　**한시 속의 유토피아**　　　　　　　　　　　　　　71
　　　무릉도원의 꿈과 대동사회의 이상
　　　작은 나라, 적은 백성 | 청학동, 푸른 학이 사는 나라 | 지상 위의
　　　공동체, 대동 세상의 꿈

　　　상상 속에 열리는 신선들의 세계
　　　갈 수 없는 나라 | 구름 위의 황금 궁전 | 이카로스의 날개

2부 유선 문학, 닫힌 세계 속의 열린 꿈

3장　**역대 유선시의 자료 개관과 그 의미**　　　　　　119
　　　유선시의 개념과 역사적 전개
　　　역대 작가들의 유선시 자료 개관
　　　16, 17세기 유선시 출현 동인
　　　문예사조의 측면, 학당풍의 진작 | 사상사의 측면, 도교 사상에
　　　대한 관심 증폭 | 작가 의식의 측면, 몰락한 서인의 불우와 전쟁의 상란
　　　16, 17세기 유선시의 성과와 한계

4장　**유선시의 서사 틀과 낭만적 상상력**　　　　　　175
　　　귀양 온 신선의 갈등과 염원
　　　탈출 공간으로서의 선계상과 낭만적 노닒
　　　복약 모티프와 하계 조감
　　　좌절된 꿈, 반복되는 악순환

5장   유선사부의 서사 구조와 의미 구조   221
유선사부의 작가와 내용

유선사부의 서사 구조
선계는 왜 찾는가? | 선계에서의 깨달음 | 내려다본 인간 세상 | 다시 꿈을 깨어

유선사부의 의미 구조
굴원·장자풍의 수용과 그 의미 | 현인실지(賢人失志)의 문학 전통과 작가의식

3부 도교 문화의 심층과 기층

6장   비기(秘記)의 문화사, 허균의 동국명산동천주해기   267
《동국명산동천주해기》는 어떤 책인가?
조현이 지은 서문 | 지광이 쓴 제후(題後)

허균과 《동국명산동천주해기》
남극관이 쓴 문제의 글 | 허균이 지었다는 증거들
허균은 왜 이 책을 지었을까? |

《동국명산동천주해기》의 도교 문화사적 의미
조선 중기 도교의 제반 양상 | 동천복지설과 《동국명산동천주해기》의 체제
또 하나의 자료, 남사고의 《동국분야기》

7장   삼시설과 수경신 신앙   317
삼시설의 유래와 수경신 신앙
삼시란 무엇인가? | 삼시의 역할과 경신일의 의미

삼시설의 전래와 수경신 신앙의 성행
역대 왕실의 수경신 신앙 | 수경신에 담긴 뜻 | 일본에서 더 성행한
수경신 신앙

한시를 통해 본 수경신 신앙
수경신을 노래한 제가의 시 | 수경신 비판과 그밖의 관련 작품들

작가와 작품 찾아보기   353

서설

우리 문화 속의 도교

1905년, 권중현(權重顯, 1854~1934)은 《공과신격(功過新格)》 3권 1책을 펴낸다. 이는 중국 여동빈(呂洞賓)의 도교 수양서인 《공과격》을 본떠 지은 권선서(勸善書)다. 인간의 모든 행동을 선악으로 나눠 선행에는 공(功)을 주고, 악행에는 과(過)를 주어, 받은 점수에 따라 상벌을 내리는 내용으로 되어 있다.

권중현은 을사년에 나라를 팔아먹은 을사오적의 하나로 지목된 골수 친일파다. 1905년 을사년 당시, 그는 농상공부 대신이었고, 일본 정부에서 자작의 작위를 받았던 인물이다. 나라를 팔아먹는 데 앞장섰던 그가 같은 해 바쁜 공무 중에 《공과신격》을 펴내고, 이듬해에는 이를 보급하기 위해 《공과신격언해》까지 펴냈다. 그리고는 안팎에 이 책을 무료로 배포했다. 왜 그랬을까?

조선 후기 들어 《태상감응편(太上感應篇)》·《선음즐문(善陰騭

文)》·《공과격》 같은 도교 계통의 권선서들이 활발히 간행된다. 대표적인 권선서로 널리 읽혔던 《태상감응편》은 이렇게 시작된다.

"화와 복은 들어오는 문이 따로 없고, 오로지 사람이 스스로 부를 뿐이다. 선악의 응보는 마치 그림자가 형상을 따름과 같다."

그래서 천지에는 사과신(司過神), 즉 허물을 관장하는 신이 있어, 그 사람이 지은 죄과의 경중에 따라 수명을 빼앗는다고 했다.

사람의 머릿속에 있는 삼태북두신군(三台北斗神君)이 주인의 죄악을 낱낱이 기록하고, 몸에 붙어사는 삼시신(三尸神)은 두 달에 한 번 경신일 밤이 되면 하늘에 올라와 그 죄를 고자질한다. 또 매달 그믐날에는 부뚜막신도 하늘에 올라가 그 집 식구들의 죄과를 일러바친다. 사람이, 이 책에서 규정하고 있는 선행을 천3백 번 이상 닦으면 천선(天仙)이 될 수 있고, 3백 번을 닦으면 지선(地仙)이 될 수 있다고 했다.■ 또 죄과를 닦으면 사명신(司命神)은 그 죄의 경중에 따라 계산하여 수명을 빼앗는데, 계산을 다하면 그 사람은 죽는다고 믿었다. 죽은 뒤에도 셈할 계산이 남으면 그것은 자손에게 넘어간다.

1852년, 최성환이 주동하여 《태상감응편도설언해》가 간행된다. 중국에서 《태상감응편》의 내용을 판화로 찍어 풀이한 책을 다시

■ **신선의 등급** 신선의 선(仙)자는 한나라 이전에는 선(僊)으로 썼다. 춤추는 옷 소매가 바람에 펄럭거린다는 뜻이다. 그러니까 신선, 또는 선인(僊人)은 하늘로 가볍게 날아오를 수 있는 존재를 뜻한다. 갈홍(葛洪)은 《포박자(抱朴子)》에서 신선을 세 단계로 구분한 신선 삼품설(神仙三品說)을 제시했다. 천선(天仙)과 지선(地仙)과 시해선(尸解仙)이 그것이다. 천선은 허공을 타고 올라가 하늘에서 노니는 신선이니, 신선의 최고 경지이다. 지선은 명산대천에서 노닐고, 시해선은 죽은 뒤에 시신이 육신의 껍질을 벗어 세간에서 장생한다고 했다. 죽은 후 땅을 파보니 관만 있고 시신이 없었다는 신선 설화는 모두 시해선의 경지를 나타낸다.

우리말로 풀어서 펴낸 것이다. 이 책의 서두에 보면, 항주 사람 왕정허(汪靜虛)란 이가 자식이 없어 고민하다가, 《태상감응편》 1백 부를 10년간 필사하여 사람들에게 나눠준 공덕으로 자식 형제를 두었다는 이야기, 간주(簡州) 사람 왕손(王巽)이 수십 년간 병을 앓아 살 가망이 없다가, 이 책을 간행하기 위해 가산을 아낌없이 쏟고는 병도 낫고 오래 살았다는 이야기 등이 실려 있다.

도대체 왜 이런 종류의 권선서들이 19세기에 들어 갑자기 성행했을까? 권중현 같은 친일파는 왜 이런 책을 내서 무료로 배포했을까? 책에서 규정하고 있는 선행 중 가장 큰 공이 선서를 간행해 무료로 배포하는 것이므로, 이 책을 간행하여 자기의 죄과를 상쇄하려 했던 걸까? 아니면 왕정허나 왕손처럼 집안의 복을 빌기 위해 그랬을까? 많은 궁금증이 생긴다. 하지만 역설적으로 이러한 권선서의 성행을 보면서 우리는 당시 민간에 폭넓게 자리잡고 있던 도교 신앙의 깊은 뿌리와 만나게 된다. 최근까지도 도교는 우리 문화 속에 알게 모르게 깊이 침투하여, 의식의 밑자락을 지배하고 있다.

2

도교의 정체성을 둘러싼 논란은 그 연원이 오래다. 도교는 흔히 유교의 대(對)가 되는 노장 철학을 가리킨다. 무위자연(無爲自然), 즉 인위를 배제하고 본디 그러한 자연의 상태에 따라 살라는 노자의 가르침과, 쓸모 없는 것이야말로 곧 쓸모 있다는 것을 깨달으라는 장자의 무용지용(無用之用)의 가르침이 그것이다.

그런가 하면 지금까지도 중국 최대의 종교로, 울긋불긋하게 차려입은 도사들이 요란스레 악기를 두드리며 자욱한 연기 속에서 잡다하게 진설(陳設)한 신상 앞에 제사를 지내는, 시끄럽고 복잡한 종교 의례도 도교다. 저 노장(老莊)의 허무의 가르침과, 오늘도 중국 곳곳에 자리잡은 도관(道觀)에서 행해지는 야단스런 종교 의례 사이에는 상당한 거리가 있다.

저 하늘 위 열세 겹의 구름을 뚫고 대라천(大羅天)의 하늘 위에 열리는 황금 궁궐과, 위계 질서도 정연한 신들의 세계, 밤마다 학을 타고, 또는 용이 끄는 수레에 올라 곤륜산(崑崙山) 요지(瑤池)에서 열리는 서왕모(西王母)의 요지연(瑤池宴)에 참여하는 신선들의 이야기도 도교다. 깊은 산 속에서 불에 익힌 음식은 입에도 대지 않고 풀뿌리를 캐어먹으며 세상과 인연을 끊고 호흡과 명상 수련으로 신선의 꿈을 꾸며 한 세상을 건너갔던 은자(隱者)들의 지향도 도교다. 이들은 벽곡(辟穀)과 도인(導引), 호흡법을 수련하여 내단(內丹)을 닦아 결태(結胎)를 이뤄 환골성선(換骨成仙)하는 것을 삶의 궁극적 목표로 삼았다.

그렇다면 이들 숲 속의 은자들은 저 신선 세계의 가없는 부귀영화를 영원히 누리려고 인간의 욕망을 끊어버리고 그 고생을 사서하며 신선의 꿈을 꾸었던 걸까? 그리고 인위를 버리고 자연의 소박한 삶으로 돌아가라는 노자의 가르침은 또 이들과 어떻게 연결되는가?

민간 신앙이 된 도교의 의례 가운데 수경신(守庚申) 신앙이란 것이 있다. 삼시(三尸)란 벌레는 인간의 몸 속에 깃들어 살며 인간의 죄과를 낱낱이 기록해둔다. 그러다 두 달에 한 번 경신일 밤에

제 주인이 잠들면, 그 틈을 타서 하늘에 올라가 그 죄과를 낱낱이 고자질한다. 그러면 하늘은 그 죄과의 수만큼 그의 수명을 단축시킨다. 고려 때부터 이 신앙이 유행했다. 이날만 되면 사람들은 잠을 자지 않았다. 삼시의 고자질을 원천봉쇄하겠다는 뜻이다.

혹시나 싶어 《고려사》의 경신일 기사를 뒤져보았다.■ 웬걸! 경신일만 되면 왕이 신하를 불러 밤새 잔치를 베풀었다거나, 죄수를 방면(放免)하고, 빈민을 구휼하며, 절에 가서 제사를 지냈다는 기사가 어김없이 등장하는 것이다. 왕이 평소 나쁜 짓을 많이 해놓고 이날이라도 좋은 일을 해서 자기에게 올 벌을 상쇄하자는 의미로 생각했다. 조선 태조뿐 아니라, 연산군도 수경신과 관련된 일화를 남겼다. 이렇게 보면, 역대의 임금들이 경신일에 행한 선행이나, 구한말 친일파 권중현이 권선서를 무료로 배포해 복을 지으려 했던 것이나, 근본 생각은 다를 바가 없다.

도교는 우리에게 아직 낯설다. 하지만 불로장생의 꿈과 신선의 전설은 여전히 우리 곁을 맴돈다. 선가(仙家)에서 비인불전(非人不傳)으로만 전하던 단학은 그 수련 인구가 나날이 늘고 있다. 민족의 미래를 예언했다는 비결서(秘訣書)들은, 가짜 시비에도 불구하고 계속 발굴되고(?) 간행된다. 후천이 열리고, 낙원이 열리는 꿈은 알 수 없는 매력으로 삶에 지친 영혼들 사이로 파고든다. 깊은 산 속에는 지금도 세상과 인연을 끊고 수련에 몰두하는 사람들

■ **《고려사》 경신일 기사** 《고려사》에서 경신일 관련 기사가 눈에 띄는 것은 주로 숙종 이후인데, 특히 충렬왕대에는 무려 스무 차례의 경신일 관련 기사가 보인다. 이 가운데 경신일에 친히 제사를 올리며 기도 드린 것이 여덟 차례나 나오고, 밤에 연희를 베푼 것이 다섯 차례이며, 죄수 석방이 두 차례 보인다. 이밖에 "경신일이 있었으므로 왕이 봉은사에 갔다."는 식의 기사도 적지 않다.

이 있다. 때로는 그것은 국조 단군을 앞세운 민족의 얼굴을 하고, 때로는 깨달음의 모습으로, 혹은 무병장수의 건강 상품으로, 또는 판타지의 황홀한 빛깔로 우리에게 다가온다.

3

이는 삼국 시대나 고려 시대 때도 마찬가지였다. 조선 시대에도 상황은 다르지 않았다. 도교는 겉으로는 그 정체성을 뚜렷이 드러낸 적이 한 번도 없다. 하지만 늘 우리 곁에 있었다. 너무 친숙해서 그것이 무엇인지 따져볼 필요조차 없었다. 알게 모르게 도교는 우리 문화의 이면에서 그 영향력을 확대하며 우리의 무의식을 지배해왔다.

4, 5세기, 불교가 아직 이 땅에 뿌리내리기 전의 고구려 고분 벽화는 고구려가 도교의 나라였음을 말해준다. 고구려 국내성의 장천(長川) 1호분에는 백라관(白羅冠)에 현포(玄袍)를 입고 백학을 타고 하늘을 나는 신선*이 있다. 그 맞은편에는 용의 등에 올라타 악기를 연주하고 있는 선인이 보인다. 백학을 탄 신선의 모습은 통구(通溝) 사신총의 벽화에도 보인다.

집안현의 오회분 4호묘 고분에는 태양을 나타내는 세 발 까마귀 그림을 사이에 두고 용의 등에 올라탄 신선과, 봉황의 등에 올라탄 신선의 모습이 나온다. 우주의 중심을 나타내는 신수(神樹)와 각종 비천(飛天)의 형상 등 이들 벽화 속에서 우리는 도교적 상징들로 완벽하게 짜인 고구려인의 상상 세계와 만날 수 있다. 4호묘에는 또 복희(伏羲)와 여와(女媧)로 상징되는, 해신과 달신의 모습도

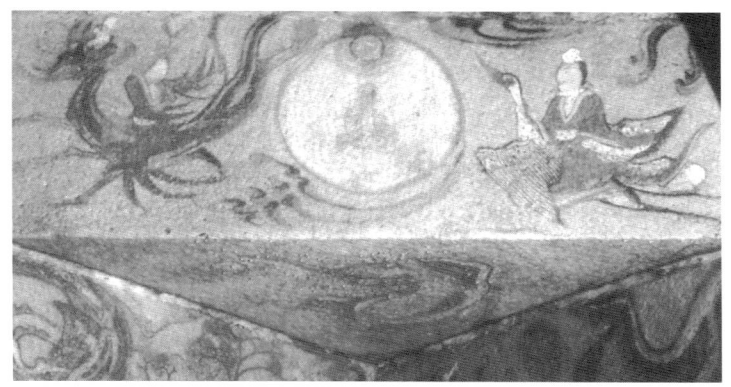

■ **백학을 타고 하늘을 나는 신선** 그는 백라관(白羅冠)을 썼다. 《수서(隋書)》에 따르면, 백라관은 고구려에서 왕만이 쓸 수 있던 관이다. 학을 타고 하늘로 오르는 그는 고구려의 왕, 무덤의 주인이었을 게다. 왕은 죽어 흙으로 돌아가지 않고 신선이 되어 학의 등에 올라타고 훨훨 하늘나라로 돌아간 것이라고 그들은 생각했던 모양이다. 고구려 국내성 장천 1호분.

보인다. 그들은 생명의 나무를 중심으로, 팔이 변하여 날개가 되고 인면사신(人面蛇身), 즉 사람의 얼굴에 뱀의 몸뚱이를 지닌 형상으로 양 손에 각각 해와 달을 받치고 있다. 달에는 두꺼비가, 해에는 세 발 까마귀가 그려졌다.

1993년, 백제 능산리 절터에서 발굴된 금동 용봉봉래산 향로는 어떤가? 구름이 감도는 33산의 선계에는 온갖 선금서수(仙禽瑞獸)들이 뛰놀고, 신선들은 곳곳에서 명상에 잠기고, 낚시를 하며, 머리를 감거나, 말 타고 달리며 삶의 즐거움을 만끽하고 있다. 정상 부근에는 기러기를 닮은 봉래산(蓬萊山)에 산다는 원앙 다섯 마리가 우러르는 가운데,■ 피리와 비파 등 갖은 악기로 연주하는 선악(仙樂) 속에 봉황이 너울너울 춤을 춘다. 향로의 밑바닥은 굽이굽이 몸을 서린 용이 역시 가락에 맞춰 제 몸을 뒤튼다. 이밖에 삼신산(三神山)의 꿈을 간직한 백제의 산경문전(山景紋塼), 날개 달린 흰 말이 하늘로 날아오르는 신라의 천마총 등 수많은 도교의 유물 또한, 고대 삼국 시기부터 도교가 한국 문화의 토양 속에 얼마나 깊이 뿌리내리고 있는가를 잘 보여준다.

어떤 이는 도교가 중국에서 우리 나라로 건너온 것이 아니라, 본래 우리 것이었다고 주장한다. 원래 우리 것이었는데 중국으로 건너갔다가 종교의 외피를 입고 다시 넘어왔다는 것이다. 최치원(崔致遠)은 〈난랑비서(鸞郎碑序)〉에서 "나라에 현묘한 도가 있나

■ **기러기를 닮은 원앙** 향로의 정상에는 봉래산에 산다는 전설의 새 봉황이 날개를 활짝 폈다. 너울너울 춤사위 너머로 들려오는 선계의 노래에 귀를 기울이기라도 하듯, 바로 그 아래 다섯 마리의 원앙이 봉황을 우러러 올려다보고 있다. 봉래산의 원앙은 기러기를 닮았다고 옛 기록에 적혀 있다. 어느 하나도 허투루 놓인 것이 없다.

니" 불교도 아니요, 유교도 아니요, 도교도 아닌, 그것을 넘어선 어떤 것이라고 했다. 단군의 홍익인간, 화랑의 풍류도를 그 맥락에서 이해하기도 한다. 이것의 사실 여부를 살펴 따지는 일도 중요하지만, 그만큼 도교가, 그 가운데서도 신선 사상이 우리 민족의 호흡에서 전혀 낯설지 않게 받아들여진 사정을 이해하는 것도 중요하다.

그렇다면 우리 문화 속에서 도교는 불교의 전래 이후 자취를 감추고 말았던가. 결코 그렇지 않다. 그 정신은 혈맥을 타고 흘러 기층에 뿌리내리고 끊임없이 성장해왔다. 신라 사선(四仙)의 전설, 그들의 이름이 난새[鸞鳥]를 타고 노니는 난랑(鸞郞)이거나 노래를 잘 부르는 영랑(永郞)인 것은 얼마나 도교적인가? 또 그들과 관련 있는 삼일포(三日浦)·사선봉(四仙峯)·선유담(仙遊潭)·영랑호(永郞湖)·아랑포(阿郞浦) 같은 지명에서 풍기는 물씬한 선취(仙趣)! 당나라에 들어가 신선술을 배워 익혀 백일비승(白日飛昇) 했다는, 중국의 역사서에 기록된 김가기(金可紀) 같은 신선의 존재, 그밖의 많은 관련 기록들은 기층에 뿌리내린 도교의 흔적들을 끊임없이 증언한다. 고려 시기 왕실의 잦은 도교 초재(道敎醮齋)나 도관(道觀) 관련 기사들은 도교가 겉으로 드러난 불교의 영향 못지않게 고려 사회의 한 축을 떠받치고 있던 중심 사유의 하나였음을 입증한다. 삶 속에서 도교적 실천을 행했던 도류(道流)들의 존재는 여러 문헌에 뚜렷이 남아 있다. 예종 같은 임금은 아예 나라의 종교를 도교로 바꿀 작정까지 했다.■

이단을 배척하고 유도(儒道)를 존숭함을 표방하며 조선조가 출발하자 도교는 더욱 변두리로 소외되었다. 도교는 유교에 대한 안티테제의 성격을 띠면서, 동전의 양면처럼 상보적 기능을 수행해 왔으므로 비록 주변적이긴 해도 강한 생명력을 가지고 성장했다. 여전히 대궐 안에는 도교 제의(祭儀)를 거행하던 소격전(昭格殿)이 임진왜란 전까지 존속해서 군신간에 갈등을 빚었다. 해동단학파(海東丹學派)를 일컫는 수련 도교 계통의 지식인 집단은 사승(師承)으로 맺어져 조선 후기까지 존속되었다.

도교는 주변성을 무기로 사상·문학·민간 신앙·양생법 등 다양한 차원으로 이 땅의 지식인들과 민중들에게 스며들었다. 도교는 이들에게 지배 이념에 대한 안티테제로 작용하여, 독선·일방의 문화가 가져올 수 있는 면역력의 약화를 방지하며 조선 문화의 건강성을 유지해왔다.

조선 시대의 고전 소설에서 우주의 주재자는 언제나 도교의 최고 신인 옥황상제다. 부처님께 자식을 빌더라도 그것을 점지해주는 것은 옥황상제였다. 소설의 주인공들은 대부분 천상에서 죄를 짓고 인간 세상에 귀양 온 신선으로 설정된다. 그들은 천상에서 지은 죄의 대가로 지상에 내려와 온갖 시련과 역경을 견뎌낸다. 그리고 마침내 지상에서 과업을 훌륭히 완수하고 정해진 징벌의 시간을 마친 뒤 천상으로 복귀한다.

■ **예종과 도교** 고려 역대 임금 중에 예종만큼 도교에 심취한 인물은 없었다. 그의 재위 중에 수십 차례에 걸쳐 과의적(科儀的)인 도교 의례가 왕실에서 행해졌다. 즉위 2년에는 도교의 최고 신인 원시천존상(元始天尊像)을 옥촉정(玉燭亭)에 봉안하고 매월 초제(醮祭)를 올리게 하였다. 또 그는 국가의 초제를 집행하는 장소로, 본격적인 도관(道觀)이라 할 수 있는 복원궁(福源宮)을 건립했다. 그는 도교 황제로 일컬어졌던 송나라 휘종의 직접적인 영향을 받아 도교에 더욱 몰두했던 것으로 알려져 있다. 또 한안인(韓安仁)·이중약(李仲若)·곽여(郭輿)·이자현(李資玄) 같은 도교 계통의 인물들이 측근에 포진해 있었다.

조선의 지식인들이 신선 세계를 꿈꾸며 남긴 그 많은 유선시(遊仙詩)들은 그들의 내면을 할퀴고 지나간 갈등과 소망의 흔적들을 보여준다. 유선시는 그들의 방황과 꿈의 모식(模式)을 완벽하게 재현한다. 이룰 수 없는 꿈인 줄 알면서도 그들은 꿈꾸기를 멈추지 않았다. 저 몇 겹의 하늘 위에 장엄하게 솟아 있을 백옥루(白玉樓)와, 깊은 산 인적이 미치지 않은 어딘가에 열려 있을 무릉도원의 별세계를 그리워했다.

조선 후기 공과 신앙(功過信仰)을 반영하고 있는 권선서의 잦은 간행과, 각종 신흥 종교에서 말하고 있는 후천 개벽 신앙도 그 연원을 거슬러 올라가면 도교와 만난다. 우리 나라 곳곳에 전쟁도 미치지 않고, 재앙도 미칠 수 없는 열 곳의 승지(勝地)가 있다는 주장은 지금까지도 그곳을 찾아 헤매는 순례자의 발길을 끌어당긴다.

근세에 들어 도교는 서구 기독교의 메시아니즘과 결합함으로써 새로운 종교 형태로 변모했다. 19세기 민중 운동은 대부분 정 도령(鄭道令)이라는 진인출현설(眞人出現說)과 관련이 있다. 일종의 메시아니즘의 성격을 띤 진인출현설은 말세가 쇠진한 뒤에 정 도령, 즉 구세주가 나타나 세계를 구원하고 복락이 보장된 새로운 세상을 열 것을 약속한다. 정 도령은 미륵 신앙, 후천 개벽 신앙에서 한 걸음 나아가 이제 유대(酋大) 고을〔阝〕도령, 즉 재림 예수의 상징으로까지 부각된다.

조선 후기 대부분의 민란에서 확인되는 정 진인(鄭眞人)이 살고 있다는 바다 위의 이상향 삼봉도(三峯島) 전설, 뿐만 아니라 구한말 조선 남부 지방에서 성행한 《정감록》의 10승지설과 관련해 김유사(金有司)란 사람이 압록강 북쪽 만주 지방 어딘가에 양화평(楊花坪)·옥계촌(玉鷄村)이란 유토피아가 있다는 유언비어를 그곳의 지도와 함께 퍼뜨려 이 말을 믿은 수만 명의 사람들이 낙토(樂土)를 찾아서 남부여대(男負女戴)하고 간도를 찾아 헤매던 것은 불과 백 년도 안 된 일이다. 정부는 이 사태를 심각하게 여겨 사람을 파견하여 소문의 진상을 파악하게 했다. 그들은 오지 않는 정도령을 고대하며, 복사꽃이 피는 도화 낙원이 지상에 건설될 날을 손꼽아 기다렸다. 새로운 세상이 열리고 후천이 개벽한다. 불덩이가 떨어지고, 우리 민족이 새로운 세상의 중심이 된다. 근세의 신흥 종교들이 이구동성으로 목청을 높였던 이야기들이다.

이러한 사실들을 종합해볼 때 우리 문화 밑바닥에 깔린 도교의 잠재된 영향력을 짐작하기란 어렵지 않다. 이런 사정으로 볼 때 도교를 우리 문화의 주변부에 방치하려는 시각은 궁지에 몰린다. 하지만 막상 그 정체를 밝혀내서 중심부에 놓으려고 하면 그것은 다시 오리무중의 안개 속으로 슬그머니 숨어버린다.

오늘날 도교는 우리에게 무엇인가? 도교는 지나온 역사 속에서 언제나 주변부에 머물면서 우리 사회를 건강하게 지켜주는 데 한

■ **정 도령은 재림 예수인가?** 나라 정(鄭) 자를 파자(破字)하면 영락없는 유대(酋大) 고을[阝]이다. 유대 고을 도령은 예수다. 그렇다면 그는 재림 예수의 상징이었던 걸까? 그의 존재는 우리 역사에서 진작부터 모습을 드러낸다. 고려 때 노래 〈한림별곡〉에 나오는 정 소년(鄭少年)은 또 누굴까? 《정감록》은 조선 시대 이래 민간에 널리 퍼져온 우리 나라의 대표적인 예언서다. 워낙에 가짓수도 많지만, 그 핵심 내용은 정해진 피난처에서만 복을 누릴 수 있으며, 정씨 성을 가진 진인이 나타나 이 어지러운 세계를 끝장내고 새로운 세상을 활짝 연다는 것으로 요약할 수 있다. 일종의 메시아니즘이다. 19세기의 민중 운동은 모두 이 《정감록》과 밀접한 연관이 있다.

축을 맡아왔다. 도교의 지식인들이 언제나 체제의 바깥에서 방외인(方外人)으로 비판의 기능을 해온 것은 도교가 갖는 의미를 헤아려볼 때 시사하는 바가 크다. 그것은 다만 부정을 위한 부정, 비판을 위한 비판이 아니다.

도교의 비판 정신과 부정 정신은 중심이 지닌 권력의 속성을 해체한다. 우리의 의식을 알게 모르게 억압하고 왜곡하는 권력 담론들이 있다. 서구 중심주의·남성 중심주의·과학 중심주의 등이 그것이다. 이들은 세계와 삶의 구조를 왜곡한다. 물론 도교 자체가 이런 중심주의들에 대한 직접적 대안 담론이 될 수는 없다. 하지만 도교의 시각을 통해 우리는 왜곡되고 억압된 이념의 속살을 헤집어볼 통로를 마련할 수 있다.

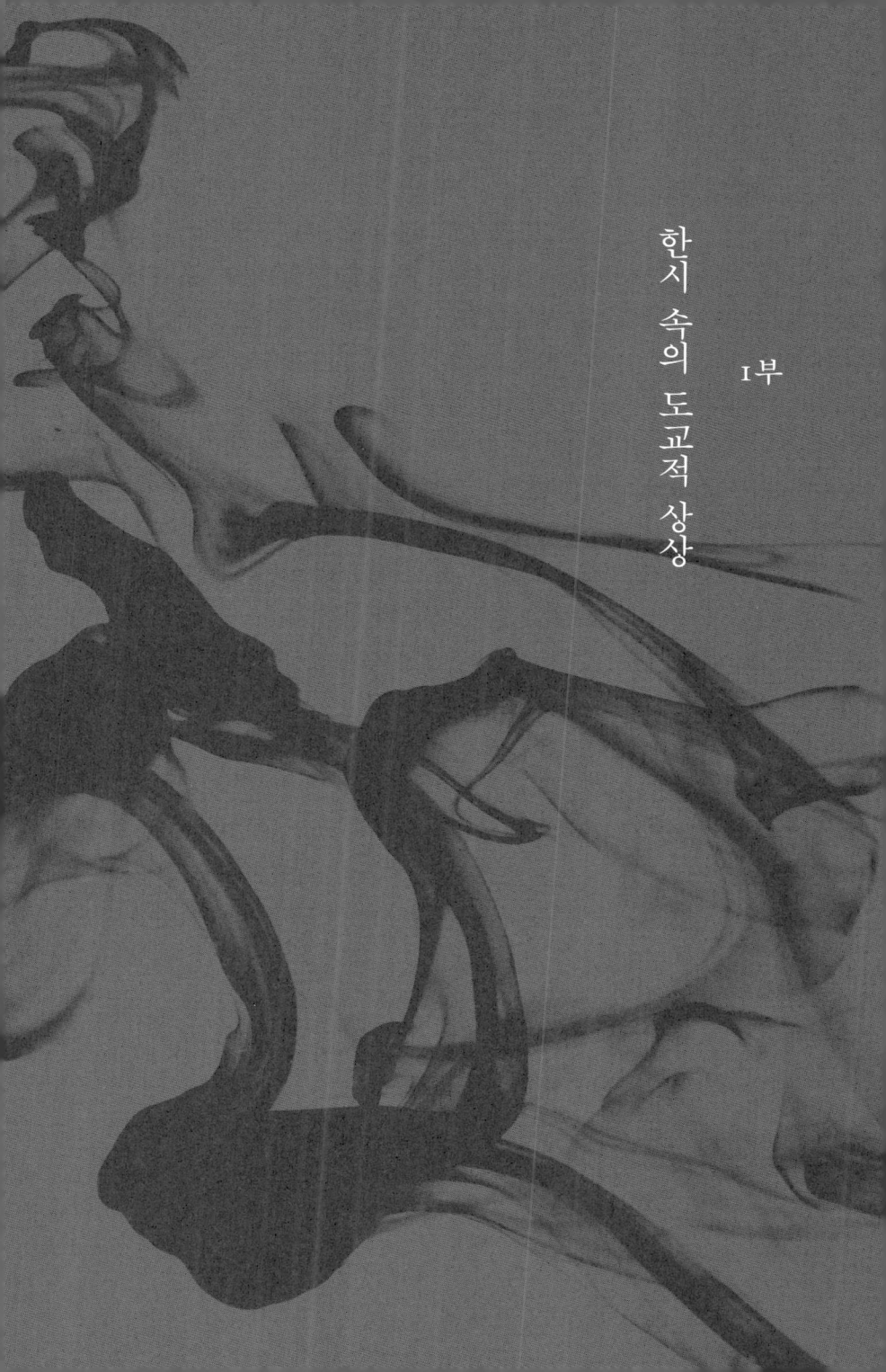

1부 한시 속의 도교적 상상

1장

한국 한시와 도교

　우리 정신사 및 문화사에서 도교가 지니는 의미는 흔히 간과되어 왔다. 일찍이 최치원이 〈난랑비서〉에서 '국유현묘지도(國有玄妙之道)'를 '삼교합일지도'로 말한 것이나, 고구려 고분 벽화에 나타난 황홀한 선계 형상 및 얼마 전에 출토되어 세상을 놀라게 했던 능산리 용봉봉래산 향로에 아로새겨진 도교의 상징 등을 굳이 거론하지 않더라도, 도교는 우리 문화의 앞선 시기부터 낯설지 않게 우리 삶의 일부가 되어 있었다.

　도교의 형상은 문학에서도 다채롭게 나타난다. 시대를 떠나 사대부의 한시에서 도교의 흥취를 발견하기란 어렵지 않다. 고전 소설은 어느 작품을 보더라도 공간 관념이나 인물 설정에서 도교 모티프가 확연하게 드러난다. 배경 사상을 두고 많은 논란이 있었던 《구운몽》의 '구운(九雲)'만 하더라도 초기 도교 경전인 《운급칠첨

(雲笈七籤)》에는 "아홉 빛깔의 구름(九色之雲)이니, 신선이 거처하는 곳(神仙所居之所)"이라고 풀이했다. 그러니까 제목만 보면 구운몽은 '신선을 향한 꿈'이란 뜻이다.■

선인들에게 도교는 삶의 현장과 구별 없이 존재했다. 흔히 조선조가 성리학에만 치우친 유교 국가였음을 들어, 작품 속의 여러 도교 요소의 침투를 단지 문학적 관습으로 축소하여 받아들이는 경향이 있다. 문학 속의 도교 제재는 확고한 종교 신념과는 구분된다. 그렇다고 문학적 관습으로 치부해버리기엔 문제가 그리 단순치 않다. 21세기를 살아가는 오늘의 삶을 과학과 물질 문명만으로 단순하게 파악할 수 없다. 선인들이 지향한 삶 또한 유교의 잣대로만 잴 수 없다.

이 글은 한국 한시에서 도교의 여러 양상을 검토하여, 한국 문학사에서 도교가 지니는 의미의 질량을 헤아려보자는 데 목적이 있다. 지금까지 진행된 연구 성과를 간추려본 뒤, 도교를 주제로 한 한시를 몇 갈래로 나누어 살펴보겠다.

한국 한시에서 도교와 관련된 영역에는 어떤 것이 있을까? 편의상 유선시(遊仙詩)·현언시(玄言詩)·선취시(仙趣詩)·연단시(煉

■ **구운(九雲)은 신선의 거처** 《구운몽》은 외국어로 가장 많이 번역된 고전이다. 번역 제목은 'The Nine cloud Dream'이다. 즉 성진과 팔 선녀, 합쳐서 아홉 사람의 뜬 구름 같은 꿈 이야기로 이해한 것이다. 아홉 빛깔의 구름이 감도는 곳은 신선이 사는 신령스런 장소다. 작품에서 성진은 승려지만 팔 선녀와 수작을 하고, 옥황상제의 권능 아래 속해 있다. 손오공의 부처님 손바닥 이야기만 해도 그렇다. 손오공이 근두운을 타고 힘껏 날아봐도 부처님 손바닥을 벗어나지 못했다는 것인데, 부처님에게 손오공을 혼내주라고 지시하는 것도 옥황상제다. 소설에서 부처님은 옥황상제의 권능 아래 있는 하위 신의 하나로 나온다. 대부분의 고전 소설 서두에 나오는 기자(祈子) 치성에서, 노부부가 부처님 전에 나아가 빌더라도, 자식을 점지해주는 것은 부처님이 아니라 옥황상제다.

丹詩)·의속시(儀俗詩)로 나누어본다.

유선시는 신선 전설을 제재로 선계(仙界)의 노닒이나 연단복약(鍊丹服藥)을 통해 불로장생의 염원을 노래한다. 또는 세속을 떠난 선계 체험을 통해 현실의 갈등과 질곡을 서정(抒情) 극복하려 한다. 황홀한 신선 세계를 묘사함으로써 강렬한 구선(求仙)의 흥취를 노래하거나, 현실 삶의 굴레를 벗어나 인생의 번뇌를 털어버리는 자유와 초월을 칭송하는 것이 주된 내용이다.

현언시는 노장의 철리(哲理)를 밝히거나 천도(天道)를 탐색하는 내용, 소요유(逍遙遊)의 정취를 추구한다.

선취시는 은사(隱士)를 노래하며 은일 사상을 고취한다. 취락(醉樂)을 즐기며 산수간을 노니는 선적(仙的) 흥취를 표방하기도 한다.

연단시는 내단 수련의 과정을 상징적으로 표현한다. 넓게는 양생(養生)을 주제로 한 시까지 포괄한다. 조선 중기 이래 수련 도교의 성행이 연단시를 탄생시켰다.

의속시는 도교 재초 의례(齋醮儀禮)의 묘사나 수경신(守庚申) 같은 신앙 습속과 관련된 내용을 담는다.

세분하면 더 많은 구분도 가능하다. 이 가운데 유선시와 선취시는 연구가 비교적 진척되었고, 현언시나 연단시 및 의속시는 별 성과가 없다. 지금까지 도교와 관련한 한시 방면의 연구는 주로 작가론의 측면에서 진행되어 왔다. 개별 작가의 도교 취향에 대한 연구는 약간의 성과가 있으나, 통시적 전망을 수립하기에는 부족하다. 이 글에서는 세분화된 갈래 속에 드러나는 도교의 수용 양태만을 살펴 소개하기로 한다.

유선시, 선계를 향한 꿈

유선시(遊仙詩)는 고려 때부터 제가의 문집에 간헐적으로 보인다. 하지만 이 시기 작품들은 대부분 선취시에 가깝다. 유선시는 조선 초기부터 중기에 이르러 활발히 창작된다. 김시습의 〈능허사(凌虛詞)〉 5수를 비롯해 이달의 〈보허사(步虛詞)〉 8수, 이수광의 〈유선사(遊仙詞)〉 20여 수, 허균의 〈상청사(上淸辭)〉 18수, 정두경의 〈유선사〉 11수, 김정희의 〈소유선사(小遊仙詞)〉 13수 등 여러 시기에 걸쳐 지속적으로 창작되었다. 허난설헌의 〈유선사〉 87수 및 그 운을 빌린 장경세의 〈유선사〉 87수, 이춘영의 〈독신선전(讀神仙傳)〉 53수, 임전의 〈독한무제고사(讀漢武帝故事)〉 4수, 신흠의 〈독산해경(讀山海經)〉 13수 연작 들은 유선시의 창작이 단순한 상상이 아니라 도교 경전에 대한 해박한 지식과 신선 전설에 대한 폭넓은 섭렵을 바탕으로 이루어진 것임을 말해준다.

    옥구슬 꽃바람 타고 청조가 날자,
    서왕모 기린 수레 봉래섬 향해 간다.
    목란 깃발 꽃술 배자 흰 봉황 수레 타고,
    난간에 웃고 기대 요초를 줍는구나.
    푸른 무지개 치마 바람이 헤집으니
    옥고리 경패소리 쟁그랑쟁그랑.
    선녀들 짝을 지어 거문고 연주하자,
    삼화주나무에는 봄 구름 향기롭다.
    동 트자 부용각에서 잔치를 파하고서,
    청동(靑童)은 푸른 바다 백학 타고 건너가네.

피리소리 사무쳐서 오색 노을 날려가고,
이슬 젖은 은하수엔 새벽별이 지는구나.
  瓊花風軟飛靑鳥 王母麟車向蓬島
  蘭旌藥帔白鳳駕 笑倚紅欄拾瑤草
  天風吹擘翠霓裳 玉環瓊佩聲丁當
  素娥兩兩鼓瑤瑟 三花珠樹春雲香
  平明宴罷芙蓉閣 碧海靑童乘白鶴
  紫簫吹徹彩霞飛 露濕銀河曉星落[1)]

허난설헌(許蘭雪軒, 1563~1589)의 〈망선요(望仙謠)〉다. 선계는 경화(瓊花)·난정(蘭旌)·예피(蘂帔)·홍란(紅欄)·취예상(翠霓裳)·옥환(玉環)·경패(瓊佩)·요슬(瑤瑟)·주수(珠樹)·자소(紫簫) 등 불변과 영원을 상징하는 옥 모티프와, 신성과 고결을 나타내는 색채 이미지로 가득 차 있다. 그밖의 소품들도 화려함과 사치가 인간의 상상력을 다한다. 청조(靑鳥)를 길잡이 삼아 서왕모는 화려하게 치장하고 흰 봉황이 끄는 수레에 올라탔다. 바람은 건듯 불어 그녀의 푸른 무지개 치마를 헤집는다. 그 서슬에 팔찌며 패옥이며가 서로 부딪쳐 쟁그랑쟁그랑 해맑은 소리를 낸다. 선녀들이 짝을 지어 거문고를 연주하면, 삼화주(三花珠)나무는 향기도 그윽하게 구름에 잠겨 있다.

밤새 즐겁던 잔치는 먼동이 트면서 끝난다. 날이 새기 전에 그녀는 천상의 선계로 복귀해야 한다. 이번엔 백학을 탄 청의동자들이 푸른 바다 위로 앞장서 날아가고, 그네들이 부는 피리소리는 허공에 사무쳐 오색 노을도 덩달아 나부낀다. 이때쯤 이슬에 젖은 은

하수엔 새벽별이 져서 인간의 세상은 광명한 아침을 맞이한다.

> 만 리라 푸른 바다 깊기도 한데,
> 바람 파도 눈 물결 가이없구나.
> 적성(赤城)은 겹겹으로 둘러싸 있고,
> 노을빛 안개 그림자 허공에 가물대네.
> 금모래 휘황하게 옥지(玉地)를 덮고 있고,
> 요화 떨기 기수(琪樹) 위에서 밤에도 밝다.
> 굽어보면 허무하여 팔극(八極)을 곁에 두고,
> 위로는 옥경(玉京)과 은하수로 통해 있네.
> 천 년 된 반도(蟠桃)에다 삼수(三秀)의 영지는
> 무성히 잘 익어 뜨락에 늘어섰네.
> 아홉 겹의 영금(靈禽)과 금색 사자가
> 닭인 듯 개인 양 울며 짖는다.
> 구슬 궁전 푸른 허공에 기대어 있고,
> 은 궁궐은 노을 아래 번쩍이누나.
> 검은 우물 붉은 샘엔 이무기와 용이 서려 있고,
> 공작 비취 깃을 털며 처마 끝에서 울며 난다.
> 밝은 별빛 옥녀들은 아래에 늘어섰고,
> 뜬 해와 솟는 달이 그 가운데 지나가네.
> 구름 창 수놓은 문 어둠을 젖히니,
> 신선들 낯빛이 복사꽃인 양 환하구나.
> 진결비급(眞訣秘笈) 읊조리니 옥소리 같더니만,
> 껄껄껄껄 웃으니 우레 번개 울리는 듯하다.

무지개 옷을 입고 무지개빛 허리 차고,
신선 수레 몰려들어 서로 모여 기뻐하네.
바람은 펄럭이며 수레 굴대 붙들고,
안개도 자욱쿠나 수레 덮개 이어 있네.
얼룩 무늬 기린이 고삐 당겨 높이 날자,
오색의 학도 따라 서서히 비상한다.
용호를 꾸짖어 날뜀을 경계하고,
흰 붕새 길들여 타고 푸른 바다 소요하네.
해 뜨는 양곡(暘谷)에서 적오(赤烏)를 맞이하고,
해 지는 약영(若英)에선 한토(寒兎)를 전송하네.
정신을 모아보고 넋으로 교감하나,
신선들 손짓하며 기뻐하지 않는구나.
옥동(玉童)을 돌아보며 좋게 말을 돌려서,
신신당부 가르치며 밝게 일깨우네.
빠른 길을 지름길로 삼지 말라 하며,
내가 신선이요 속인이 아니라네.
옥동은 말 마치자 급한 일이 있다는데,
홀연히 정신이 들며 잠에서 깨어났지.
그 소리 그 그림자 모두 다 아득해라,
이 내 몸 여태도 티끌세상 있는 것을.
오고 감에 정신만을 기다리지 않으리라.
훗날 큰 약으로 금단(金丹)을 이루게 되면,
가벼이 날아올라 선부(仙府)로 들어가리.
신선과 나 사이엔 내남이 없거니,

신선술을 배워서 신선의 벗이 되리.
신선들과 무리지어 나란히 날아오르면,
신선의 즐거움을 가눌 길이 있으랴.

　　滄海深萬里　風濤雪浪無涯涘
　　赤城繞幾重　霞光霧影空瞳朧
　　金沙照爛被玉地　琪樹夜明瑤花叢
　　下俯虛無旁八極　上與玉京銀河通
　　千歲之桃三秀芝　羅榮駢熟排軒墀
　　九苞靈禽金色獅　爲鷄爲犬鳴吠之
　　珠宮倚虛碧　銀闕耀霞脚
　　玄井紫泉蛟螭蜿蟠　孔翠刷翮飛鳴簷角
　　明星玉女充下陳　日浮月湧經梜棖
　　雲窓繡闥啓窅冥　列眞顔色桃花明
　　哦眞吐秘爭夏玉　笑啞啞兮雷電激
　　霓之衣兮帶虹光　集羽盖兮欣相邀
　　風樅樅兮扶轄　霧霏霏兮承幰
　　班麟控高驖　彩鶴仍徐翔
　　呵龍叱虎戒飛躍　馴騎白鵬擾靑鯨
　　邀赤烏於暘谷　送寒兎於若英
　　余精矚而魂交　衆仙目以不譡
　　顧玉童而委辭　詔申申其明飭
　　毋捷遽以徑造兮　我乃仙而非俗
　　童辭訖而稱遽　惕神寤而形覺
　　尋聲索影却無端　此身猶在塵埃間

不須來往只精神 他時大藥成金丹
輕擧入仙府
仙乎我乎無賓主 學仙之術爲仙朋
與仙作隊同飛昇 爲仙之樂不可勝[2)]

조찬한(趙纘韓, 1572~1631)의 〈몽선요(夢仙謠)〉다. 전 49구에 달하는 장편 고시다.

푸른 바다 아득한 저편, 거센 파도 출렁이는 그 끝에 붉은 성이 솟아 있다. 옥지(玉地)엔 금모래가, 기수(琪樹)엔 요화(瑤花)가 찬연하다. 아래는 텅비어 아무것도 없다. 위로는 백옥경과 은하수까지 통한다. 주궁은궐(珠宮銀闕)에는 천년반도(千年蟠桃)와 삼수영지(三秀靈芝), 구포영금(九苞靈禽)과 금색사자가 늘어서 있다. 현정자천(玄井紫泉)엔 교룡이 잠겼고, 처마 모서리에선 공작새와 비취새가 고운 깃을 푸덕인다.

그 가운데 옥녀와 여러 신선이 늘어서서 진결과 비급을 읊조린다. 동해 바다의 무지개 실을 자아 만든 예의(霓衣)는 홍광(虹光)의 띠를 둘렀고, 반린채학(班麟彩鶴)은 제멋에 겨워 날고, 백붕(白鵬)을 올라타고 양곡(暘谷)과 약영(若英)을 지나며 마음껏 노닌다.

그런데 웬일인지 선계의 신선들은 영 나를 반기지 않는 눈치다. 속계의 침입자라 경계하는 것이다. 주뼛대는데 옥동이 좋은 말로 날 달랜다. 그대는 속인이 아니요, 본래는 이곳에 있던 신선입니다. 그러니 바른 길을 닦아 이곳으로 다시 오십시오. 그 말을 듣다가 그만 잠이 깼다. 깨고 보니 방 안이다. 찌든 삶의 근심만이 나를 기다리고 있다.

그들은 왜 이런 작품들을 남겼을까? 유선시에는 먼저 선계의 황홀한 모습이 묘사된다. 그곳은 온갖 화려한 색채와 원형적 상징으로 가득 찬 공간이다. 공간의 묘사는 중국 고대의 신선 전설에서 끌어온다. 그리고 신선들이 등장한다. 나는 그 공간 속에 참여자로 등장하기도 하고, 구경꾼으로 바라보기도 한다. 꿈은 깨게 마련이다. 깨고 나면 차가운 현실만 남는다. 그러나 그는 선계의 꿈을 품는다. 희망을 갖는다.

상상은 달콤하다. 노닒은 즐겁다. 하지만 그것이 줄 수 있는 위안은 없다. 아마도 그들이 선택할 수 있는 탈출구가 달리 없기 때문일 것이다. 품은 뜻은 큰데 세상은 그것을 몰라준다. 꿈 속에 달려간 선계에서는 날더러 속인이 아니라 본디 신선의 비범한 자질을 타고났다고, 그러니 자중하라고 일러준다. 하지만 언젠가 선계로 복귀하리라는 그 꿈, 그 희망은 날조된 것이다. 그래서 유선시의 끝에는 슬픔이 남는다.

현언시, 마음의 맑은 거울

현언시(玄言詩)는 노장(老莊)의 철리를 밝히거나, 현실에서 눈을 돌려 소요유의 경계를 추구하고 천도(天道)를 탐색한다. 세속을 떠나 영리를 사모하지 않고, 청심과욕(淸心寡慾)을 새겨 반박귀진(返樸歸眞)함으로써 정산의 자유와 초월을 추구한다. 때로 현언시는 안빈락도·존성체도(尊性體道)를 주된 뜻으로 하는 유가의 도학시나, 사물 속에 드러난 선취(禪趣)를 포착하는 불가(佛

家)의 선기시(禪機詩)와 중간 지점쯤에서 만난다.

> 원컨대 이욕의 문 굳게 닫아서,
> 물려받은 그 몸을 손상치 말라.
> 어이해 진주 캐는 저 사람들은,
> 목숨을 가벼이 해 바다 밑에 드는가.
> 몸이 영화로우면 티끌에 쉬 물들고,
> 마음이 교만하면 허물 씻기 어렵도다.
> 담박함을 그 누구와 의논해보나,
> 세상 사람 단술만을 좋아하는데.
>   願言扃利門 不使損遺體
>   爭奈探珠者 輕生入海底
>   身榮塵易染 心○垢難洗
>   澹泊與誰論 世路嗜甘醴 (원문 1字缺)[3]

최치원(崔致遠, 857~?)의 〈우흥(寓興)〉이다. 이욕에 마음을 뺏긴 사람들은 진주 한 알을 얻자고 깊은 바다 밑을 헤맨다. 목숨 아까운 줄 모른다. 그것으로 어이 영화를 얻으랴. 오히려 몸을 망치는 빌미가 될 뿐이다. 3, 4구는 《장자》 〈열어구(列禦寇)〉에 보인다. 송옥과 만나 수레 10대를 얻어 뽐내는 자에게 장자가 들려준 이야기다.

5, 6구의 '진(塵)'과 '구(垢)'의 대구는 《장자》 〈대종사(大宗師)〉에서 지인(至人)의 삶을 설명하면서 "아득히 티끌 밖을 떠돌며 무위의 일에 소요한다(芒然彷徨乎塵垢之外, 逍遙乎無爲之業)."고 한

것에서 따왔다. 7구의 '담박(澹泊)'은 염담과욕(恬淡寡慾)의 상태를 말한다. 《한서》〈서전상(敍傳上)〉에 "절성기지(絶聖棄智), 수생보진(修生保眞), 청허담박(淸虛澹泊), 귀지자연(歸之自然)."이라 했다. 도연명(陶淵明)은 〈한정부병서(閒情賦并序)〉에서 "방일의 말 거두고 담박을 종지 삼아, 처음엔 생각을 격동시켰으나 나중에는 한정으로 돌아왔다네(檢逸辭而宗澹泊, 始則蕩以思慮, 而終歸閑正)."라고 했다. 담박이란, 욕망을 버려 부귀에 뜻을 두지 않는 데서 얻어지는 맑고 깨끗한 상태를 말한다. 도가에서 지인의 경계를 말할 때 늘상 쓰는 술어다. 담박의 경계를 더불어 얘기하고 싶지만 단 술맛 같은 이욕에 빠진 사람들은 제 몸을 다 망치도록 헤어나지 못해 안타깝다는 말이다. 쉽게 말했지만, 담긴 뜻은 깊다.

> 뜻있는 이 사업을 중히 여기고,
> 잔단 이 금구슬을 사랑한다네.
> 두 가지 다 경영할 겨를 없는데,
> 세월은 쏜살같이 달려가누나.
> 거친 둔덕 온갖 풀은 시들어지고,
> 어리석고 어진이들 한데 묻혔네.
> 어떤가, 날마다 술 마시면서
> 마음을 비워두고 배를 채움이.
> 　志士惜事業　宵人戀珠金
> 　經營兩不暇　羲和走駸駸
> 　荒壟瘞百草　賢愚同一沉
> 　何如且日飮　實腹而虛心[4]

최유청(崔惟淸, 1095~1174)의 〈잡흥(雜興)〉 제6수이다. 세월도 돌아보면 덧없다. 사업을 성취한 지사의 삶도 아니요, 구슬과 금붙이에 연연한 소인의 길을 걸은 것도 아니다. 가을 들어 둔덕 위 온갖 풀이 시들듯 우리네 인생도 결국 한줌 흙으로 돌아갈 뿐이다. 명예를 꿈꾸는가? 이욕을 탐하는가? 모두 다 부질없다. 차라리 허망한 욕망과 집착을 훌훌 던져놓고 날마다 술로 배를 채우고, 마음은 비워둘 일이다.
　8구의 '실복허심(實腹虛心)'은 노자의 《도덕경》 제3장에서 가져온 말이다. 《도덕경》은 말한다.

　　어짊을 숭상치 않아야 백성이 다투지 않게 되고, 얻기 어려운 재화를 귀하게 여기지 않아야 백성이 도둑질하지 않는다. 하고자 함을 보이지 않아야 백성의 마음이 어지럽지 않다. 때문에 성인의 다스림은 마음을 비우고 배를 채우며, 뜻을 약하게 하고 뼈를 강하게 하여, 항상 백성으로 하여금 앎도 없고 욕심도 없게 하여, 아는 자가 감히 작위(作爲)하지 못하게 한다. 무위를 행하면 다스려지지 않음이 없다.[5)]

　이른바 절성기지(絶聖棄智)의 무위지화(無爲之化)를 말한 대목이다.
　지사가 자신의 사업으로 마음을 채우고 그 뜻을 다잡는 것이나, 소인이 욕망에 사로잡혀 다른 것을 돌아보지 않는 것이나, 결국은 한가지다. 흐르는 물은 자신을 낮추고 버림으로써 만물을 이롭게 한다. 허심실복(虛心實腹), 즉 마음을 비우고 배를 채우는 함포고

복(含哺鼓腹)의 삶이야말로 지인(至人)의 참모습이 아닌가?

> 내 장차 내 발을 씻으려 하나,
> 창랑(滄浪)이 어찌 내 욕됨을 즐겨 받으랴.
> 내 장차 내 귀를 씻고자 해도,
> 영천(潁川)이 어찌 내 잘못을 즐겨 감싸랴.
> 내 발은 본래 절름발이라,
> 편히 앉아 나가지 않으니 뉘라 비난하리오.
> 내 귀는 본시 귀머거리라,
> 나쁜 말 들리지 않는데 뉘라 괴이타 하리.
> 무용의 쓰임이 큰 쓰임이거니,
> 이 말 깊이 음미하며 하루 세 번 외운다.
> 　　吾將濯吾足　滄浪豈肯受吾辱
> 　　吾將洗吾耳　潁川豈肯帶吾累
> 　　吾足本跛躄　安坐不出誰削迹
> 　　吾耳本聾聵　惡言不至誰爲怪
> 　　無用之用爲大用　深味斯言日三誦[6]

이달충(李達衷, ?~1385)의 〈취한 노래(醉歌)〉다. 굴원은 〈어부사〉에서 창랑의 물에 발을 씻으라 했다. 허유는 천하를 맡아달라는 요 임금의 말에 더러운 소리를 들었다며 영수로 달려가 귀를 씻었다. 친구 소부는 그 말을 듣고 더러운 귀 씻은 물을 내 송아지한테 마시게 할 수 없다며 상류로 거슬러 올라갔다.

나의 욕된 삶, 나의 그릇된 행동은 발 씻을 물이 없고, 귀 씻을 시내가 없다. 게다가 나는 절름발이다. 나는 귀머거리다. 그렇지만 이것이 그나마 다행스럽다. 다리 병신이라 밖에 나가지 않는다. 귀머거리라 아무 소리도 듣지 못한다. 밖에 나가지 않으니 욕할 사람이 없다. 들리지 않으니 아무리 나쁜 말을 해도 관계치 않는다. 이것이야말로 저 장자의 '무용지용(無用之用)'의 경지가 아닌가? 나는 나의 쓸모 없음을 가지고 나의 쓸모로 삼겠다.

술을 거나하게 마시고 나니 속에서 울컥울컥 올라오는 기운이 있겠지만 그의 무용지용의 주장은 왠지 힘이 없다. 술기운을 빌려 큰소리쳤지만 안으로 기어들어가는 자기 위안의 목소리다. 이렇게라도 다잡지 않으면 허물어질까봐 하루에도 세 번씩 외우고 또 외운다.

> 아침에 책 잡으면 하루 해 저물도록
> 고금을 미루어보니 많은 느낌 일어나네.
> 명비(明妃)는 미색으로 청총(靑塚)에 묻혔고,
> 굴원은 충(忠)을 품어 멱라수에 죽었구나.
> 금곡(金谷)엔 사람 없어 푸른 풀만 우거졌고,
> 창오(蒼梧)의 무덤 가엔 갈가마귀 우짖는다.
> 현우귀천(賢愚貴賤)할 것 없이 모두 한데 돌아가니,
> 그 어찌 평생토록 취치 아니 하리오.
>   朝把陳篇至日斜 細推今古感偏多
>   明妃以色埋靑塚 屈子懷忠死汨羅
>   金谷無人空綠草 蒼梧有墓只啼鴉
>   賢愚貴賤同歸盡 其柰平生不醉何[7]

홍유손(洪裕孫, 1431~1529)의 〈한잔 먹세그려(將進酒)〉이다. 책을 펼쳐 고금의 치란흥쇠의 자취를 더듬으니 공연히 생각만 자욱하다. 왕소군(王昭君)은 빼어난 미모 때문에 오랑캐의 첩이 되었다. 굴원은 충을 지키느라 멱라수에 몸을 던져 고기밥이 되었다. 거부 석숭(石崇)의 금곡 장원도 잡초 속에 묻혀 찾을 길이 없다. 순 임금 묻히신 창오의 들판에는 저물녘 갈가마귀 울음소리만 처량하다. 모든 것이 다 덧없다. 인간 세상 조금 잘나고 못난 것이 무슨 상관인가? 다만 두 손이 성하니 잔을 잡을 뿐이다.

현언시는 정신의 자유와 초월을 지향한다. 하지만 그 목소리에는 묘한 슬픔이 깔려 있다. 자유를 꿈꾸고 초월을 지향한다는 것은 질곡의 현실과 벗어날 길 없는 굴레를 전제로 하기 때문이다. 얻을 수 있는 것은 마음의 평화뿐이다. 그것도 그저 얻어지지 않는다. 마음을 끊임없이 비워내고, 거울처럼 투명하게 닦아내야 한다. 그러고도 그 마음이 달아날까봐 하루에도 세 번씩 외우고 또 외워야 한다. 살아가는 일이 이토록 힘겹다.

선취시, 신선의 땅에서

선경(仙境)과 마주해 신선을 그린다. 선계는 어디에 있나? 몸은 티끌에 있어도 늘 숨어 사는 삶을 꿈꾼다. 아름다운 경치 속에서 신선을 그리워하거나, 거나한 취락(醉樂)의 정신을 노래한 시들은 모두 선취시(仙趣詩)에 속한다. 《신증동국여지승람》에 실린 제영시(題詠詩) 가운데 선취시가 특히 많다.[8]

아득한 누각 기둥 구름이 피어나고,

높은 산은 푸르러 옷자락에 방울 듣네.
연꽃 바람 산들산들 맑은 향기 보내오니,
이 바로 선향(仙鄕)에 든 게로구나.
잎 지매 가을 기운 짙음을 알고,
달 밝아 밤 한기가 오싹하구나.
난간 기대 이따금 술잔 따르니,
나와 세상 둘 다 서로 까맣게 잊었네.

　　樓迥雲生棟 山高翠滴裳
　　荷風細細送清香 便是入仙鄕
　　木落知秋氣 月明生夜涼
　　倚欄時復引壺觴 身世兩相忘[9]

　안노생(安魯生, 고려말 생몰년 미상)의 영해(寧海) 12영 가운데 〈읍선루(揖仙樓)〉다. 누각은 구름에 잠겼다. 그 뒤의 높은 산은 푸른 이내[嵐]에 잠겨 나그네의 옷에 푸른 물이 뚝뚝 들을 것만 같다. 바람은 또 어쩌자고 연꽃의 향기를 실어오는 것이냐. 눈으로 보고 몸으로 느끼며 코로 맡는 흥취가 거나하여 가눌 길 없다. 잎이 지니 가을이다. 밝은 달빛 밤 공기는 차다. 읍선루(揖仙樓), 신선이 반갑다고 절하는 누각에 기대, 나그네는 한기를 몰아내려 자꾸 술잔을 기울인다. 거나한 풍류에 한 세상이 떠간다. 내가 나를 잊고, 세상도 잊었다. 나는 왜 이곳에 있는가? 여기는 어떤 세상인가? 아무 생각도 나지 않고 나는 그저 풍경의 일부가 되어버린 것이다.

여섯 자라 사선봉을 머리 위에 이었는데,
바다 빛깔 해맑아 도(道)의 기운 자욱하다.
먼 하늘 쏘아보니 만경 파도 넘실대고,
흥겨워 앞산 드니 구름은 몇 겹인고.
노을 타고 올라가 태청(太淸)에서 노니는 듯,
바람을 올라타고 적송자를 따르는 듯.
검은 학 쌍쌍이 같이 날며 울음 울고,
흰 갈매기 짝을 지어 나를 맞이하는구나.
외로운 뗏목 띄워놓고 어디로 간단 말고.
공자는 가고 없어 따를 곳이 없노매라.
푸른 바다 가없는 물 기울여 쏟아내어,
십 년 묵은 티끌 자취 단번에 씻어내리.

  六鼇頭戴四仙峯　海色澄明道氣濃
  眼穿長空波萬頃　興入前山雲幾重
  已似登霞遊太淸　更欲御風追赤松
  玄鶴雙雙互飛鳴　白鷗兩兩相迎逢
  孤槎橫泛眇何向　夫子旣沒嗟莫從
  倒瀉滄溟無盡水　一洗十載風塵蹤 [10]

 조욱(趙昱, 1498~1557)의 〈사선봉에 노닐며(遊四仙峯次通川東軒板上韻)〉이다. 익숙한 신선 고사로 시상을 열었다. 파도에 출렁이는 사선봉은 전설 속 여섯 마리 자라가 그 아래에서 머리로 봉우리를 떠받쳐 파도 따라 오르내리는 것만 같다. 동해의 쪽빛 물결은 안개에 잠겨 있다. 이것을 자욱한 '도기(道氣)', 즉 도의 기운이라고 했다. 눈 앞에 만경창파를 두고 자욱한 산 구름 속을 노닌다. 사뭇 하늘로 둥실 올라 태청 허공을 노니는 기분이다. 옛 신선 적송자를 따라 바람을 타고 하늘로 오르는 듯하다.

공자는 나라에 도가 없으매 뗏목을 타고 떠나겠다고 했다. 그 공자도 세상엔 없다. 나는 누구를 좇아야 하나? 만날 길 없는 신선을 따를까? 찾을 길 없는 공자를 좇을까? 갈 곳을 몰라 바닷가에서 이렇게 서성인다. 현학(玄鶴)과 백구(白鷗)가 반겨주는 저 푸른 동해 물결 앞에서 지난 십 년간 풍진 세상의 찌든 때를 말끔히 씻어내리라. 더 이상 갈 길을 몰라 헤매지 않으리라. 동해 바닷가에서 나는 지난날과 결별한다.■

> 긴 끈을 잡고서 나는 해를 묶으려고,
> 큰 돌을 들어다가 푸른 하늘 기우고자.
> 미친 꾀 그른 생각 허망함에 빠져서,
> 반평생이 덧없구나, 늙은이가 되었네.
> 어찌 나의 혼돈주를 거나히 마시면서,
> 요순과 마주 앉아 담소함만 같으리오.

■ **공자가 가려 했던 나라** 동해 바다 위에 뗏목을 띄우면 어디에 이르게 될까? 중국의 동해는 우리에겐 서해가 된다. 그네들의 동해에 배를 띄우면 다다르게 되는 곳은 한반도 아니면 일본이다. 그래서 중국 사람들은 삼신산이 한반도에 있다고 생각했다. 그런데 그 한반도에 살고 있는 우리들은 다시 그 삼신산이 우리의 동해 바다 저 너머 어딘가에 있을 것으로 여겼다. 삼신산은 가 닿을 수 없는 곳이다. 닿을 수 있으면 삼신산이 아니다. 진시황 때 서불은 삼신산의 불사약을 찾겠다고 삼천 동남동녀(童男童女)를 이끌고 배를 띄웠다. 그들의 도착지는 어디였을까? 한반도였을까? 아니면 일본? 워낙 허풍이 센 중국 사람들 가운데는 그들이 태평양을 건너가 아메리칸 인디언의 시조가 되었다고 주장하는 이도 있다.

혼돈에도 도가 있음을 사람들은 모르지만,
이 법은 저 멀리 부구공(浮邱公)에게서 나왔다네.
백이(伯夷)·유하혜(柳下惠) 아니면서 천진을 보전하니,
성인 현인 아니어라, 같은 구석 없도다.
누룩을 불러다가 동이 밑에 넣어두니
밤낮으로 숨소리가 꾸룩꾸룩 들리더니,
이윽고 봄 강물이 비를 띠고 흐르듯이
빚은 술의 해묵은 빛 맑고도 진하구나.
큰 바가지에 따라서 부구공께 절하니,
만고에 막힌 가슴 적시어 내리누나.
한 번 마시면 신령이 통해서
어슴푸레 마치도 우주가 개벽하듯.
두 번 마시면 자연과 하나 되어
홍몽(鴻濛)의 땅 뛰어넘어 혼돈을 빚는다네.
손으로는 혼돈 세상 어루만지며,
귀로는 혼돈 바람 소릴 듣노라.
드넓은 술 나라는 내가 바로 주인인데,
하늘 내린 벼슬이니 사람 봉함 아니로다.
구구하다, 머리 위 건을 어찌 사용하리,
도연명 그 또한 못난 사람이었구나.

  長繩欲繫白日飛 大石擬補靑天空
  狂圖謬算坐濩落 半世倏忽成老翁
  豈如飮我混沌酒 坐對唐虞談笑中
  混沌有道人未識 此法遠自浮邱公

不夷不惠全其天 非聖非賢將無同
招呼麴君囚甕底 日夜噫氣聲蓬蓬
俄傾春流帶雨渾 醞釀古色清而濃
酌以巨匏揖浮邱 澆下萬古崔嵬胸
一飲通神靈 宇宙欲闢如蒙瞳
再飲合自然 陶鑄混沌超鴻濛
手撫混沌世 耳聽混沌風
醉鄉廣大我乃主 此爵天爵非人封
何用區區頭上巾 淵明亦是支離人[11]

정희량(鄭希良, 1469~?)의 〈혼돈주의 노래(混沌酒歌)〉다. 시의 서문을 보면, 혼돈주는 거르지도 짜지도 않고 찌꺼기째 마시는 술이다. 쌀알이 동동 뜨는 동동주도 아니고, 밥반 술반으로 찌걱찌걱하는 헷갈리는 술이다. 취하자고 마시는 술인데, 거르고 자시고 할 것도 없다는 뜻이다. 호방하고 통쾌하다.

노끈으로 흰 해를 묶고, 큰 돌로 하늘에 난 구멍을 메우려 했던 시절도 있었다. 그것이 부질없는 짓이었음을 깨닫느라 인생을 다 탕진했다. 정신을 차리고 보니 머리 허연 늙은이 하나가 오도카니 앉아 있다. 요순 시절이 애쓴다고 돌아오랴. 다시 올 수 없는 때를 찾아 헤매느니, 내가 혼돈주에 취해 혼돈홍몽(混沌鴻濛)한 대자유의 세상으로 달려가리라. 밝은 대낮에 하늘로 훨훨 날아 올라간 옛 신선 부구공의 전설도 결국 이런 경지를 은유한 것이 아니겠는가?

혼돈주가 답답한 가슴을 적시면 우주가 개벽하듯 신령이 소통한다. 혼돈이 사라지고 자연과 하나가 된다. 나는 혼돈의 세상에서 혼돈의 바람소리를 들으며 혼돈을 빚으리라. 도연명은 제 머리에 썼던 두건을 벗어 막걸리를 걸러 마셨다. 무위의 삶을 살겠다면서 어찌 작위의 행동을 하는가? 나는 그저 마시겠다. 거를 것도 없다. 통째로 마시겠다. 혼돈을 가슴에 넣어 내 스스로 혼돈이 되겠다. 내 힘으로 세상의 정의를 실현하고야 말겠다는 미친 꾀, 그른 생각을 다 지워버리겠다.

취락의 흥취 위에 얹혀진 선취가 물씬하다. 이 시의 지은이 정희량은 죽은 해를 모른다. 그는 정녕 혼돈주에 취해 종적(蹤跡)도 없이 세상에서 사라져버리고 말았던 것이다. 다만 그를 보았다는 근거 없는 후일담만 무성히 남겨놓았다.

나는 자연 속에서 살겠다. 신선의 땅에서 신선과 더불어 내 삶을 마치겠다. 세상의 더럽고 질긴 인연을 다 지워버리겠다. 술을 마시며 가슴 속의 찌꺼기를 다 씻어내겠다. 지금까지의 삶과 결별하겠다. 선취시 속에서 자주 만나게 되는 다짐들이다.

연단시, 신선이 되는 방법

《도장(道藏)》은 역대 도교의 경전들을 한자리에 모은 총서다. 이 속에는 내단 수련의 과정이나 단계를 노래나 비결의 형식을 빌려 정리한 것이 많다. 《용호환단결송(龍虎還丹訣頌)》은 7언시 64수로 되어 있고, 《금액대단시(金液大丹詩)》는 5언율시 80여 수로 이루어져 있다. 내용은 내단 수련의 원리와 공법(功法)에 대한 설명이다. 《환단금액가(還丹金液歌)》나 《환단가결(還丹歌訣)》 등은 모두 시의 형식을 빌려 내단의 원리를 설명한다. 이런 시들이 연단시(煉丹詩)다.[12] 연단시는 넓게는 양생 주제까지를 포괄한다.

고려의 이인로(李仁老, 1152~1220)의 〈아침에 일어나 머리 빗으며(早起梳頭效東坡)〉이다.

가물대는 등불은 등잔 받침 닿아 있고,
드넓은 바다는 금 까마귀 머금었다.
묵묵히 앉아서 오래 숨을 참고서,
단전을 손으로 슬슬 문지르네.
쇠한 터럭 쑥대인 양 어지러운데,
해묵은 빗 초생달이 빗긴 듯하다.
손길 따라 소록소록 떨어지나니,
가벼운 바람이 눈을 쓸어가는 듯.
황금은 단련하면 더욱 정해지듯이,
백 번을 거듭해도 많다 할 수 없다네.
어찌 다만 이내 몸 상쾌할 뿐이랴,
목숨 또한 가없이 늘려준단다.
늙은 닭은 거름 흙에서 목욕을 하고,
지친 말은 바람 모래 발을 구른다.
이 또한 능히 스스로를 기름임을
나는 소동파에게서 이 말을 들었노라.

    燈殘綴玉葩　海闊涵金鴉
    默坐久閉息　丹田手自摩
    衰鬢千絲亂　舊梳新月斜
    逐手落霏霏　輕風掃雪華
    如金鍊益精　百鍊未爲多

豈唯身得快 亦使壽無涯
老鷄浴糞土 倦馬驟風沙
此亦能自養 聞之自東坡[13]

　1, 2구는 먼동이 트기 직전, 순양(純陽)의 기운이 충일한 상태다. 해 뜨는 곳을 향해 고요히 사려 앉아 폐식(閉息)의 행공(行功)에 들어간다. 폐식은 말 그대로 숨을 참는 것이다. 밖으로 내쉬지도, 안으로 들이마시지도 않는 '내불출(內不出), 외불입(外不入)'의 상태로 호흡을 조절하는 태식(胎息) 수련의 하나다.
　4구에서 이른바 단전을 문지른다는 것은 도가 수련 체조의 일종인 12단금(十二段錦) 가운데 제8 '찰단전(擦丹田)'에 해당한다. 왼손으로 콩팥을 문지르면서 오른손으로 단전을 36번 마찰하고, 다시 손을 바꾸어 교대로 시행하는 방법이다.[14]
　그 다음이 즐발소두(櫛髮梳頭), 즉 머리털을 빗질하는 것이다. 하도 빗어 초생달같이 잘록해진 참빗으로 빗질을 한다. 도가에서는 머리털을 피[血]의 나머지로 본다. 빗질을 많이 하면 막힌 혈맥을 통하게 해 눈을 맑게 하고 풍을 없앤다고 보았다. 한 번에 적어도 120회의 빗질을 한다.[15]
　이하 여섯 구는 즐발의 공능(功能)에 대한 설명에 할애했다. 13구에서 16구까지는 소동파의 〈목욕을 마치고 지은 시에 차운함(次韻子由浴罷)〉이란 시에서 그 뜻을 취해왔다.[16] 소동파의 시는 늙은 닭과 지친 말이 양생을 위해 제가끔의 방법을 쓰듯, 자신은 즐발과 폐식으로 양생의 묘를 얻는다는 내용이다. 제목만 보면 새벽에 일어나 머리를 빗다가 떠오른 두서 없는 생각을 노래한 듯하지

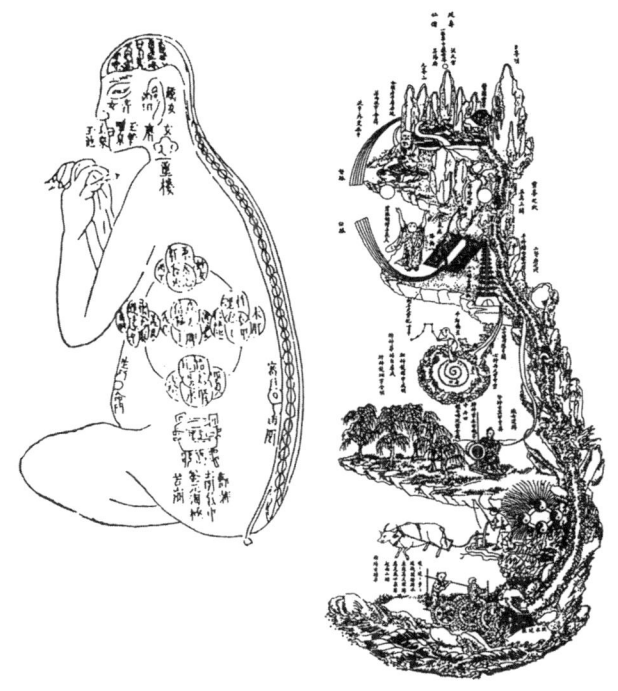

기의 순환을 나타낸 시조도(時照圖).
단전 아래 솥이 있고, 오장육부를 물과 불, 음양의 원리에 따라 설명하고 있다.

만, 따져보면 뜻밖에 구체적인 양생 비결이 담겨 있다.

우리 나라에서 본격적인 연단시는 수련 도교에 대한 관심이 고조되는 조선 전기 이후에 지어졌다. 대표 작가로는 조욱과 권극중(權克中, 1585~1659)이 있다. 조욱은 〈윤일지에게 주는 15수(用前韻贈溢之十五首)〉에서 연단의 과정을 정심하고 해박한 이론에 바탕을 두고 노래했다. 그밖에 〈내 뜻을 펴 한번 웃노라(次尹溢之韻八首以見鄙懷聊發一笑)〉 8수, 〈양숙이 내게 부친 시를 읽고 차운함(養叔聞余遊楓嶽寄五絶次韻)〉 5수 외에 여러 작품에서 단학 이론에 해박한 도가적 사유 세계를 펼쳐보였다.[17]

권극중은 해동 단학의 집대성이라 할 《참동계주해(參同契註解)》를 저술한 내단가다. 그의 《청하집(青霞集)》에는 유선시인 〈무제(無題)〉 2수와 〈삼신산가(三神山歌)〉·〈두류산가(頭流山歌)〉 같은 선취시, 그밖에 네 가지 약초의 효험을 노래한 〈사성초음(四聖草吟)〉 4수 등 도교적 체취가 짙은 작품이 여러 편 실려 있다. 또한 내단 수련의 과정을 노래한 연작시 〈금단음(金丹吟)〉 20수와, 정기(鼎器)·약물(藥物)·화후(火候)에 관해 《참동계》의 노화(爐火) 개념을 곁들여 설명한 〈금단의 세 요소(金丹三事)〉 3수, 내단의 세 단계를 설명한 〈단법의 세 관문(丹法三關)〉 3수를 남겨, 연단시에서 단연 독보의 위치를 차지한다. 〈금단음〉에는 《도덕경》·《현원결(玄元訣)》·《참동계》 등의 도서를 내단학의 관점에서 이해하여 설명한 내용뿐 아니라, 내단 수련의 과정과 단계를 친절한 비유로 풀이한 내용을 담았다.

    아이 적엔 마치 순건(純乾)과 같아

신기(神氣)가 완전하여 결함이 없다.
자라서 건(乾)에서 리(離)로 변하면,
양기(陽氣)를 얼마간 빼앗긴다네.
점점 간(艮)이나 곤(坤)이 되면
순음(純陰)은 마침내 사라진다네.
역괘(易卦)를 사람 몸에 맞춰 풀이한
《참동계》는 진실로 묘결이로다.

>童時如純乾 神氣完無缺
>及長乾成離 一分陽氣奪
>漸漸艮而坤 純陰則死滅
>易卦配人身 參同誠妙訣

〈금단음〉 다섯번째 시다. 도무지 담긴 의미를 알 수가 없다. 비교적 무슨 말인지 알겠지 싶어 고른 것이 이렇다. 《주역》의 괘(卦)를 동원하여 무언가 깊고 심오한 이치를 설명하고 있는 것 같은데, 구체적인 내용을 짐작하기 어렵다. 연단시는 대부분 이렇다. 하지만 이치를 깨달은 사람에게 이 시의 한 구절 한 구절은 금과옥조의 가르침이 된다. 반대로, 경우에 따라서는 이 시만 읽고도 지은이가 내단학의 경지에서 어느 단계에 이르렀는지 알 수 있는 고수도 있을 것이다.

모르는 것을 억지로 설명하자면 이렇다. 어린아이는 순건(純乾)하여 정신과 기운이 온전하다. 하지만 성장함에 따라 순건의 기운은 리음(離陰)으로 변해 순양(純陽)의 전일하던 기운이 흩어지고 만다. 건리(乾離)가 내려와 간곤(艮坤)에 이르러 순음(純陰)이 되면 죽는다. 후한의 위백양(魏伯陽)은 《주역참동계》에서 《주역》의 괘상을 인체에 비유하여 내단 수련의 단계를 밝힌 바 있다. 위 시는 이것을 부연한 것이다.

한편 〈단법의 세 관문(丹法三關)〉은 세 수로 이루어졌는데, 각각 '첫 관문은 연정이니 인선이다(初關煉精人仙)', '가운데 관문은 연기니 지선이다(中關煉氣地仙)', '윗 관문은 연신이니 천선이다(上關煉神天仙)'는 부제를 달았다. 단법을 이루는 데는 통과해야 할 세 관문이 있는데, 그것은 연정(煉精)과 연기(煉氣), 그리고 연신(煉神)의 단계다. 연정의 경지를 얻은 것이 인선(人仙), 연기의 단계는 지선(地仙), 정기신(精氣神) 삼보를 하나로 투득하여 관통하는 연신의 경계에 들면 천선(天仙)이라 부른다. 그 연원을 살펴보면, 송나라 때 이도순(李道純)이 《중화집(中和集)》에서 말한 '3관설(三關說)'을 채용하여 덧붙인 것이다.[18] 다음은 이 가운데 중관(中關)의 경지를 나타낸 시다.

> 첫 단계 공부가 익숙해지면
> 중관으로 가는 길은 평탄하리라.
> 오토(烏兎)의 진액을 같게 나누어
> 문무(文武)의 화후(火候)로 함께 익힌다.
> 서미주(黍米珠)가 희미하게 드러나면
> 금단(金丹)은 대성을 고하게 되리.
> 나는 이제 전날의 내가 아니니,
> 온갖 조화 내 손 안에서 생겨나리라.
>   初地工夫熟 中關道路平

도태도.
단전에 도태(道胎)가 이루어진 상태를 나타낸 그림.
193쪽의 적송자 영지의 모습과 비슷하다. 내단 수련을 통해서도 이룰 수 있지만, 고대에는 적송자 영지 같은 외물의 힘을 빌려서 태를 이룬다는 외단적 생각이 강했다.

等分烏兎液 文武丙丁烹
黍米從微著 金丹告大成
我非前日我 萬化手中生

3구의 오토(烏兎)는 금오옥토(金烏玉兎)의 줄임말이다. 보통은 해와 달을 가리키는데, 사람의 몸에서는 심장과 콩팥을 말한다. 내단가는 오토를 연홍(鉛汞), 즉 수은의 별칭으로 일컫는다. 따라서 오토액(烏兎液)은 바로 심액신수(心液腎水)를 이른다. 3, 4구는 심수(心水)와 신수(腎水)를 순환하되, 문무의 화후로 조절하여 성태(聖胎)를 맺는 것을 나타낸다.

5구의 서미(黍米)는 금단을 가리키는 도교의 술어다. 음양의 기운인 연홍을 닦아 결태(結胎)가 된 상태를 말한다. 《삼극치명전제(三極致命筌蹄)》에 "한 점 단을 이루니 서미주로다(一点成丹黍米珠)."라고 했다. 그 주(註)에는, "한 점이라는 것은 붉은 물의 검은 구슬인데, 크기가 기장쌀만하므로 한 점이라 하였다. 단을 이룸은 희미한 데서 드러난다(一点者赤水玄珠也, 大如黍米, 故曰一点, 成丹者, 從微而著也)."고 했다. 소주천(小周天)의 경지를 넘어 단전에 태(胎)가 맺히는 중관 대주천(大周天)의 경지를 얻고 나면 나는 이미 전날의 내가 아니며, 온갖 조화가 내 손 안에서 비롯됨을 느끼게 되리라는 것이다. 이렇듯 권극중의 연단시를 꼼꼼히 분석해보면, 그가 내단서를 대단히 광범위하고 정심하게 섭렵했음을 확인할 수 있다.

연단시는 그 내용을 알기가 어렵다. 솔직히 말해, 권극중의 연단시가 그 자신의 깊은 이해를 바탕으로 한 독창적 이해를 담고 있는지, 아니면 중국의 많은 연단시를 읽고 적당히 짜깁기한 것인지 조차 판단하기 힘들다. 연단시의 언어는 모두 비유와 상징으로 이루어졌다. 해석을 해놓고 봐도 내단학에 조예가 깊지 않으면 무슨 소린지 모를 말들뿐이다.

의속시, 도교의 의례와 신앙

교단이 공식적으로 성립되지 않았던 우리의 경우에 도교의 의례를 묘사하거나 재초(齋醮)의 절차 및 의궤(儀軌)를 설명한 시는 많지 않다. 고려 시대에는 왕실 차원에서 과의도교(科儀道敎)가 비교적 활발히 전개되었다. 특히 복원궁(福源宮)의 건립은 재초과의(齋醮科儀)를 중심으로 하는 과의도교를 성립했고, 도교 행사를 관장하던 기관으로 구요당(九曜堂)·정사색(淨事色)·성수전(星宿殿)·태청전(太淸殿)·소격전(昭格殿)·소전색(燒錢色)·청계배성소(淸溪拜星所) 등이 있었다.[19] 《동문선》에는 초례청사(醮禮靑詞)가 여러 편 실려 있다. 청사는 도교 재초 때 신에게 올리는 축문이다.[20] 이 청사를 보면, 고려 때 도교의 재초가 얼마나 활발했는지 짐작된다.

구름 갠 긴 하늘에 별빛이 차가운데,
경장(瓊章)을 읽고 나서 천단(天壇)에 예배하네.
옥황의 축복인 듯 안개도 자욱터니
금모(金母)가 내려올 젠 채색 난새 타고 오네.
경쇠소리 울리건만 사람은 고요하고,
요대(瑤臺)도 깨끗해라, 달님은 둥그렇다.

삼청궁(三淸宮) 제사 마쳐 겹문 모두 닫았어도,
푸른 등 전(殿)을 비추며 밤새도록 밝혀 있네.
　　雲散長空星斗寒　瓊章讀罷禮天壇
　　玉皇降慶固香霧　金母來時駕彩鸞
　　寶磬有聲人寂寂　瑤臺無累月團團
　　三淸醮畢門重鎖　照殿靑燈徹夜闌[21)]

　김시습(金時習, 1435~1493)의 〈삼청궁으로 벗을 찾아가(訪友於三淸宮適醮立冬)〉이다. 삼청궁은 지금 서울의 삼청동에 있던, 도교의 재초를 관장하던 소격서(昭格署)를 말한다. 삼청궁에 친구를 만나러 갔다가 그때 마침 행해진 입동초(立冬醮)를 보고 지은 시다.
　구름 한 점 없이 맑은 밤하늘에 별빛이 차갑다 하여, 이날의 제사가 별자리를 향해 올리는 성수초(星宿醮)임을 암시했다. 흰 옷에 검은 두건을 쓴 제관은 제물을 차려놓고 향을 피운다. 축문을 낭랑히 읽고는 하늘을 향해 백 배(百拜)의 예를 올린다. 이에 감응하기라도 하듯 향무(香霧)가 짙게 일어나더니만, 금모(金母)가 채색 난새를 타고 강림하는 것만 같았다는 것이다. 이어 머리에는 소요건(逍遙巾)을 쓰고 화려한 무늬의 도복을 입은 도사들이 나와 보경(寶磬)을 24번 울리고 도경(道經)을 소리 높여 외운다. 이어 푸른 종이에 쓴 초례청사(醮禮靑詞)를 불에 태움으로써 재초의 모든 절차가 끝난다.▪

　하늘에는 둥근 달만 떠 있다. 이윽고 재초는 끝나고 모든 문은 굳게 잠겼다. 그러나 푸른 등만은 밤을 새워 전각을 환히 비추고 있다. 성현의 기록에 비추어 읽어보면, 김시습의 시가 실제로 소격서에서 재초를 올리는 광경을 직접 보고 차례에 따라 서술한 것임을 알 수 있다.

도교의 재초 의례는 소격서가 공식적으로 혁파되는 선조조까지도 그 명맥을 유지했던 듯하다. 이달을 비롯한 삼당 시인(三唐詩人)의 문집에는 이에 관련된 시문이 여럿 있다.

밤 전각은 텅 비었고 경쇠소리 적막해라,
흰 구름 속 뭇별들 멀리서 절을 하네.
잠시 후 도사가 문을 닫아건 뒤에,
상계(上界)의 바람 불어 한 점 향기 나부끼네.
仙磬廖廖夜殿空 衆星遙拜白雲中
須臾道士關門後 一點香飄上界風[22]

이달(李達, 1539~1618)의 〈삼청동을 노닐다(遊三淸洞)〉다. 한밤중, 전각은 텅 비었고 경쇠소리는 들리지 않는다. 재초의 절차가 모두 끝난 것이다. 하늘을 올려다보니 뭇별들이 북두성을 향해 일제히 절을 한다. 도사가 걸어나와 선궁(仙宮)의 문을 굳게 닫아건

■ **재초의 절차** 성현(成俔)은 《용재총화(慵齋叢話)》에서 소격서의 헌관(獻官)과 관원이 제사하는 모습을 이렇게 적고 있다. "소격서의 헌관과 서원(署員)은 모두 흰 옷을 입고 검은 두건을 쓰고 제사를 올리는데, 관(冠)과 홀(笏), 예복을 갖추고 제사 지낸다. 제물은 과일과 떡, 다탕(茶湯)과 술을 차려놓고 향을 피우고 백 번 절한다. 도류(道流)들은 머리에 소요건(逍遙巾)을 쓴다. 몸에는 문채가 찬란한 옷을 입고 경(磬)을 24번 울린 다음에 도경을 읽고 또 축문을 푸른 종이에 써서 태운다. 그 하는 일은 꼭 아이들 장난 같은데, 조정의 직분을 가지고 쓸데없는 푸닥거리 제사를 한 번 지내는 데 드는 비용이 적지 아니하다." (고전국역총서 49, 《국역 대동야승》 1, 57쪽 참조.

다. 그러자 화답이라도 하듯 하늘에서 일진(一陣)의 바람이 불어오더니 전각 위에 태우던 향을 흩날리더라는 것이다.[23]

그런가 하면 도교가 민간 신앙의 대상이 되면서 그 일부가 습속(習俗)이 되기도 한다. 대표적인 예가 삼시 신앙과 이를 바탕으로 한 수경신의 습속이다. 삼시(三尸)는 삼팽(三彭) 또는 삼충(三虫)이라고도 하는데, 사람의 몸 속에 있으면서 그 사람의 죄상을 기록했다가 경신일 밤만 되면 사람이 잠든 틈을 타서 옥황상제께 그 지은 죄를 낱낱이 고해바쳐 수명을 감하게 한다. 갈홍(葛洪)의 《포박자(抱朴子)》■에 이미 삼시에 관한 기록이 보인다. 한나라 때의 참위 사상(讖緯思想)이 신선 사상과 결합하여 사명(司命)과 사과(司過)의 개념이 도교에 들어오면서 이런 관념이 생겨났다.[24] 삼시의 기능과 성격에 대한 논의는 후대로 내려올수록 활발해져 도사의 수행에서 삼시의 박멸이 중요한 과제의 하나로까지 되었다.

그런데 이 삼시란 벌레는 반드시 경신일 밤에 사람이 잠들어야만 그 몸에서 빠져나올 수 있다는 치명적인 약점이 있다. 그래서 수경신, 즉 경신일 밤을 아예 자지 않고 꼬박 새워, 삼시가 인간의 죄과를 관장하는 사과신(司過神)에게 보고하는 것을 원천봉쇄할 수 있다고 믿는 수경신 신앙이 성행했다. 우리 나라에서도 이 수경신 신앙은 민간에서뿐 아니라 왕실에까지 매우 광범위하게 퍼져 있었다. 《고려사》 권26, 원종 7년(1266) 4월 경신일조를 보면,

■ **갈홍의 《포박자》** 갈홍은 동진(東晉)사람이다. 《포박자》는 신선가의 이론과 구체적 수련 방법을 집대성해놓은 책이다. 내편과 외편으로 나뉘어 있다. 특히 내편은 신선의 본질과 실재, 각종 단약(丹藥)과 선약(仙藥)의 효험 및 제조 방법, 호흡법, 방중술, 도인술 외에 도교의 여러 가지 잡다한 방술(方術)에 대해 자세히 설명해놓았다. 중간중간에 많은 신선 설화를 예시해놓았다.

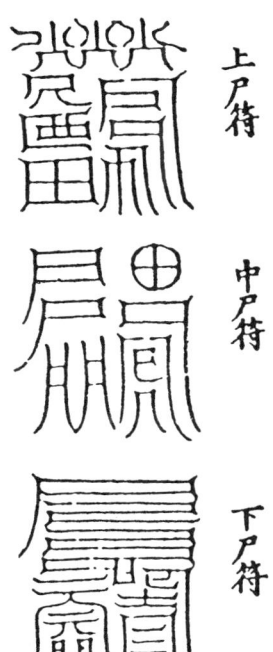

삼시부. 삼시충을 없앤다는 부적 두 종류.
이 부적을 몸에 지니고 있으면 삼시가 침입할 수 없다고 믿었다.

> 태자가 안경공(安慶公)을 맞이하다가 연회를 열고 음악을 연주하면서 새벽까지 밤을 새웠는데, 그때 나라의 풍속에 도가에 따라 매년 이날이 되면 반드시 모여서 밤새껏 술을 마시며 잠을 자지 않았다. 이것이 이른바 수경신이란 것이다. 태자도 역시 당시의 풍속을 따라 그렇게 한 것인데 당시 여론이 이를 비난했다.[25]

는 기사가 실려 있다. 이후로도 《고려사》의 경신일 기사를 보면, 왕이 이날이면 삼계초재(三界醮齋)를 지내거나, 죄수를 석방하거나, 재상들과 더불어 주연을 베푸는 등 관련 내용이 어김없이 실려 있다. 조선조에 들어서도 수경신의 습속은 계속되었다. 《동각잡기(東閣雜記)》에는 태조가 경신일 밤에 정도전(鄭道傳)을 비롯한 모든 공신들을 불러 잔치를 베푼 기사가 실려 있고,[26] 《왕조실록》의 수많은 경신일 기사만 보더라도 수경신 신앙이 당대에 얼마나 널리 퍼져 있었는가를 짐작하기란 어렵지 않다.

한시에도 이 수경신 신앙과 관련된 시가 매우 많다.[27] 한 예로 고려 이집(李集, 1314~1387)의 〈지난날을 생각하며(念昔一首呈諸君子)〉의 서두는 "지난해 산사에서 경신일 밤에, 정답게 마주 앉아 흐르는 세월을 안타까워했네(去年山寺庚申夜, 團欒共惜歲月流)." 하였는데, 유자들이 산사에서 불승과 함께 앉아 도교의 수경신을 행하는, 말 그대로 삼교합일의 현장을 볼 수 있다.

> 아이들 둘러앉아 경신일을 지키니,
> 떡 과일 앞에 두고 웃고 떠들며 장난치네.

곁에서 박수치며 즐거운 일 함께 하니,
늙은이도 참으로 그 가운데 사람일세.
   兒曹環列守庚申 餠果前頭戲哢頻
   拍手傍觀同樂事 老翁眞是箇中人[28]

소세양(蘇世讓, 1486~1562)의 〈경신일 밤(庚申夜)〉 4수 연작의 첫 수이다. 위 시에서 보이듯, 수경신은 나중에는 늙은이 젊은이 할 것 없이 한데 어우러져 즐기는 동락의 자리로 변한다. 경신일은 두 달에 한 번은 어김없이 찾아오니, 말하자면 수경신은 벗들이 한자리에 모여 잔치하는 구실이 된 것이다. 이수광(李睟光, 1563~1628)은 또 〈경신일 밤〉에서 이렇게 노래한다.

세모에 멀리 나그네 되니,
하늘가 근심 겨운 병든 몸일레.
흐르는 세월은 병오년을 맞이하고,
경신일 맞이하여 긴 밤을 지새운다.
곧은 도리 평소에 사모했건만,
홀로 누워 외로운 등불 벗을 삼는다.
삼팽(三彭)이야 까짓것 두려울 것 없도다,
내 마음의 일 저 하늘이 훤히 아시니.
   歲暮遠爲客 天涯愁病身
   流年將丙午 守夜又庚申
   直道居常慕 孤燈臥獨親
   三彭何足怕 心事在蒼旻[29]

당시 그는 함경도 안변 부사로 임지에 머물고 있었다. 타향에서 병든 몸으로 맞이하는 세모에 두서 없는 시름이 그만 잠을 앗아갔다. 때마침 경신일 밤이고 보니 철야의 핑계로도 그만 아닌가. 바른 도리를 잃지 않으려 늘 애써왔지만 눈 앞에 기다리고 있는 것은 벼슬길의 명예가 아니라 가물거리는 외로운 등불뿐이다. 시인은 굳이 자신의 불면을 삼팽이 두려워서는 아니라고 변명한다.

도교의 재초가 발달하지 못한 우리의 경우에 의속시는 상대적으로 빈약하다. 하지만 아주 없지는 않다. 그나마 이것이 남아서 어렴풋이나마 그 의례의 절차를 가늠해보고, 신앙의 습속을 헤아려볼 수 있다.

대부분의 한시 작가들은 스스로 유자(儒者)임을 잊지 않았다. 그런데도 도교 내용의 시를 많이 남겼다. 그들이 유자였다는 사실과 도교시를 지었다는 것은 어떤 상관 관계를 갖는가? 이때의 도교와 유교는 종교적 신심의 차원은 아니었다. 둘은 사유 체계와 상상 체계의 이면에서 동전의 양면처럼 상보 관계를 형성한다.

출처궁달(出處窮達)에 연연치 않는 군자의 의연함을 사모해도, 막상 세상일은 늘 공정치가 않다. 시비는 늘 뒤바뀌며, 정의는 불의 앞에 꺾이고 만다. 현실의 부조리한 폭력 앞에서 인간은 믿어 의심치 않던 천도(天道)의 소재를 회의하며 초월을 꿈꾼다.

초월의 모식(模式)은 다양하다. 태청 허공 위에 황금 궁궐을 세워놓고 정신의 노닒을 통해 보허등공(步虛登空)을 꿈꾸거나, 선경승지(仙境勝地)를 찾아가 선계를 향한 채워지지 않는 열망을 노래하면서 어딘가 있을 도원의 낙토를 꿈꾼다. 그런가 하면 현언(玄

言)의 철리를 되새겨 상처받은 왜소한 자아를 위로하고, 자기 모순의 해결 통로를 찾아나서기도 한다. 더 나아가 이러한 열망은 스스로 신선이 되고자 하는 내단 수련의 길로 자아를 부추겨 환골탈태(換骨奪胎)하는 금단(金丹)을 이루려는 열망으로 승화되기도 했다.

　유선시는 원초적 상징으로 가득 찬 상상력의 세계를 보여준다. 푸른 하늘 저편 은하수 건너에 열세 개의 하늘이 차례로 열리고, 그 끝 대라천(大羅天)의 하늘 위에 우뚝 솟은 백옥의 누대와 황금 궁궐, 다층적 위계로 이루어진 신들의 세계, 영원과 불변, 지고와 순결을 상징하는 수많은 유선 제재들은 고대인이 꿈꾸었던 유토피아의 모습을 완벽하게 재현해낸다. 그것은 실현 불가능한 꿈이지만 허황하다고만 말할 수 없다. 인간의 세상은 언제나 시비의 다툼이 끊이지 않고, 사람은 병들고 늙고 죽으며, 부귀는 덧없고 빈천은 고통을 안겨다줄 뿐이다. 진정한 자유는 어디에 있는가? 초월은 가능한가? 유선시는 중세인이 꿈꾸었던 자유와 초월의 의지를 대변한다. 인간의 의식이 한계에 달할 때 무의식의 세계가 열린다. 무의식의 세계에서는 잃어버린 꿈과 원초적 상징 들이 건강하게 살아 숨쉬고 있다. 인간은 여기에서 소생의 원기를 얻는다.

　현언시가 보여주는 철리의 세계는 유선의 꿈과 어떻게 만나는가? 흔히 종교로서의 도교를 철학으로서의 도가와 구분한다. 하지만 문학 작품에서 도교와 도가는 변별 없이 넘나든다. 노자의 도법자연(道法自然)과 장자의 무용지용(無用之用), 그리고 소요제물(逍遙齊物)하는 나비의 꿈은 생사우락의 질곡에서 벗어나고자 하는 유선의 욕망과 본질에서는 같다. 서왕모가 건네주는 천년반도나 안기생의 대추를 먹고 환골성선하는 것이나, 광막한 선계를 소요하는 도중에 진인(眞人)을 만나 생사의 묘결 또는 지락(至樂)의 소재를 듣고 황연(晃然)히 깨달아 미망(迷妄)을 깨치는 모식은 도교와 도가가 사실은 둘이 아니라 한 가지로 넘나드는 의미임을 일러준다. 서왕모의 반도나 안기생의 대추가 약물을 통해 신선이 되겠다는 외단적(外丹的) 발상이라면, 진인의 묘결은 마음의 어리석음을 깨쳐 깨달음으로 나아가는 내단적(內丹的) 사유의 흔적이다.

선취시는 꿈의 흔적을 보여준다. 아무리 천상 선계로 비상하기를 꿈꾼다 해도 인간은 언제나 지상에 발을 디딘 나약한 존재일 뿐이다. 현실은 불만스럽고 고통으로 가득 차 있다. 육침(陸沈)의 심회를 간직한 채 내밀한 꿈꾸기는 계속된다. 선취시에는 진인의 소망을 품은 지상 존재들이 선계를 향해 갖는 뿌리 깊은 동경과 선망, 실존을 구속하는 제도의 억압과 사슬에서 벗어나고자 하는 자유의 꿈이 아로새겨져 있다.

연단시는 깨달음의 세계, 신선을 향한 구체적 의지를 표현한다. 육신이 곧 솥과 화로이고 마음이 바로 단약임을 깨달아, 정기신(精氣神) 삼보(三寶)를 보전하여 성태(聖胎)를 맺고, 욕망을 억제해 잡된 망상을 물리치고 외물에 흔들림 없는 완전한 인격을 갖추려는 것이다. 이때 신선은 먼 하늘 저편에 있지 않고, 발길이 닿지 않는 깊은 산에 있지도 않다. 내 스스로 신선이 되어 앉은 자리에서 초월의 경계로 진입하게 되는 것이다.

의속시는 도교가 한시에서 단순히 관념적·관습적 제재를 빌려 쓰는 것에 머물지 않고, 신앙의 차원으로 의례화되고 민간의 의식에까지 침투하고 있음을 보여준다는 점에서 소중하다. 수많은 수경신 시는 도교가 문인·지식인층뿐 아니라, 당시 왕실에서 민간에까지 널리 퍼져 있던 민간 신앙으로서 잠재된 영향력을 미쳤음을 가늠하는 한 잣대가 된다.

이렇듯 한시 속의 도교 제재는 다양하다. 중세적 자아의 꿈꾸기로서 낭만적 상상력의 공급원이 되는가 하면, 인간의 실존을 위협하는 현실의 폭력에서 벗어나는 방어 기제 구실도 한다. 한마디로 요약하면, 초월과 자유를 향한 의지이다. 도교는 한국 한시, 나아가 한국 문학 전반에 걸쳐 상상력의 한 모식을 제공했다. 그것은 우주관과 사생관 그리고 자연관을 구성하는 사유 체계와 상상 체계의 중요 원리가 되어왔다. 한국 문화 속에서 도교가 지닌 의미를 좀더 꼼꼼히 살펴 따지는 일은 우리에게 주어진 시급한 과제다.

■ 1장의 주석

1) 허난설헌,《난설헌시집》장4a(《한국문집총간》67, 6쪽).
2) 조찬한,《현주집(玄洲集)》권2, 장31a.
3) 최치원,《고운집(孤雲集)》권1, 장2a(《총간》1, 150쪽).
4) 《국역 동문선》I책(민족문화추진회, 1982), 120쪽.
5) 노자,《도덕경》제3장 : 不尙賢, 使民不爭. 不貴難得之貨, 使民不爲盜. 不見可欲, 使民心不亂. 是以聖人之治, 虛其心, 實其腹, 弱其志, 强其骨, 常使民無知無欲, 使夫知者, 不敢爲也. 爲無爲卽無不治.
6) 이달충,《제정집(霽亭集)》권1, 장15b(《총간》3, 180쪽).
7) 홍유손,《소총유고(篠叢遺稿)》하, 장11a(《총간》12, 536쪽).
8) 이연재,《고려시와 신선 사상의 이해》(아세아문화사, 1989)는《신증동국여지승람》에 실린 제영시를 분석하여 여기에 투영된 신선 사상의 구체적 내용을 논의한 저술이다.
9) 《국역 신증동국여지승람》Ⅲ권(민족문화추진회, 1984), 457쪽.
10) 조남권 역,《조용문선생집(趙龍門先生集)》권1(태학사, 1997), 194쪽.
11) 정희량,《허암유집(虛庵遺集)》권3, 장13b(《총간》18, 43쪽).
12) 안동준은〈조선 전기 선가와 선가시〉,《부산한문학연구》제9집(부산한문학회, 1995. 6), 163~196쪽에서, 도교 성향의 선가들이 지은 내단 수련의 과정을 우의한 시를 선가시로 규정했다. 그러나 선가의 시라 해서 모두 내단 수련의 과정을 설명하고 있지는 않고, 또 선가시란 명칭은 너무 포괄적이어서 적절치 않다고 생각한다.
13) 《국역 동문선》Ⅰ책(민족문화추진회, 1982), 124쪽.
14) 12단금의 체조에 대해서는 이진수,〈조선 양생사상 성립에 관한 고찰 그 4〉,《한국 도교사상의 이해》(아세아문화사, 1990), 248쪽 참조.
15) 이진수, 앞의 논문, 234쪽 참조.
16) 소동파,〈차운자유욕파(次韻子由浴罷)〉에 "理髮千梳淨, 風晞勝湯沐. 閉息萬竅通, 霧散名乾浴. 頹然語默喪, 靜見天地復.……老鷄臥糞土, 振羽雙瞑目. 倦馬驟風沙, 奮鬣一噴

玉……."이라 했다. 〈적거삼거(謫居三適)〉시 가운데서도 〈단기이발(旦起理髮)〉 등의 작품이 있다.

17) 조욱의 《용문집(龍門集)》은 조남권 역, 《조용문선생집(趙龍門先生集)》 참조. 그의 도교적 시 세계에 대해서는 손찬식, 〈용문 조욱 시에 표상된 신선 사상〉, 《국문학과 도교》(태학사, 1998)에서 다루었다.

18) 이도순은 《중화집》 권3에서 3관을 "三元之機關也. 煉精化氣爲初關, 煉氣化神爲中關, 煉神還虛爲上關."이라 했는데, 초관은 100일간 수련하면 성공할 수 있으므로 100일관이라 하고, 중관은 열 달 만에 성공하므로 10월관, 상관은 일반적으로 9년 만에 성공하므로 9년관이라 했다고 한다.

19) 서경전·양은용, 〈고려 도교 사상의 연구〉, 《원광대논문집》 제19집(원광대, 1985) 참조.

20) 초례청사에 관한 연구는 김승혜의 〈동문선 초례청사에 대한 종교학적 고찰〉, 《도교와 한국사상》(아세아문화사, 1987), 이종은 외 2인의 〈고려 중기 도교의 종합적 연구〉, 《도교 사상의 한국적 전개》(아세아문화사, 1989) 참조.

21) 김시습, 《매월당집》 권3, 장1a(《총간》13, 126쪽).

22) 이달, 《손곡시집(蓀谷詩集)》 권3, 장15b(《총간》61, 16쪽).

23) 이밖에 이달의 《손곡집》에 실린 〈증도인(贈道人)〉과 〈유삼청동(遊三淸洞)〉, 최경창의 《고죽집(孤竹集)》의 〈천단(天壇)〉 2수, 〈조천궁(朝天宮)〉·〈제삼청재실(題三淸齋室)〉 등은 모두 도교 재초와 관련된 시들이다.

24) 구보 노리타다 저, 최준식 역, 《도교사》(분도출판사, 1990), 160쪽 참조. 飯田道夫의 《경신신앙》(일본 인문서원, 1989)은 일본 민간에 널리 퍼져 있는 수경신 신앙의 실상을 상세하게 정리한 책이다.

25) 《고려사》 3(여강출판사, 1991), 48쪽.

26) 《국역 대동야승》 13(민족문화추진회, 1984), 342쪽.

27) 진갑곤 편, 《한국문집총색인(韓國文集總索引)》(정진, 1994)의 경신 관련 항목의 검색

만으로도 제가(諸家)가 지은 25수 가량의 수경신 시와 만날 수 있다.
28) 소세양,《양곡집(陽谷集)》권5, 장29b.
29) 이수광,《지봉집(芝峯集)》권12, 장12b.

2장

한시 속의 유토피아

　인간에게 낙원은 없다. 낙원을 향한 꿈만 있을 뿐이다. 현실은 언제나 낙원에서 아득히 비켜 서 있다. 세상에는 온갖 추잡한 욕망과 그 욕망의 분비물들이 시궁창을 이루며 흘러간다. 그 속에서 인간들은 낙원을 꿈꾼다. 그들이 꿈꾸는 낙원은 아득한 과거의 기억 속에만 존재한다. 과거는 흘러갔고, 기억은 다시 오지 않는다. 그래서 낙원을 향한 꿈은 언제나 비극적이다.
　현실은 늘 불만스럽다. 긍정할 수가 없다. 낙원을 향한 꿈은 바로 이 불만과 부정의 언저리에서 생겨난다. 낙원을 꿈꾸는 사람들은 게으른 몽상가이거나 부지런한 개혁가다. 몽상가는 이룰 수 없는 줄을 알아 나른한 꿈으로 만족하지만, 개혁가는 꿈을 현실로 바꿔보려고 변혁을 꿈꾼다. 그들이 꿈꾸는 것은 언제나 불만과 갈등이 없는 세상이다. 만족과 조화로 가득 찬 세계다. 한 사람이 만족하면 다른 사람은 불만을 품는다. 그것이 갈등을 낳고 조화를 해친다. 나의 기쁨이 다른 사람에게도 기쁨이 되는 세상, 시기와 질투, 다툼과 모략이 없는 나라, 이런 유토피아는 지상에는 없다.

역대 한시에서는 유토피아에 대한 관념과 구체적 표현이 많이 발견된다. 《대동여지승람》에 실려 있는 많은 한시들은 승경(勝景)·승지(勝地) 가운데서 선계를 향한 꿈을 노래한 수많은 작품들이 실려 있다. 〈청학동가(靑鶴洞歌)〉·〈삼신산가(三神山歌)〉·〈도원행(桃源行)〉처럼 직접 유토피아 공간을 노래한 장편 고시(古詩)들도 적지 않다. 산수시 속에도 유토피아의 이미지는 매우 다양하게 그려져 있다. 이 글에서는 한시에 나타난 유토피아 의식을, 승경과 선경을 노래한 한시에 나타나는 무릉도원형 유토피아와, 유선시에 보이는 삼신산형 유토피아의 두 양상으로 크게 나누어 살펴보겠다.■

무릉도원의 꿈과 대동 사회의 이상

한나라 때의 악부시 〈해로(薤露)〉는 풀잎 끝에 맺힌 이슬만도 못한 인생을 이렇게 노래한다.

■ **동양의 유토피아** 원래 이 글은 필자를 포함하여 6인이 공동으로 보고한 〈한국문학에 나타난 유토피아 의식 연구〉, 《한국학논집》 제28집(한양대 한국학연구소, 1996) 가운데, 필자가 쓴 부분을 따로 독립시켜 앞뒤로 보충해 정리한 글이다. 이 글에서는 동양의 유토피아를 크게 산해경형, 무릉도원형, 삼신산형, 대동 사회형의 네 가지로 나누었다. 하지만 이를 크게 보면, 지상 선계인 무릉도원형과 천상 선계인 삼신산형의 두 유형이다.

풀잎 위 이슬,
　　너무 쉽게 마르네.
　　내일 아침 이슬은 또 내리겠지만,
　　한 번 떠난 사람은 돌아올 줄 모르네.
　　　　薤上露 何易晞
　　　　露晞明朝更復落 人死一去何時歸

　고대의 중국인들은 상여를 메고 나갈 때 덧없는 인생을 슬퍼하며 이 노래를 불렀다. 중국 위진 시대의 〈고시 19수(古詩十九首)〉에는,

　　인생이란 한세상 더부살이라,
　　덧없이 흩날리는 티끌일레라.
　　　　人生寄一世 奄忽若飄塵

　　성문 나서 똑바로 눈 뜨고 보니,
　　뵈느니 언덕과 무덤뿐일세.
　　　　出郭門直視 但見丘與墳

　　사는 해 백 년을 채우지 못하건만,
　　언제나 천 년 근심 지니고 사네.
　　　　生年不滿百 常懷千歲憂

라고 했다. 또 죽림칠현의 한 사람인 완적(阮籍)은,

> 인생은 티끌이나 이슬 같은 것,
> 천도(天道)만이 아득히 유유하도다.
>   人生若塵露 天道邈悠悠
>
> 일생 동안 살얼음을 밟는 듯했지,
> 뉘라서 속타는 맘 알아주리오.
>   終身履薄氷 誰知我心焦

라고 하여, 어지러운 세상을 살아가는 전전긍긍을 서글퍼했다. 따지고 보면 저 죽림의 청담도 세상을 초탈한 광달(曠達)의 경계이기보다 차라리 난세를 건너가려는 안간힘에 가깝다 하겠다. 이백은 아예,

> 칼 빼어 물 베어도 물은 다시 흐르고,
> 잔 들어 시름 달래도 시름은 더 깊어지네.
> 인생살이 사는 동안 뜻 같은 일 없었네.
> 내일은 머리 풀고 조각배 타고 떠나리.
>   抽刀斷水水更流 擧杯消愁愁更愁
>   人生在世不稱意 明日散髮弄扁舟

라고 하여, 찌든 삶의 근심 끝에 아예 머리를 풀고 세상을 등지려는 결심을 내비친다. 당나라 진자앙(陳子昻)은,

> 전날의 고인은 볼 수가 없고,

장차 올 뒷사람도 보지 못하네.
천지의 아득함 생각하노라니,
나 홀로 구슬퍼 눈물 흐른다.
   前不見古人 後不見來者
   念天地之悠悠 獨愴然而涕下

라고 노래했다. 그들이 흘리는 눈물은 눈앞의 상황에 매여 일희일비하는 가벼운 슬픔이 아니다. 이택후(李澤厚)가 '위대한 고독감'이라는 헌사를 바친 이런 시들에는 인생을 향한 깊은 관조와 달관이 있다. 비분강개 속에 인생의 갖은 고통을 통과하면서 이들은 인생을 더 깊이 바라보는 중후함을 얻었다.

  현실의 억압은 개체의 삶을 질식시킨다. 그러나 개체들은 닫힌 세계 속에서도 끊임없이 반란을 꿈꾼다. 현실에서는 존재하지 않는 세계, 어떤 갈등도 없고 모든 것이 조화롭고 충만한 세계는 진정 어디에도 없는가? 인생은 그렇듯이 슬프고, 인간은 그렇듯이 나약한 존재인가? 삶의 이러한 짙은 회의 속에서 사람들은 무의식의 저편에 저장된 언젠가 떠나온 곳, 잃어버린 낙원의 기억들을 떠올린다. 그곳은 모든 것이 완벽한 꿈의 세계다.

작은 나라, 적은 백성

  인간이 꿈꾸는 낙원 속에는 그들의 소망과 동경의 모습이 고스란히 담겨 있다. 중국 고대 문헌인 《산해경(山海經)》에는 '질민국(戳民國)'이란 나라가 나온다. 길쌈 하지 않아도 옷을 해 입고, 추수하지 않아도 밥 굶을 걱정이 없는 나라, 온갖 짐승이 서로 무리

지어 살며 온갖 곡식이 쌓여 있는 낙원이다. 이 책은 온통 이런 나라 이야기들로 가득하다. 얼마나 먹고사는 문제가 절박했으면 이런 상상을 다 했을까? 노자는 《도덕경》에서 자신이 꿈꾸는 이상 사회의 모습을 이렇게 그리고 있다.

> 나라는 작고 백성은 적다. 온갖 기물이 있어도 쓰지는 않는다. 백성은 죽음을 중히 여기고 멀리 이사하지 않는다. 비록 배나 수레가 있어도 타지 않는다. 갑옷과 무기가 있어도 쓸 일이 없다. 백성들은 결승 문자(結繩文字)를 다시 쓴다. 그 밥은 달고, 그 옷은 아름답다. 그 거처는 편안하고, 그 풍속은 즐겁다. 개 짖고 닭 우는 소리가 들릴 만큼 이웃 나라가 빤히 바라다뵈도 백성들은 늙어 죽을 때까지 서로 왕래하지 않는다.[1]

도구의 사용을 최대한 절제한다. 삶을 사랑하고 저 사는 터전을 소중히 여긴다. 문명의 혜택을 거부하고, 몸과 마음의 기쁨을 중시한다. 비교의 안목으로 바깥세상을 기웃거리지 않는다. 이렇게 하면 내면에서 즐거움이 샘솟고, 전쟁도, 경쟁도, 생존하기 위한 아비규환도 없는 낙원이 열릴 것으로 노자는 믿었다. 그러자면 우선 규모가 작아야 했고, 백성의 숫자도 많을 수가 없었다.

노자가 꿈꾸었던 '소국과민(小國寡民)', 즉 작은 나라, 적은 백성으로 이루어진 공동체는 이후 중국의 역사에서 자주 모습을 드러낸다. 무릉도원이 그 전형이다. 이곳은 전란을 피해 들어간 소집단이 건설한, 외부와 단절된 소규모 공동체다. 어부의 눈에 비친 그곳 사람들의 모습은 늙은이나 젊은이나 모두 행복하고 즐거운 표정이었다. 세월이 멈춰 서고 역사가 정지된 곳, 모든 것이 자족하여 밖에 대한 관심조차 잊은 곳이 무릉도원이다. 나올 때 여기저기 표시를 남겨두고도 어부는 그곳을 다시는 찾아들어갈 수 없었다. 찾지 못했다는 말은 애초에 없었다는 말과 같다. 그는 잠깐 꿈을 꿔본 것이다.

우리 옛 문헌 속에도 무릉도원은 많다. 지리산 청학동은 무신란으로 현실에 염증을 느낀 이인로가 찾아들었던 낙원이다. 그곳은 사람 하나가 겨우 지나갈 만한 덤불길을 몇 리나 기어가야 도달할 수 있다. 좋은 밭과 기름진 땅에 씨뿌리고 나무 심어, 밥 먹고 옷해 입기에 부족함이 없는 곳이다. 그러나 이인로는 며칠을 헤매다 결국 청학동을 찾지 못하고 돌아갔다. 낙원이란 이런 곳이다. 풍문만 있지 실체를 보여주는 법이 없다.

《청구야담(靑邱野談)》에는 이화동(梨花洞)이란 곳이 나온다. 금강산에 놀러갔던 선비 홍생이 웬 중을 만났다. 중의 안내로, 한 발만 헛디디면 빠져버리는 모랫길을 까맣게 지나, 깎아지른 벼랑을 훌쩍 건너뛰어, 다시 구불구불한 길을 잊어버리고 가서 도달한 곳이었다. 경치도 아름답고 땅에서는 기름이 철철 흘렀다. 수십 채의 집이 추녀를 나란히 하고 있었고, 골짜기 안에는 배나무가 가득했다. 도무지 부러울 것이 없는 사람들이 살고 있었다. 홍생은 한번 나온 뒤 다시는 이곳을 찾지 못했다.

《동야휘집(東野彙輯)》이란 이야기책에 보이는 산도원(山桃源)도 있다. 아예 이름을 산 속의 무릉도원이라고 했다. 산도원 가는 길은 심산유곡의 암석과 숲길이고, 낙엽은 정강이가 빠질 정도로 수북했다. 단지 작은 길 하나뿐이라 안내자 없이는 도저히 찾을 수 없는 공간이었다. 그나마도 하루에 2백 리를 가는 신통한 소 등을 타고서야 권 진사는 이곳에 들어갈 수 있었다. 이곳은 30여 가의 일가 친척들이 일군 친족 공동체로, 소금만 외부에서 사올 뿐 나머지는 모두 자급자족하는 생활을 하고 있었다. 그 역시 다시는 그곳에 들어가지 못한다.

이러한 무릉도원은 각 지역마다 고르게 분포해 있다. 갑산 땅에 있었다는 태평동(太平洞), 경상도 상주의 오복동(五福洞), 평안도 성천 땅의 회산선계(檜山仙界)도 있다. 속초 영랑호에는 회룡굴(化龍窟)이란 별세계도 있고, 동해 바다에서 표류한 어부가 본 단구(丹邱)라는, 바다 위의 별세계도 있다. 우연히 조력자의 힘을 빌려 그곳에 들어간 외부인의 눈에 비친 낙원의 모습은 모두 한결같아서 조금은 실망스럽다. 이들은 매우 소극적이고 기본적인 욕구 충족만으로 쉽게 만족한다. 이는 퇴행적이고 폐쇄적인 소규모 공동체의 모습이다. 이들은 모두 노자의 충실한 추종자였던 셈이다.[2]

이런 공동체는 난세에만 나타난다. 먹고 입는 걱정을 덜고, 달리 바깥세상을 부러워하지 않을 수 있으면 그뿐이다. 그들이 공동체를 어떻게 유지해갔는지, 혼인이나 가정 생활 외에 공동체 생활의 여러 난관들은 어떻게 헤쳐 나갔는지, 외부의 침입자는 도무지 관심이 없다. 다만 뜻밖에 맞닥뜨린 낙원 앞에 어리둥절해 있다가 대접을 잘 받고 나와, 다시는 그곳에 돌아갈 수 없어 꿈만 꾸며 세상에 풍문을 퍼뜨릴 뿐이다.

낙원은 분명히 존재한다. 실제로 가본 사람도 있다. 그러나 그 사람 외에는 아무도 가본 일이 없다. 그 사람도 다시는 갈 수가 없다. 낙원은 이런 곳이다. 꾸다만 꿈 속에서만 존재하는 희미한 기억 같은 것이다. 그런데도 사람들은 낙원에 대한 꿈을 결코 포기하지 않는다.

유토피아란 말은 16세기 영국의 휴머니스트 토머스 모어가 만든 말이다. 'u'라는 접두사는 '없다'(ou)와 '좋다'(eu)의 뜻이 다 들어 있다. 'topia'는 '장소'란 뜻이다. 그러니 u-topia란 '세상 어디에도 존재하지 않는 곳'(no-place)의 뜻도 되고, '좋은 곳'(good-place)의 뜻도 된다. 이 둘을 합치면, 좋기는 좋지만 어디에도 없는 나라가 유토피아, 즉 낙원이다.

좀더 구체적으로 작품을 통해 그 양상을 살펴보자. 조여적(趙汝籍)의 《청학집(靑鶴集)》에는 남북 두 곳의 이상향을 소개하고 있다. 남쪽은 지리산에 있는 이방보(李芳普)의 정심재(貞心齋)이고, 북쪽은 처사 임정수(林正秀)의 거처인 갑산 땅의 태평동(太平洞)이다. 이방보는 지리산 정심재에 살며 약초를 캐어 삼정환(三精丸) · 백복환(百福丸) · 경옥고(瓊玉膏) · 혼원단(混元丹) 등을 조제하여 시렁 위에 얹어놓고, 조석 음식으로는 푸른 기장밥과 검은 깨떡[黑荏餌], 사슴고기포[鹿脯], 생강 김치[薑菹], 기국 나물[杞菊菜], 도라지탕[桔梗湯], 송화주[松花酒], 꿀[石蜜漿] 등을 먹고 살았다. 이방보가 매창(梅窓) · 송서(松棲) · 운홍(雲鴻) 등과 여러 곳을 유력하다가 일동암(日洞巖)에 이르니 바위 위에 청학산인(靑鶴山人) 위한조(魏漢祚)가 지었다는 시가 적혀 있었다. 그 시는 이렇다.

구름 속에 뚫린 길을 겨우 찾아서,

산사에 손이 오니, 학이 홀로 반긴다.
붉은 언덕 비 뿌리니 고운 풀 그림 같고,
푸른 언덕 바람 부니 옥돌소리 절로 나네.
한가로운 꽃 늙은 잣나무는 천 년의 정취요,
돌 사이 폭포수는 백 갈래로 쏟아진다.
이 아름다운 곳을 세인은 모르는데,
그 누가 이곳에서 정기 기를까.
 穿雲一路不分明 客到山門獨鶴迎
 丹岸雨添瑤草畵 碧崖風落玉碁聲
 閑花老柏千年在 亂石飛泉百道爭
 世有名區人不識 孰能於此養心精[3]

 구름을 뚫고 가는 길이니 깊은 산중이다. 나그네를 맞이한 것은 사람이 아니라 학이다. 그곳이 바로 선경임을 뜻하는 것이다. 비 젖은 요초(瑤草)는 그림과 같고, 바람결에 들려오는 것은 신선들의 바둑 두는 소리다. 다툴 일 없는 꽃은 바람에 한들거리고, 잣나무는 천년 세월을 지켜 서 있다. 바위는 시내에 폭포를 만들어, 쏟아져 내린 물이 여러 갈래로 흩어진다. 이곳은 마음의 정기를 기를 만한 곳인데 아는 사람은 아무도 없다.
 《청학집》에서 북쪽의 이상향으로 묘사한 태평동은, 이판령(伊坂嶺)을 지나 동굴을 한참이나 통과하여, 다시 연못을 건너야만 이를 수 있는, 사방이 절벽으로 둘러싸인 삼십 리쯤 되는 들이다. 세금도 없고, 전쟁도 미치지 못하는 곳이어서 태평동이라 불렀다. 이곳에는 맑은 샘과 흰 돌, 약초와 아름다운 나무가 있고, 땅은 비옥

하여 벼농사가 잘된다. 불과 너덧 집만이 이곳에 산다.[4] 매창은 이곳을 찾았다가 그 정경을 다음과 같이 묘사했다.

> 처마 머리에선 천녀가 하례(賀禮)하고,
> 울타리 밑에서는 목선(木仙)이 노래한다.
> 簷頭天女賀 籬下木仙吟

속세를 벗어난 선경의 환상적 경관을 꿈꾼 내용이다. 또 이곳의 일과를 이렇게 노래한다.

> 한가로이 중산 땅 상토필로 붓질하고,
> 상당의 벽송연 먹을 가만히 갈아보네.
> 閑弄中山霜兎筆 細研上黨碧松烟

> 한가로이 벌통의 벌소리를 듣다가
> 꿀 따오는 일벌들을 따라가 보았네.
> 閑聽蜜房金翼使 戲隨花賊玉腰奴

중산(中山)의 상토필(霜兎筆)이나 상당(上黨)의 벽송연(碧松烟)은 문인이면 누구나 선망하는 최상등의 문방구다. 또 밖에서는 꿀벌들이 꽃밭 위로 날며 꿀을 따는 목가적인 풍경이 펼쳐진다. 태평동의 삶은 다음 작품에서 더 상세히 그려진다.

> 흰 강아지 밤새 마을서 짖고,

누렁 소는 봄 언덕서 풀을 뜯누나.
느릅 꼬투리에 비 내리자 벼 기장 웃자라고,
잉어가 바람 일으키니 대추·배 향기롭다.
白雪猧兒鳴夜巷 黃毛菩薩吃春堤
榆莢雨來禾黍秀 鯉魚風起棗梨香

눈같이 흰 강아지는 밤 하늘을 보고 짖는다. 도둑 때문이 아니라 달빛에 겨워서다. 봄갈이를 마친 누렁 소는 봄 깊은 언덕 위에서 맛있게 하루 종일 풀을 뜯는다. 느릅나무 꼬투리에 비가 내리니 어느 새 여름철이 다가왔다. 그 비를 맞은 벼와 기장은 하루가 다르게 쑥쑥 자란다. 냇가에 잉어는 제 흥을 못 이겨 물 위로 솟구치고, 여기서 바람이 일어 대추와 배엔 달콤한 향기가 배인다. 이 바로 무릉도원이 아니고 무엇이겠는가?[5)]

청학동, 푸른 학이 사는 나라

무릉도원을 찾아가는 길은 그리 쉽지 않다. 고려 때 이인로는 무신란의 어지러운 와중에서 세상을 등질 작정을 했다. 다시 나오지 않을 생각으로 송아지를 지고 지리산으로 청학동을 찾아 나섰다.■ 여러 날을 찾아 헤매다가 결국 찾지 못하고 그는 바위 위에 다음 시만 적어놓고 왔다.

두류산 아득하다, 저문 구름 낮게 깔려,
골짜기와 바위들이 회계산인 양 곱구나.
지팡이 짚고서 청학동 찾자 하나,

숲 저편선 쓸쓸히 잔나비 울음만 들려오네.
누대는 아득해라 삼산(三山)은 멀고 먼데,
이끼 아래 새겨진 네 글자 희미하다.
문노라, 신선의 땅 그 어디메뇨.
진 꽃잎 물에 떠서 근심만 겹게 하네.

    頭流山逈暮雲低 萬壑千巖似會稽
    策杖欲尋靑鶴洞 隔林空聽白猿啼
    樓臺縹渺三山遠 苔蘚微茫四字題
    試問仙源何處是 落花流水使人迷[6)]

종일 청학동을 찾아 헤매다 어느 새 뉘엿한 저물 녘이 되었다. 낮게 깔린 구름 속에 잠긴 봉우리와 골짜기들은 마치 꿈 속에 회계산을 보는 듯 아름답기 그지없다. 이 구름 속 어딘가에 청학동 신선의 계곡이 있다. 그러나 청학동 드는 어귀는 끝내 찾을 길이 없고, 덧없는 인생이 슬프지 않느냐고 잔나비의 구슬픈 울음소리만 울려 퍼진다. 신선의 누대는 내 인연이 아니요, 삼신산은 저 멀리

■ **푸른 학이 사는 나라** 학의 수명은 대략 60년 가량이다. 조류로는 대단한 수명이 아닐 수 없다. 하지만 옛 사람들은 학이 천 년을 산다고 믿었다. 진나라 최표의 《고금주》란 책에는 "학은 천 년이 되면 그 색이 푸르게 되고, 또 천 년이 지나면 검게 되는데, 이른바 현학(玄鶴)이 그것"이라고 했다. 그러니까 청학은 천 년 학이다. 청학은 따로 먹는 것이 없이 이슬만 먹고산다. 앞서 고구려 고분 벽화에서도 보았듯, 신선들이 타고 다니는 탈것의 구실을 한다. 이 청학이 사는 곳이 지리산의 청학동이다. 지금의 청학동은 갱정유도회라는 신흥 종교인들이 해방 이후에 세운 신앙촌이다. 동학 이후의 신흥 종교들이 겉으로 불교를 내세웠든, 유교를 내세웠든 모두 도교의 상징을 그 배경에 두르고 있는 것은 아주 흥미롭다. 조선 시대 많은 유자들의 산수유기에도 한결같이 청학동을 찾다 걸음을 되돌리는 이야기들이 실려 있다. 청학동은 잃어버린 꿈의 흔적 같은 것이라고나 할까?

아득한 곳에 있는 것은 아닐까. 쌍계사 어귀 바위엔 '쌍계석문(雙溪石門)'이라 새긴 네 글자가 이끼에 덮여 있다. 시내 위로 떠오는 진 꽃을 보며 이 물줄기 어디엔가 선원(仙源), 즉 무릉도원이 있지 않겠느냐며 안타까운 마음을 달래고 있다.

조선조에 유방선(柳方善, 1388~1443)도 이인로의 뜻을 이어 〈청학동〉이란 작품을 남겼다.

> 지리산 솟은 모습 올려다보니,
> 구름 안개 첩첩하여 언제나 아득하다.
> 백 리에 서려 있어 형세 절로 빼어나,
> 뭇 묏부리 감히 자웅 겨루지 못한다오.
> 층층한 산 깎은 절벽 기운이 뒤섞이어,
> 성근 솔 푸른 잣나무 시원스레 우거졌네.
> 시내 돌아 골을 넘어 별천지 있나니,
> 한 구역 좋은 경치 참으로 호리병 속 같네.
> 사람 죽고 세상 변해 물만 홀로 흘러가고,
> 가시덤불 가려 있어 동서 분간할 수 없다.
> 지금도 청학이 홀로 여기 사는데,
> 언덕 끼고 한 길만이 겨우 통할 수 있네.
> 좋은 밭 비옥한 땅 평평하기 상(床)과 같고,
> 무너진 담 헐린 길은 쑥대 속에 묻혀 있다.
> 숲 깊어 개 닭 돌아다님 볼래야 볼 수 없고,
> 저물 녘엔 들리느니 잔나비 울음일레.
> 지난날 은자가 숨어 살던 곳인가,

살던 사람 신선 되어 산도 빈 것일까?
신선이 있고 없곤 따질 겨를 없어라.
다만 옛 높은 선비 티끌 세상 피함 사랑할 뿐.
나도 집을 지어 이곳에 숨어들어,
해마다 요초 캐며 달게 삶을 마치려 하나,
천태의 옛일이야 황당하고 괴이하고,
무릉도원 남은 자취 오히려 아득하다.
대장부 나고 듦이 구차할 수 있으랴.
결신(潔身) 위한 난륜(亂倫)이란 진실로 부질없다.
내 이제 노래하니 마음은 끝이 없다,
그때에 시 남긴 늙은이를 가만히 비웃노라.

瞻彼知異山穹窿 雲烟萬疊常溟濛
根盤百里勢自絶 衆壑不敢爲雌雄
層巒峭壁氣參錯 疎松翠栢寒靑蔥
溪回谷轉別有地 一區形勝眞壺中
人亡世變水空流 榛莽掩翳迷西東
至今靑鶴獨棲息 緣崖一路纔相通
良田沃壤平如案 頹垣毁逕埋蒿蓬
林深不見鷄犬行 日落但聞啼猿狨
疑是昔時隱者居 人或羽化山仍空
神仙有無未暇論 只愛高士逃塵籠
我欲卜築於焉藏 歲拾瑤草甘長終
天台往事儘荒怪 武陵遺跡還朦朧
丈夫出處豈可苟 潔身亂倫誠悾悾

我今作歌意無極 笑殺當日留詩翁[7)]

　7언 28구의 긴 작품이다. 그 내용을 보면, 처음 16구까지는 《파한집(破閑集)》에 실린 이인로의 청학동 묘사를 거의 그대로 시로 옮겨놓았다. 지난날 은자가 숨어 살던 이곳이 오늘날 텅 빈 것은 그가 우화등선하였기 때문일지도 모르겠다고 했다. 다시 유자의 자의식을 발동하여, 내가 이 산을 사랑함은 다만 옛 고사(高士)가 티끌 세상을 피해 숨었던 그 정신을 아껴서일 뿐이라고 했다. 천태산 옛 신선의 자취나 무릉도원의 옛 기록도, 이제 보면 황당하고 괴이하여 족히 믿을 바가 못 된다. 대장부의 출처(出處)가 어찌 구차할 수 있으랴. 제 한 몸 깨끗하자고 결신난륜의 길을 걸을 수는 없지 않은가. 끝에 오히려 예전 이곳에 시를 남긴 이인로를 비웃는다고 하여 지금까지의 뜻을 뒤집었다. 이렇듯 청학동은 이인로 이래로 조선조에 이르도록 지식인의 피세 공간(避世空間)으로 관념화되어 계속 노래됐다.

　유방선이 청학동에 깃들어 요초를 캐며 삶을 마치길 희망하다가도 결신난륜을 되새기며 현실에서 발을 빼지 않고 있는 것은 매우 흥미롭다. 이러한 의식은 무릉도원의 유토피아를 향한 꿈을 꿈으로 돌리지 않고 현실 위에 세우려는 적극적 의지를 낳기도 한다. 고려 때 진화(陳澕)는 다음과 같은 장편의 〈도원가(桃源歌)〉를 남겼다.

　　동남동녀(童男童女) 가득하다, 동해의 푸른 안개,
　　자줏빛 지초(芝草) 반짝이는 남산의 푸른 뫼.

이 모두 당시에 진나라 학정 피하던 곳,
그중에도 도원은 신선향을 일컬었네.
시냇물 다한 곳에 산은 동구 만들고,
기름진 땅 물도 좋아 좋은 밭이 많았네.
삽살개 구름을 짖고 한낮 해는 뉘엿한데,
땅 가득 진 꽃은 봄바람에 흩날렸지.
복숭아 심은 뒤엔 고향 생각 아주 끊고,
세상일은 분서(焚書) 있기 전의 일만 말했다오.
앉아 풀과 나무 보고 계절을 짐작했고,
아이들 재롱에 웃다가 나이를 잊었다네.
어부가 한번 보곤 바로 노를 돌리니,
내 낀 물결 만고토록 부질없이 푸르도다.
그대 보지 못했나, 저 강남의 마을을.
대나무로 문 만들고 꽃 심어 울 삼으니,
맑은 물결 넘실넘실 찬 달은 두둥실,
푸른 나무 고요한데 새들만 우짖는다.
안타깝다, 백성들 먹고살 일 나날이 힘든데도,
고을 아전 쌀 내놓으라 대문을 두드리네.
바깥일로 찾아와서 괴롭힘만 없다면은
산 마을 곳곳마다 모두 도원일 텐데.
이 시에는 뜻 있으니 그대는 버리질 말라.
고을 책에 베껴 적어 자손에게 전할진저.

 丱角森森東海之蒼烟 紫芝曄曄南山之翠巓
  等是當時避秦處 桃源最號爲神仙

溪流盡處山作口 土膏水軟多良田
紅厖吠雲白日晚 落花滿地春風顚
鄕心斗斷種桃後 世事只說焚書前
坐看草樹知寒暑 笑領童孩忘後先
漁人一見卽回棹 煙波萬古空蒼然
君不見江南村 竹作戶花作藩
淸流涓涓寒月漫 碧樹寂寂幽禽喧
所恨居民産業日零落 縣吏索米將敲門
但無外事來相逼 山村處處皆桃源
此詩有味君莫棄 寫入郡譜傳兒孫

　모두 24구의 장시다. 처음 14구는 도연명이 〈도화원기(桃花源記)〉에서 묘사하고 있는 무릉도원의 고사를 그대로 끌어와 묘사했다. 진시황 때 서불은 삼천 명의 동남동녀를 이끌고 불로초를 찾아 삼신산으로 떠나가서는 다시 돌아오지 않았다. 남산의 자지(紫芝)를 캐며 숨은 은자도 있었다. 이 가운데서도 무릉도원은 후대로 길이 이름이 전해진다. 땅이 기름지고 물이 좋아 절로 옥답을 이루었고, 산이 깊고 찾는 이 없으니 심심한 삽살개는 먼 데로 흘러가는 구름을 보며 컹컹 짖는다. 봄바람은 살랑살랑 불어와 꽃잎을 떨군다. 이 좋은 곳에 한번 들고나서 그들은 떠나온 고향도 까맣게 잊고, 세상이 어떻게 변하는지에도 관심두지 않았다. 달력조차 없으니 풀과 나무의 변화와 시듦을 보고 계절을 짐작할 뿐이고, 커가는 아이들의 재롱을 보며 나이를 잊었다.

　시인은 전반부에서 옛 고사 속의 무릉도원을 자못 장황하게 묘사하고는, 15구에서 문득 강남촌(江南村)을 여기에 대비시킨다. 이곳은 또 어떤 곳인가. 대나무로 문을 해 달았고, 울타리는 따로 없이 꽃을 심어 경계로 삼는다. 그 곁으론 달빛 흐르는 맑은 시내가 흘러가고, 푸른 나무 그늘에선 새들이 노래한다. 무릉도원을 따로 찾을 것 없이 이곳이 바로 무릉도원이다. 그러나 19구에 가서 시인의 어조는 급변한다. 이 아름다운 강남촌에 사는 백성들의 산업은 날로 영락해간다. 왜 그럴까? 세미(稅米)를 독촉하는 고을 아전들의 가렴주구가 그치지 않기 때문이다. 바깥일로 괴롭힘만 없다면 산 마을 곳곳이 모두 무릉도원이 아니겠느냐는 24구의 독백에 서늘한 풍자의 뜻을 담았다.

왜 무릉도원을 꿈꾸는가? 현실의 폭력이 더 이상 미치지 않는 곳, 소국과민의 향촌 공동체를 이루어 자급자족하며 세상의 시비 영욕에 마음 쓰지 않고 살아갈 수 있는 곳이기 때문이다. 무릉도원은 어디에 있는가? 관리들이 백성들을 수탈하지 않고 자연 그대로의 질서를 마음껏 누리며 살게 해주면 그곳이 바로 무릉도원이다. 현실 속에서 발견하는 무릉도원, 이것은 곧 유가가 꿈꾸었던 대동 사회와 다르지 않다.

지상 위의 공동체, 대동 세상의 꿈

무릉도원을 향한 동경은 차츰 현실로 내려온다. 조선 후기에 이르면 유토피아 건설의 열망은 허황한 꿈을 좇는 대신 지상 위에 새로운 공동체를 건설하자는 운동으로 나타난다. 곧 촌락 단위 공동체의 대동 사회 추구로 변모한다. 다산 정약용(丁若鏞, 1762~1836)의 〈미원은사가(薇源隱士歌)〉는 바로 그런 예다.

벽계 북쪽 자리잡은 작은 미원(薇源)은
구지(仇池) 무릉과 어깨가 나란하네.
일흔다섯 집 모두 씨 뿌리고 나무 심어,
그중에도 꽃 많은 집 바로 심씨 정원일세.
심씨 본시 서울 땅 벼슬아치 집 자제로
일찍부터 학문 익혀 벼슬을 구했는데,
하루 아침 집을 팔아 불패(黻佩)를 노래하며
조각배 아득히 임종(林宗)·번천(樊川) 사모하여,
이곳에 자리잡아 집을 얽고선
대통 이어 물 끌어와 황량한 들 일구었네.
벼와 조 추수하니 저축이 풍요롭고,
하인들 나눠 갈아 마을을 이루었지.
돌담에 기와집이 자리잡아 늘어서고,
경서(經書)를 실어 날라 학문이 번성했네.
뽕·삼·닥·옻·대추·밤·감,
망아지·송아지·거위·오리·닭·개·돼지,
소금과 우물 없어도 온갖 물건 갖추어지니
제사와 잔치 때에 문 나설 일 없었다오.
아들 낳아 농사일, 딸 낳으면 길쌈 가르쳐
우견산 주진촌 마냥 혼인하며 살았네.
아들 자라 집안일 맡고 옹은 이제 늙어서
꽃 심고 접붙이며 하루하루 보낸다네.
국화 기르는 그 솜씨 더욱 세상에 빼어나니,
마흔여덟 종류 국화 그 모습 우뚝하다.

국화꽃 필 때 되면 취해 깨지 않고서,
거나하게 흰 머리로 맑은 술잔 잡는다지.
글 지음은 자못 소동파체를 배웠으되,
《유양잡조(酉陽雜俎)》〈낙고편(諾皐篇)〉
마냥 기이한 말 많았다네.
아아, 이 늙은이 비둔괘(肥遯卦)를 이로이 여겨,
하늘이 복 내리니 참으로 남다른 은혜로다.
내 인생 이미 글러 미칠 수가 없구나.
애오라지 미친 노래 자손에게 보이노라.

  檗溪之北小薇源 仇池武陵可弟昆
  七十五家皆種樹 就中多花稱沈園
  沈本京城宦家子 蚤年遊學求乘軒
  一朝賣家歌戲佩 扁舟渺然思林樊
  徑投此地結衡宇 連筒引水開荒原
  稻粱會計饒積著 僮指分耕列成村
  石墻瓦屋整位置 審經駝書學滋蕃
  桑麻楮漆棗栗柹 駒犢鵝鴨鷄犬豚
  家無鹽井百物具 祭祀燕飮不出門
  生男學圃女學織 羽畎山裏朱陳婚
  子壯克家翁乃老 栽花接果度朝昏
  菊花之業尤絶世 四十八種標格尊
  每到花開醉不醒 陶然白髮臨淸樽
  著書頗學眉公體 酉陽諾皐多奇言
  吁嗟此老利肥遯 天公餉福眞殊恩

我生已誤無可及 聊述狂歌示子孫[8]

　　모두 32구 224자에 달하는 장시이다. 이 작품은 정약용이 장기에 유배 가 있을 때, 교리 윤영희(尹永僖)가 들려준, 경기도 광주 인근 미원촌에 은거한 심씨의 이야기를 시로 옮긴 것이다. 정약용은 경화 세족의 한 사람으로, 벼슬길에 포부를 지녔던 심씨가 하루 아침에 집을 팔고 한 조각 배를 타고 궁벽한 미원 땅으로 찾아들어 은거한 이야기를 통해 자신의 귀전원(歸田園) 의식의 일단을 피력했다. 조선 후기 사회의 척박한 현실 속에서 무릉도원과도 같은 이상향을 일궈낸 심씨 일가의 실제 이야기는, 유배지에서 백성들의 처참한 생활상을 생생히 눈으로 본 다산에게 큰 감동과 긴 여운을 준 것으로 보인다.

　　작품의 내용은 실화에 바탕을 둔 것이지만, 그밖에 전후 자세한 이야기는 현재 알 수가 없다. 작품에서 벼슬길을 꿈꾸던 심씨가 하루 아침에 서울 집을 팔아치우고 귀전원행을 결행한 이유는 밝혀져 있지 않다. 다만 황량한 들판에 지나지 않았던 이곳에 집을 얽어 세우고, 대통을 이어 물길을 열어 농토를 개간한 결과, 벼와 조 등의 곡식은 창고에 쌓아둘 만큼 여축(餘蓄)이 있었고, 함께 데리고 온 종들은 토지를 나눠 갈아 차례차례 독립하여 한 마을을 이루어갔다. 가호(家戶)의 수가 무려 75가에 이르렀다고 했으니, 규모가 적지 않았음을 알 수 있다.

　　돌각담과 기와집이 번듯하게 들어섰고, 차츰 학교의 기능도 생겨 경서 공부도 번성하여갔다. 뽕·삼·닥·옻나무 등 생활에 유용한 나무들을 심었고, 대추니 밤이니 감 따위의 과실나무도 부지런히 심었다. 망아지와 송아지를 기르고 거위·오리·닭·개·돼지 등의 가축들도 점차 불어났다. 비록 집에 우물이 없고, 또 소금이 없었지만, 그밖의 모든 물건은 완전히 자급자족하기에 이르렀다. 아들은 농사일을 배우고, 딸은 길쌈을 가르쳐, 자라면 혼인을 시키며 그렇게 다복하게 공동체를 이룩해갔다. 노경에 든 심옹은 집안일을 자식에게 맡겨두고 국화를 재배하는 일에만 몰두했다. 무려 48종이나 되는 국화를 길렀고, 꽃이 피면 꽃을 구경하며 술을 마셨다. 흥이 나면 글을 지었고, 행복하게 여생을 보냈다.

이상 살펴본 대로 이 〈미원은사가〉에는 정약용이 꿈꾸었던 이상적 공동체의 모습이 잘 그려져 있다. 그 모습은 소국과민의 무릉도원형 유토피아의 한 전형을 보여준다. 그러면서도 미원촌의 경우에는 체제 이탈적 성격은 드러나지 않아, 세상과 절연되지 않은 대동 사회의 모습도 함께 구현되어 있다.

실제 미원촌의 이상 사회는 조선 후기 한강 유역에 흩어져 있던 대기문벌(待機門閥)의 한 모습을 보여주고 있다. 이와 비슷한 예로 우리는 판미동(板尾洞) 고사를 들 수 있다. 판미동은 1674년 신석(申奭)이 경기도 가평군 조종천 상류 지역 협곡의 아름다운 풍광을 사모하다가, 당시 해적이 쳐들어온다는 소문에 피난 삼아 이주해 건설한 이상 사회다.[9] 신석은 주자(朱子)의 사창법(社倉法)을 모방한 자치적인 향촌의 이상 세계를 궁벽한 산골에서 몸소 실시했는데, 자치를 위해 동헌(洞憲)을 작성하고 교화를 베풀어 30년이 채 못 되어 다른 성(姓)만 백여 호에 이르는 큰 집단으로 발전했다. 판미동의 소문은 갈수록 널리 알려져, 다른 지방 사람들이 예의 바른 낯선 촌민을 대하면 혹 판미동 사람이 아니냐고 되물을 정도였다고 한다.[10] 이로 보아 정약용이 노래한 미원촌 역시 당시 한강 유역에 흩어져 있던 신천지의 산간 부락 가운데 하나로 보아 무방할 것이다.

여기서 우리가 주목하는 것은 앞서 이인로의 청학동 시에서 본 유토피아를 향한 열망이 단순히 환상적·도피적 유토피아 추구로 끝나지 않고, 유방선의 〈청학동〉에서처럼 결신난륜을 경계하거나, 진화의 〈도원가〉에서처럼 현실 개혁의 의지를 피력하는 단계를 거쳐, 아예 현실의 토대 위에 유토피아를 건설하는 전향적 태도로 나타난 전형을 정약용의 〈미원은사가〉에서 만날 수 있다는 사실이다. 물론 무릉도원형 유토피아의 추구가 〈미원은사가〉에서처럼 대동 사회 건설의 진취적 추구로 귀결되는 것은 아니다. 그러나 무릉도원을 향한 열망이 자칫 피세적 염세주의로 귀결되는 대신, 현실 개혁적 유토피아의 추진으로 확장되고 있는 것은 분명 주목해볼 만한 대목이 아닐 수 없다.

어지러운 세상에서 삶에 지친 사람들은 어디에도 있지 않는 낙원을 꿈꾼다. 원래 낙원은 지상에 있는 것이 아니다. 에덴 동산은 본래는 땅 위에 있었지만, 거기서 내쫓긴 인간은 다시는 그곳에 되돌아갈 수 없다. 아담과 이브가 내쫓기면서 에덴 동산은 지상에서 사라지고 말았다. 그때 거기에는 분명히 있었지만, 지금 여기에는 없다. 그러니 낙원을 꿈꾸는 일은 지금 여기에서 그때 거기로 되돌아가려는 허망한 노력이다. 지상에서 낙원을 건립하려는 그들의 꿈은 결국 이루어질 수 없는 백일몽일지도 모른다.

우리 옛 선인들이 일상에서 꿈꾸었던 낙원은 황금 궁궐과 보석으로 치장된 천상 낙원이 아니었다. 신선들이 봉황과 황룡을 타고 날아다니는 천상 선계를 상상하기는 했으되, 그들이 꿈꾸고 이루고자 했던 낙원은 먹고 입는 것이 충분하고, 사람들 사이에 신뢰가 움트며, 마음 속에서는 기쁨이 샘솟는 그런 소박하고 조그만 공동체였다. 가진 자와 못 가진 자의 구별이 없어 분배의 정의가 지켜지고, 착취도 억압도 없는, 그리하여 마침내 임금의 존재마저 잊어버리는 나눔의 공동체였다. 우리는 지금도 여전히 그런 꿈을 꾼다. 실현될 수 없다고 꿈조차 꿀 수 없는 것은 아니다. 실현될 수 있다면 누가 꿈꾸겠는가?

상상 속에 열리는 신선들의 세계

오랜 문학적 연원을 지닌 유선시는 신선 전설을 제재로 하여 선계에서의 노닒을 노래하거나, 연단복약(鍊丹服藥)을 통해 불로장생의 염원을 노래하는 것을 그 주된 내용으로 한다. 유선시의 선계 형상은 지상의 공간이 아니다. 유선시의 선계 형상에서는 유토피아를 추구하는 구체적 의미와 이에 반응하는 사람들의 사유가 드러난다. 세상의 모순과 갈등을 풍자하여 나타낸 적선의식(謫仙意識), 탈출 공간의 선계 형상이 보여주는 발랄하고 분방한 상상 체계, 복약 모티프와 하계 조감(下界鳥瞰)을 통해 드러나는 진토인식(塵土認識), 선계 접근을 막는 차폐물의 의미, 다시 현실로 돌아와서 느끼는 좌절감의 표현 등을 통해 우리는 유토피아 추구가 지니는 의미 지향을 구체적으로 읽을 수 있다.

갈 수 없는 나라

선계는 갈 수 없는 나라다. 갈 수 없어 그 꿈은 더 커져만 간다. 꿈이 욕망이 될 때, 그곳은 꿈을 통로로 삼는다. 선계를 노닐거나 주변을 서성거리는 사람은 모두 다 현실에서 상처받고 좌절한 존재들이다.

> 바다 위 삼한 땅은 오래된 나라,
> 만 리 길 강남 땅은 아득하구나.
> 하늘에 이를 길은 방법 없는데,
> 오래도록 하늘 수레 보지 못했네.
> 구름 가자 청산은 깨끗도 한데,
> 바람 불어 푸른 나무 흔들리누나.
> 내 돌아갈 날은 그 언제러뇨,
> 뱃사공은 괴로이 찾아 헤매네.
> 바다 위 봉래산 멀지 않은데,
> 어느 때나 학 타고 노닐어볼까.
> 흰 구름 곳곳에서 일어나더니,
> 푸른 파도 하늘가에 떠 있구나.
> 반짝반짝 명멸하는 주궁(珠宮)의 새벽
> 처량타, 패궐(貝闕)은 가을이로다.
> 예부터 찾았어도 찾지 못했고
> 이제 나도 또다시 머리만 긁네.
> 바다 위에서 참외만한 대추 열매를
> 안기생은 멀리서 주려 하는데,

어렴풋이 서로 닿을 듯하다.
슬프게도 내 능히 따르지 못했다오.
내 병도 거뜬히 치료할 뿐 아니라,
나의 이 쇠약함도 고칠 수 있었는데.
도골(道骨)이 아닌 줄을 어찌 알았으리오,
장차 다시 올 때를 기다릴밖에.

  海上三韓古 江南萬里遙
  無由達天陛 久不見星軺
  雲去靑山淨 風來綠樹搖
  吾行何日是 舟子苦招招
  海上蓬萊近 何時駕鶴游
  白雲隨處起 碧浪際天浮
  明滅珠宮曉 凄凉貝闕秋
  古來尋不見 今我又搔頭
  海上如瓜棗 安期將遠貽
  依俙若相接 惆悵莫相隨
  不獨療吾病 庶幾扶我衰
  那知非道骨 且復待來時[11]

이색(李穡, 1328~1396)의 〈해상(海上)〉이다. 신선의 세상을 찾아 하늘로 훨훨 날아가고 싶지만, 나를 그곳에 데려다줄 수레가 없다. 구름 걷힌 하늘 위로 푸른 산이 새뜻한 본 모습을 드러낸다. 바람은 나뭇가지를 흔든다. 푸른 물이 바람결에 뚝뚝 들을 것만 같다. 길을 몰라 뱃사공은 이리저리 헤맨다. 내가 지금 찾는 것은 바다 위 어딘가에 있다는 봉래산이다. 봉래산에 가면 천상으로 오르는 계단이 있기 때문이다. 나를 데려다줄 학이 있는 까닭이다.

하지만 푸른 파도 하늘가에 헤매 돌며, 반짝이는 주궁패궐을 찾았어도 나는 그곳에 도달할 수가 없다. 안타까워 애만 타는데 저 멀리서 옛 신선 안기생은 참외만한 대추를 내게 주려고 한다. 너무 기뻐 다가서보지만, 그도 또한 희미한 안개 속으로 사라져버린다. 그 대추만 있다면 이 몸의 병도, 육신의 쇠잔함도 다 고칠 수 있을 텐데 안타깝기 그지없다. 신선의 인연이 얕음을 탄식할밖에 다른 도리가 없다. 안기생의 대추는 후대 유선시에 단골로 등장하는 제재의 하나다. 이것을 먹으면 불로장생한다고 했다. 그러나 건네주는 대추조차 받지 못하고 늙고 쇠한 병든 몸으로 다시 뒷날의 기약 없는 신선의 인연을 바라보는 것이다. 선계를 향한 강한 동경과 열망이 느껴지는 작품이다.

    높이 올라 봉래도(蓬萊島)를 보려고 하니,
    아득한 안개 물결 푸른 하늘 맞닿았네.
    안기생은 쓸데없이 외만한 대추 남겼어도,
    해 지는 무릉 땅엔 가을 풀만 시들었네.
    그때에 여덟 신선 방장(方丈)·영주(瀛洲) 찾느라,
    구름 사이 깃발들이 바람에 펄럭였네.
    구슬프다, 그들 좇아 노닐고 싶구나,
    묻노니, 약수(弱水)는 지금도 맑고 얕더냐.
      憑高欲望蓬萊島 渺渺烟波接蒼昊
      安期空有棗如瓜 斜日武陵生秋草

八仙當日訪壺瀛 雲間旌旆擁飆然
令人悵然欲從遊 且問弱水今淸淺[12]

　이숭인(李崇仁, 1347~1392)의 〈사문도회고(沙門島懷古)〉이다. 사신 행차 도중에 사문도에서 옛 신선들을 회고하며 지은 작품이다. 높은 곳에 올라 멀리 신선이 살고 있다는 봉래도를 바라보았다. 섬은 보이지 않고 보이느니 하늘과 맞닿은 아득한 바다 물결뿐이다. 안기생은 진나라 때 사람으로, 바닷가에서 약을 팔고 살았는데, 그때 나이가 천 살이 넘었다고 했다. 진시황이 그를 만나 사흘 밤을 같이 지냈는데, 천 년 뒤에 봉래산 아래에서 다시 만나자는 말을 남기고 홀연 떠나갔다는 전설 속의 신선이다.[13] 비록 안기생은 천 년 뒤 봉래산에서 만날 것을 기약하고 사라졌지만, 천 년을 살 수 없는 인간은 이미 가을 풀 덮인 무덤 속에 한 줌 흙으로 누워 있는 것이다. 팔선(八仙)은 여동빈(呂洞賓)을 비롯한 한나라 때의 여덟 신선이다. 그들은 선도를 닦아 삼신산의 신선이 되었지만, 여전히 티끌 세상을 방황하는 나는 그들을 좇아 노닐려고 해도 약수가 가로막혀 갈 수 없다. 약수란 곤륜산 아래를 에워 흐른다는 강물로, 새의 깃털조차도 가라앉는다는 강물이다. 그러므로 새의 등에 올라타지 않고는 결코 건널 수 없다.

　　아득한 곤륜산 꼭대기에는
　　맑고 얕은 약수가 흘러간다네.
　　약수는 도무지 건널 수 없어,
　　삼천 년 긴 세월을 그리워했네.

서리 날고 안개 낀 하늘 넓기도 한데,
달빛 비친 바위엔 계수나무 그윽하다.
그대여 황금액을 내게 주소서,
내가 입은 자기구(紫綺裘)와 맞바꿉시다.
곤륜산 돌아가는 학이 있길래,
구슬피 이별 근심 부쳐 보낸다.
 岧嶢崐山頂 淸淺弱水流
 弱水不可涉 相思三千秋
 霜飛烟空濶 月照巖桂幽
 乞君黃金液 換我紫綺裘
 崐山有歸鶴 惆悵寄離愁[14)]

 곤륜산을 동경하는 마음을 노래한 허봉(許篈, 1551~1588)의 작품이다. 제목은 〈상원 부인(上元夫人)〉이다. 상원 부인은 《한무제내전(漢武帝內傳)》에 보이는 십만 옥녀(十萬玉女)를 관장하는 천상 여선(女仙)이다. 시인은 자신이 전생에 상원 부인과 사랑을 나누다 인간 세상에 귀양 온 신선임을 밝히고, 헤어진 지 삼천 년이 되도록 약수에 가로막혀 사랑하는 님을 만날 수 없는 안타까움을 토로했다. 황금액을 얻어 마실 수만 있다면 곧바로 환골탈태·우화등선할 수 있을 텐데, 인간 세상에서 자줏빛 비단 갖옷의 영화를 누린다 한들 모두 다 부질없는 일이 아닐 것인가. 그리하여 허탈한 마음을 허공을 훨훨 날아가는 학의 날갯짓에 부쳐 노래하고 있다.

 예전 한시에서 이런 선계 동경의 열망을 노래한 작품은 셀 수 없이 많다. 이러한 선계 동경은 자연스레 몽유의 모식을 빌린 유선 행위로 구체화된다. 김인후(金麟厚, 1510~1560)는 이인로가 꿈꾸었던 이상향 청학동을 향한 열망을 〈몽유청학동(夢遊靑鶴洞)〉에서 다음과 같이 아로새겨 놓았다.

> 하루 해 뉘엿한데 띳집에 취해 누워,
> 우연히 갑작스레 한 꿈 꾸었지.
> 우뚝이 솟은 산이 눈 앞에 보이더니,
> 아지랑이 푸른 안개 한없이 이어졌네.
> 천지를 압도할 듯 장쾌하기 짝이 없어,
> 늘어선 뭇산들은 항아리를 엎어놓은 듯.
> 그 가운데 한 골짝이 구름 사이 열리는데,
> 화양동·소유동은 비길 바가 아니었네.
> 해맑고도 빼어나며 높고도 그윽해라.
> 어지러이 온갖 경치 앞을 다퉈 펼쳐지네.
> 외로운 학 훨훨 날아 푸른 구름 위로 드니,
> 그윽한 흥 어느 새 구름 향해 움직이네.
> 천 길 나는 폭포 깊은 못에 떨어지니,
> 부딪치며 돌을 쳐서 바위 움푹 패였구나.
> 초연히 홀로 걸으니 두 다리 가벼웁고,
> 정신 맑고 뼈도 서늘, 마음은 제멋대로.
> 한 사람이 날 따르며 단사(丹砂)를 건네주며,
> 이것을 드시오면 하늘을 난다 하네.
> 바람 타고 구만 리 장공(長空)에 훨훨 떨쳐 올라,

인간 세상 굽어보니 먼지만 자욱하구나.
인간의 천만 년을 고개 돌려 바라보다,
깨고 보니 세상일은 어찌 이리 바쁘더뇨.

 醉臥茅齋天日晚 偶然遽遽成一夢
 嵬然一山當眼前 蒸嵐翠霧相頭洞
 排天壓地壯無比 纍纍衆山如罍甕
 中有一洞雲間開 華陽小有無與共
 奇淸爽秀高而幽 紛紛萬景爭來供
 翩然孤鶴上靑雲 逸興便向雲間動
 千丈飛流下深淵 硼崖擊石相磨礱
 超然獨步雙脚輕 神淸骨冷心自縱
 一人隨我贈丹砂 謂言服此凌天狂
 乘風振奮九萬里 下視九土煙塵嵓
 回首人間千萬年 覺來世事何倥傯[15]

 앞서 본 유방선의 〈청학동〉과는 달리, 이곳 청학동은 단순히 무릉도원형 유토피아의 모습이 아니라 삼신산형 유토피아로 달라져 나타난다. 현실 속에서 청학동을 향한 열망은 이인로처럼 좌절로 끝나거나, 유방선처럼 반어(反語)의 대상이 될 뿐이다. 그러나 몽유 속의 청학동에는 푸른 구름 위로 나는 청학이 있고, 두 다리는 가벼워져 어느 새 보허능공(步虛凌空)하는 신유(神遊)를 즐긴다. 또 그곳에서 선인은 나에게 단사를 건네주며 어서 먹고 함께 구만리 장공을 노닐어보자고 권한다. 그래서 그 단사를 먹고 환골탈태하여 구토(九土)의 인간 세상을 굽어보았다.

발 아래 인간 세상은 부옇게 뜬 먼지뿐이다. 저 먼지 구덩이 속에서 아옹다옹 다투고, 내것 네것 싸우는 탐욕과 욕망이 끝없다. 정신을 차려보니 나는 다시 티끌 세상 속에 있다. 사람들은 바빠 죽겠다고 하면서도 자꾸만 일을 더 만들어낸다. 비명 같은 삶의 속도는 가파르게 빨라져만 간다. 이제 나는 그렇게 살지 않으리라. 마음에 침묵을 깃들이고, 선계로 돌아갈 그날을 예비하고 있으리라. 이렇게 해서 나는 어느덧 인간 삶의 미망(迷妄)을 훌훌 벗어던졌다는 이야기다.

이 작품을 통해 우리는 유토피아 형상이 분화되는 한 모식을 발견하게 된다. 앞서 본 대로 청학동은 단순한 무릉도원형 유토피아의 한 변형으로 존재해온 공간이었다. 이러한 유토피아 형상이 앞 절에서 본 것처럼 대동 사회형 유토피아로 옮겨가기도 하는데, 또 한편으로는 이 작품의 경우처럼 몽유의 형식을 빌려 현실을 벗어난 몽환적 이상경, 즉 삼신산형 유토피아로 확대되기도 한다.

구름 위의 황금 궁전

허난설헌의 〈몽유광상산시(夢遊廣桑山詩)〉는 유선시 작가들의 내면을 들여다보는 데 아주 유용한 자료다. 이 작품에는 몽유록계 소설의 한 대목을 연상시키는 서문이 길게 서술되어 있다.

을유년에 내가 상을 입어 외삼촌 댁에 묵고 있을 때, 꿈에 바다 위 산으로 둥실 날아오르니, 산은 모두 구슬과 옥이었고, 뭇 봉우리는 온통 첩첩이 쌓여 있는데, 흰 옥과 푸른 구슬이 밝게 빛나 현란하여 똑바로 쳐다볼 수가 없었다. 무지개 구름이 그

위를 에워싸니 오색 빛깔은 곱고도 선명했다. 옥 샘물 몇 줄기가 벼랑 사이에서 쏟아지는데, 콸콸 쏟아져내리는 소리는 옥을 굴리는 것 같았다.

거기에 두 여인이 있었는데, 둘 다 나이는 스물 남짓으로, 얼굴빛은 모두 빼어나게 고왔다. 한 여인은 자줏빛 노을 옷을 걸쳤고, 다른 여인은 푸른 무지개 옷을 입었다. 손에는 모두 금색 호리병을 들고 사뿐사뿐 걸어와 내게 절을 하였다. 시냇물을 따라 굽이굽이 올라가니 기화이초가 곳곳에 피었는데 아름답기가 이루 이름할 수 없고, 난새와 학과 공작과 비취새가 옆으로 날며 춤을 추고, 숲 저편에선 온갖 향기가 진동했다.

마침내 산꼭대기에 오르니 동남편은 큰 바다라 하늘과 맞닿아 온통 파랗고, 붉은 해가 막 돋아오르니 물결은 햇살을 목욕시켰다. 봉우리 위에는 큰 연못이 있는데 아주 맑았다. 연꽃은 빛깔이 푸르고 잎이 큰데 서리를 맞아 반이나 시들었다. 두 여인이 말하기를,

"이곳은 광상산이랍니다. 10주(十洲) 가운데서도 으뜸이지요. 그대가 신선의 인연이 있는 까닭에 감히 이곳에 이르렀으니 어찌 시를 지어 이를 기념치 않으리오."

하므로, 나는 사양했으나 한사코 청하는 것이었다. 이에 절구 한 수를 읊조리니, 두 여인은 박수를 치고 크게 웃으며 말하기를,

"완연한 신선의 말씀이로군요."

했다. 조금 있으려니까 한 떨기 붉은 구름이 하늘 가운데에서 내려와 봉우리 꼭대기에 걸리더니, 둥둥 북소리에 정신이 들어

깨어났다. 잠자리엔 아직도 연하(烟霞)의 기운이 남아 있었다.[16]

이 꿈을 깨고 나서 그녀는 시를 지었다. 그 시의 3, 4구에 "부용꽃 27송이, 서리와 달 찬 속에서 붉게 떨어지네(芙蓉三九朶, 紅墮月霜寒)."라고 했다. 그것이 시참(詩讖)이 되어 27세의 나이로 그녀는 천상 백옥루로 훌훌 올라가고 말았다. 여기에 묘사된 광상산(廣桑山)은 10주 선경(十洲仙境)의 하나로, 청학동의 몽유경에 환상적이고 신비한 색채를 더한 것이다.

허난설헌이 〈광한전백옥루상량문(廣寒殿白玉樓上樑文)〉에서 보여주고 있는 선계의 묘사는 더욱 황홀하고 정신을 아득하게 한다. 이 가운데 요지(瑤池)의 잔치를 묘사한 한 대목만을 들여다보자.

> 선인 쌍성(雙成)은 나전 피리를 불고 안향(晏香)은 은쟁(銀箏)을 쳐서 균천(鈞天)의 우아한 곡조를 합주한다. 완화(婉華)는 해맑게 노래하고 비경(飛瓊)은 공교롭게 춤추어 놀랍도록 신령스런 소리를 빚어낸다. 용두(龍頭)에다 봉황의 골수로 담근 술을 따라서, 학배(鶴背)에 기린의 육포로 만든 안주를 받드니, 구슬 돗자리에 옥 방석은 아홉 갈래 등불에 빛이 흔들리고, 푸른 연밥과 얼음 같은 복숭아에는 여덟 바다의 그림자가 쟁반에 가득하다.[17]

용의 두개골로 만든 주전자에 봉황의 골수로 담근 술, 학의 등

뼈로 만든 쟁반에 기린의 육포로 만든 안주, 어디 그뿐인가. 한 개만 먹으면 3천 년을 산다는 복숭아도 있다. 이렇듯 선계의 형상은 현실의 억압이 거꾸로 투사되어, 열린 세계로 비상하는 꿈을 꾼 결과다. 꿈은 무의식의 세계다. 인간의 의식이 한계에 도달할 때 무의식이 열린다. 무의식의 세계는 원초적 상징들로 가득 차 있다. 상징은 좌절되었던 본능적 충동을 만족시키려는 욕구와 관련된다. 이러한 상징들은 꿈을 통해 신비한 세계를 열어보임으로써 현실에서 상처받고 왜소해진 자아 의식을 확장시키고 소생시켜준다.

유선시에서 삼신산이나 곤륜산 등 선계의 모습은 어떻게 나타나고 있는지 살펴보자.

> 동해에 신선 사는 산이 있나니,
> 그 산은 이름하여 봉래산이다.
> 번쩍이는 황금으로 궁궐 만들고,
> 빛나는 백옥으로 누대 세웠지.
> 큰 바다 하늘 밖에 둘러서 있어,
> 작은 바다 마치도 한 잔 술 같네.
> 바람 파도 저절로 열리고 닫혀,
> 밤낮으로 그 소리 우레와 같다.
> 신인은 육기(六氣) 위에 올라타고서,
> 드나들며 선재(仙才)를 찾는다 한다.
> 저 멀리 우뚝 솟은 승화전(承華殿)에도
> 청조가 날아와 배회했건만,
> 한무제 속으로 욕심 많으니,

서왕모 이곳에 올 리가 있나.
> 東海有仙山 厥山名蓬萊
> 黃金爲宮闕 白玉爲樓臺
> 大海環天外 神海若一杯
> 風濤自開闢 日夜聲如雷
> 神人御六氣 出入求仙才
> 峨峨承華殿 靑鳥來徘徊
> 武帝內多欲 王母胡來哉[18]

정두경(鄭斗卿, 1597~1673)의 〈유선사〉 11수 가운데 제5수로, 봉래산을 노래했다. 황금 궁궐과 백옥 누대, 그밖엔 바다가 에워싸 있고, 바람 파도가 밤낮없이 거세게 불어 사람들은 갈래야 갈 수가 없다. 다만 그곳에 사는 신인이 이따금 6기(六氣)를 타고 인간 세상에 나와 신선의 자질을 갖춘 선재를 찾아 그곳으로 인도할 뿐이다. 선도에 빠졌던 한무제는 승화전이란 우뚝한 전각을 세워놓고 서왕모가 오기를 기다렸다. 하지만 그는 선재가 아니었기에 선계와는 영영 인연을 맺지 못하고 말았다는 이야기다.

> 곤륜산은 서쪽 끝에 솟아 있으니,
> 이 바로 서왕모 계신 곳이라.
> 산은 높아서 2천 리니,
> 해와 달도 감히 넘지 못한다.
> 층층 성이 아홉 겹 높이 솟았고,
> 푸른 물 성 둘레를 에워 흐른다.

그 머리 희었어도 건강한 모습,
머리 장식하고서 동굴에서 산다.
뜰 앞엔 기이한 나무 있는데,
그 나무는 모두가 옥 구슬일세.
그 위론 새 있어 왕래하거니,
그 새는 무슨 샌가 삼족오로다.
  崑崙在西極 實維王母都
  山高二千里 日月不能踰
  層城起九重 翠水環城隅
  皬然白其首 戴勝而穴居
  庭前有奇樹 厥樹惟玉珠
  上有鳥往來 厥鳥三足烏

 역시 정두경의 작품이다. 곤륜산은 우주의 서편 끝에 자리잡고 있다. 높이만도 2천 리나 되어 해와 달이 그 아래 잠겨 있다. 성은 아홉 겹으로 층층이 둘러싸여 있고, 그 둘레를 약수가 흘러간다. 서왕모는 고령에도 불구하고 여전히 건강하고, 머리에 장식을 얹고서 동굴 속에서 산다. 궁궐 앞에는 기이한 나무들이 즐비한데, 나무는 모두 옥 구슬로 만들어졌고, 나무 위에서 노니는 새는 다름 아닌 삼족오(三足烏)다. 여기서의 곤륜산에 대한 묘사는 대부분 《산해경》의 기록을 그대로 옮겨왔다. 이렇듯 곤륜산은 인간의 어떤 접근도 거부하는, 그러면서도 봉래산과 마찬가지로 호화롭고 찬란한 환상 세계로 그려진다.

각저총(角抵塚) 천장 벽화의 세 발 달린 까마귀.

이카로스의 날개

 꿈은 깨게 마련이다. 꿈을 깨면 나를 기다리고 있는 것은 차고 시린 현실이다. 몽중 선계와 현실의 갑작스런 낙차는 비극적 인식을 강화시킨다. 이수광은 어느 날의 꿈의 한 조각을 〈기몽(記夢)〉에서 이렇게 적고 있다.

> 자궁(紫宮)의 한밤, 신선들 모여,
> 낯빛도 기쁘게 날 맞아 절하며,
> 궁 가운데 칠보상에 앉으라 하니
> 아득히 이 몸 청련계(靑蓮界)로 들어왔네.
> 반야탕(般若湯) 한 잔을 따라주면서,
> 옥제(玉帝)의 경장(瓊漿)이라 일러주누나.
> 마시자 정신이 맑고 상쾌해지며,
> 진토에 찌든 속을 깨끗이 씻어주네.
> 뜰 앞 화로에선 가는 연기 오르더니,
> 삼생(三生)의 온갖 일들 환히 알게 되었도다.
> 요대 허공 생(笙) 불던 학, 깨어보니 간 곳 없고,
> 만 리 가득 안개 또한 꿈 속의 일일레라.
> 바다 위 봉래산엔 오랫동안 주인 없고,
> 백낙천(白樂天)은 인간의 괴로움을 실컷 겪었다오.
> 돌아갈 지팡이를 급히 만들자,
> 봄바람 삼화수(三花樹) 꽃잎 떨구기 전에.
>   紫宮半夜群仙會 群仙色喜迎我拜

중국 한나라 때의 화상석. 간양(簡陽) 3호분 석관.
해와 달의 신, 용과 물고기, 수레와 말 탄 사람 등 원시적 생명으로 가득 차 있다.

坐我堂中七寶床　怳然身入靑蓮界
餉我一杯般若湯　云是玉帝之瓊漿
啜罷精神頓淸爽　洗盡十年塵土腸
庭前有爐烟細起　令我了悟三生事
瑤空笙鶴覺來失　萬里烟霞造夢裏
海上蓬萊久無主　樂天偶餉人間苦
唯須作急理歸笻　東風吹老三花樹

전형적인 몽유 구조에 의한 유선시다. 꿈에 문득 자줏빛 궁궐에 이끌려간 그는 여러 신선들의 대대적인 환영 속에 옥례천(玉醴泉)의 경액을 달여 빚었다는 반야탕을 마시고, 속세에서 찌든 내장이 깨끗해지는 환골탈태를 경험한다. 대궐 앞 화로에서는 모락모락 연기가 피어올라, 전생과 현생과 내세의 일을 모두 환히 보여준다. 아! 그러고 보면 봉래산은 주인도 없이 너무나 오랫동안 방치해두었던 것이 아닐까. 봉래산을 떠나와 인간 세상을 살아가는 동안 내가 겪었던 것은 신맛 나는 인간의 괴로움뿐이었다. 이제라도 늦지 않았다. 원래 왔던 그곳으로 돌아가자.

위 몇 작품에서도 보았듯이, 선계의 광경은 인간이 동원할 수 있는 상상력이란 상상력은 모두 한데 모아 엮은 필치로 그려지고 있다. 공간 묘사를 통해 구체화한 선계상은 이들의 동경과 갈망, 현실에 대한 불만을 생생하게 재현한다. 이 세상 어디에도 존재하지 않으나, 인간 소망을 대변하는 최선과 희망의 세계로서의 선계는 중세 지식인이 발견한 유토피아의 모습, 바로 그것이다.

유한한 인생, 그나마 고통과 질곡으로 가득 찬 현세의 삶은 꿈과 상상의 날개를 빌려서만 도달할 수 있는 피안의 세계, 죽음의 공포에서 벗어날 수 있는 영생의 세계를 동경하게 한다. 천상 선계는 과거 선인들이 늘 동경해왔던 공간이다. 그곳에는 옥황상제의 권능 아래 불로장생하는 신선들이 살고 있다. 죽음의 공포를 떨칠 수 없는 유한한 인생과 현실의 질곡 속에서 선계를 향한 끊임없는 동경은 자연스레 유선의 욕망을 낳는다. 여기에서 유선 문학이 대두된다.

유선시의 배경을 이루는 것은 도교 사상, 특히 신선 사상이다. 유선시는 다른 시와 달리 구절마다《열선전(列仙傳)》등 신선 전설에서 고사를 인용해오기 일쑤여서 신선 전설에 대한 해박한 지식 없이는 창작하기 어렵다. 누가 지으니 나도 짓겠다고 해서 쉽게 지을 수 있는 것이 아니다. 실제 작품을 보아도 유선시의 작가들이《산해경》·《한무제고사》·《열선전》·《속선전(續仙傳)》등 역대 신선전의 내용을 자세히 알고 있었음을 확인할 수 있다. 허균은 〈몽해〉에서 어떤 사람의 입을 빌려, 변고를 겪은 뒤 도가의 경전이며 요결을 깊이 연구하매 꿈에 여러 진인을 만나 그 묘체를 깨치기도 했고, 심지어 옥경에 난학을 타고 날아올라 오색 구름 가운데서 자소소리를 들은 것이 한두 번이 아니었다고 적고 있다. 이는 바로 유선시가 단순한 문예 취향으로만 창작되지 않았음을 단적으로 보여준다.[19]

유선시가 보여주는, 선계를 향한 비상은 이카로스의 날개를 연상시킨다. 그리스·로마 신화에 나오는 그는 날개를 만들어 태양 가까이까지 날아올랐다가 날개가 녹아 떨어져 죽었다. 한계를 초월코자 하는 비상 욕구는 결국 죽음의 징벌을 부르고 말았다. 유선의 과정에서 만끽한 인간 한계를 초월한 해방감은 세속적 가치의 무의미함과 인간 존재의 왜소함을 새삼 인식케 함으로써, 현실의 불우와 모순에서 잠시 떨어져 스스로를 객관화할 수 있는 거리를 확보해준다.

■ 2장의 주석

1) 노자, 《도덕경》 80장 : 小國寡民, 使有什伯之器而不用, 使人重死而不遠徙, 雖有舟輿, 無所乘之, 雖有甲兵, 無所陳之. 使民復結繩而用之. 甘其食, 美其服, 安其居, 樂其俗, 隣國相望, 鷄狗之聲相聞, 民至老死, 不相往來.

2) 이들 유토피아 공간의 개별적 의미와 내용은 정민 외, 〈한국문학에 나타난 유토피아 의식 연구〉 참조.

3) 이종은 역주, 《해동전도록(海東傳道錄)·청학집(靑鶴集)》(보성문화사, 1986), 136쪽 참조.

4) 이종은, 앞의 책, 157쪽 참조.

5) 《청학집》 소재 한시에 대한 검토는 이종은, 〈도가의 한시 연구〉, 《한국학논집》 17(한양대 한국학연구소), 115~136쪽 참조.

6) 《파한집(破閑集)》 권상에 관련 기사 다음에 실려 있다. 하겸진, 《동시화(東詩話)》(아세아문화사 국역본, 1995), 27쪽에는 청학동과 관련된 자세한 내용과 위 시가 수록되어 있다.

7) 유방선, 《태재집(泰齋集)》 권1, 장11(《한국역대문집총간》 8, 582쪽). 《동국여지승람(東國輿地勝覽)》 권30에도 수록되어 있다.

8) 정약용, 《여유당전서(與猶堂全書)》 제1집 제4권. 자세한 전후 내용은 심경호, 〈다산의 미원은사가(薇源隱士歌)에 담긴 귀전원 의식에 대하여〉, 《정신문화연구》 제15권 제3호(통권 48호, 한국정신문화연구원, 1992), 101~115쪽 참조.

9) 황원구, 〈한국에서의 유토피아의 한 시도─판미동 고사(板尾洞故事)의 연구〉, 《동방학지》 32(연세대 국학연구원, 1982) 59~78쪽 참조.

10) 황원구, 앞의 논문, 67쪽 참조.

11) 이색, 《목은집(牧隱集)》 권23(《총간》 4, 319쪽).

12) 이숭인, 〈사문도회고(沙門島懷古)〉, 《도은집(陶隱集)》 권3(《총간》 6, 583쪽).

13) 이종은, 〈고려 후기 한시의 도교적 양상〉, 《한국학논집》 제25집(한양대 한국학연구소,

1994.8), 41쪽 참조.

14) 허봉, 《하곡집(荷谷集)》(《총간》 58, 357쪽).
15) 김인후, 《하서집(河西集)》 권4, 장2(《총간》 33, 63쪽).
16) 허난설헌, 《난설헌시집》 부록 장34(《총간》 67, 21쪽) : 乙酉春, 余丁憂, 寓居于外舅家. 夜夢登海上山, 山皆瑤琳珉玉, 衆峯俱疊, 白璧靑熒明滅, 睍不可定視. 霧雲籠其上, 五彩妍鮮. 瓊泉數派, 瀉於崖石間, 激激作環玦聲. 有二女年俱可二十許, 顔皆絶代. 一披紫霞襦, 一服翠霓衣. 手俱持金色葫蘆, 步屣輕躡, 揖余, 從澗曲而上. 奇卉異花, 羅生不可名. 鸞鶴孔翠, 翱舞左右, 衆香馥馥於林端, 遂躋絶頂. 東南大海, 接天一碧. 紅日初昇, 波濤浴暈. 峰頭有大池湛泓, 蓮花色碧葉大被霜半褪. 二女曰 "此廣桑山也, 在十洲中第一. 君有仙緣, 故敢到此境, 盍爲詩紀之." 余辭不獲已, 卽吟一絶, 二女拍掌軒渠曰 "星星仙語也." 俄有一朶紅雲, 從天中下墜, 罩於峰頂, 撾鼓一響, 醒然而悟. 枕席猶有烟霞氣, 未知太白天姥之遊, 能建此否. 聊記之云.
17) 허난설헌, 〈백옥루상량문(白玉樓上樑文)〉, 《난설헌시집》 부록 장32(《총간》 67, 20쪽) : 雙成鈿管, 晏香銀箏, 合鈞天之雅曲, 婉華淸歌, 飛瓊巧舞, 雜駿空之靈音. 龍頭瀉鳳髓之ø. 鶴背捧麟脯之饌, 琳筵玉席, 光搖九枝之燈, 碧藕氷桃, 盤盛八海之影.
18) 정두경, 《동명집(東溟集)》 권9, 장2.
19) 허균, 〈몽해(夢解)〉, 《성소부부고(惺所覆瓿藁)》 권12 : 自經變故來, 斷制利名, 一志於修煉, 多讀道家經訣以潛心硏究, 則夢輒見紫陽海瓊諸眞, 聆其妙諦, 甚至神飛玉京, 駕爛鶴聽簫於五雲中者, 數水然. 是其役於想者至矣.

2부 유선 문학, 닫힌 세계 속의 열린 꿈

3장

역대 유선시의 자료 개관과 그 의미

　이 글은 16, 17세기에 활발하게 창작된 유선시 자료를 개관하고 그 출현 동인을 살펴보는 데 목적을 둔다. 그간 유선시는 일반적으로 허난설헌의 작품이 주목받아왔을 뿐, 다른 작가의 작품은 별반 거론된 바가 없다. 그러나 실제로 비슷한 시기의 여러 문집을 살펴보면 많은 작가들이 매우 활발하게 유선시를 창작했음을 확인할 수 있다.
　왜 이 시기에 유선시의 창작 욕구가 일시적으로 분출했던가? 그것은 왜 계속 확산되지 못하고 일시적 현상에 그치고 말았던가? 이런 문제에 대한 검토의 필요성이 제기된다. 이 점에 주목하여 유선시의 창작 기층과 저변을 검토하여 16, 17세기 유선시의 출현 동인을 점검하고 그것이 추구한 가치 지향을 살펴, 유선시의 의미와 비중 및 문학사적 의의를 밝히고자 한다.

먼저 유선시의 개념과 역사적 전개를 살펴보고, 조선 중기 유선시의 자료를 개관한 뒤 작품의 출현 동인을 시대 배경과 연관하여 몇 가지 측면에서 검토하겠다.

유선시의 개념과 역사적 전개

시가 문학에서 도교의 제재를 원용할 때 대체로 세 가지로 구분할 수 있다. 첫째, 도연명의 경우처럼 은일이나 무위자연의 철리적 삶의 태도를 구가하는 노장 사상에 바탕을 둔 창작을 들 수 있다. 현실에 초연한 은자의 유유자적의 심경을 그려보이며, 탈속·표일(飄逸)의 세계를 지향한다. 앞에서 본 구분에 따르면, 현언시나 선취시가 이에 해당한다. 둘째, 낭만적 상상력을 한껏 펼쳐 선계를 마음껏 노니는 유선의 정취를 노래하는 유형이다. 현실의 좌절과 갈등을 환상적인 신선 전설과 선계 유람에 얹어 해소하려는 경우다. 셋째, 단약의 제조나 복약 등을 통해 신선술을 배워 연년익수(延年益壽)하려는 도가 수련의 실제와 관련된 시문이다. 앞에서 본 연단시가 그것이다. 유선시는 좁은 의미에서는 둘째 유형을 말하지만, 넓은 의미에서는 첫번째와 세번째의 경우를 일부 포함한다.

유선시는 주제 구분에 의한 개념이다. 유선시가 있다면 유선문도 있으므로, 상위 개념으로 유선 문학을 설정할 수 있다. 그러나 유선 문학은 어디까지나 유선시로 대표된다. 다른 장르는 대부분 단순한 재제의 차원에서 활용된다. 이 글에서는 유선문도 포괄하여 다루되, 그것을 유선시에서 파생된 갈래라고 생각해서 상위 개념을 따로 설정하지는 않겠다.

우선 유선시의 개념을 규정해보자. 홍순룡(洪順隆)은 표제에 '유선(遊仙)'이 들어가는 것만 유선시로 규정할 수는 없다고 보고, "시인과 선인의 왕래와 선계에서의 환상적 노닒을 표현하거나, 연단(鍊丹)이나 복식(服食)과 같은 정신 풍모를 묘사한 시"를 총괄하여 유선시로 정의했다.[1]

또 등고(謄固)는 유선 문학의 특색을, 신선 전설만이 아닌 여러 고대 전적(典籍)에 실린 기이하고 허탄(虛誕)하며 신비한 전설에서 취재하여 아득하고 아름다운 세계를 그려내며, 그 속에 담긴 상징적 암시성을 통해 독자를 환상적이고 허무한 경계로 끌어들여 예술상 정화 작용을 완성하는 데 있다고 보았다.[2]

종영(鍾嶸)은 《시품(時品)》에서 곽박(郭璞)의 〈유선시〉▪를 평하면서, 그 표현이 강개함이 많아 불우의 회포를 읊은 것이지 열선(列仙)의 지취(志趣)는 아니라고 지적한 바 있다.[3] 유선시의 대표적 작가로 꼽는 곽박의 작품에 대한 이러한 언급은 유선시에서 겉으로 드러난 유선 행위 이상으로 영회(詠懷)의 의미가 중시되고 있음을 말해준다.

유선시에는 두 가지 커다란 주제가 있다. 곧 세상과 만나지 못

▪ **곽박의 유선시** 곽박은 유선시의 전성기라 할 위진 시대의 작가로, 14수의 유선시를 남겼다. 그의 유선시는 역대로 여러 비평가들에 의해 높이 평가되었다. 그는 방사(方士)의 성향이 짙은 신비주의자로 이전의 체제를 답습하지 않고 영회시(詠懷詩)에 가까운 독특한 풍격의 유선시를 창작했다. 선계에서 직접 노니는 내용보다, 신선에 대한 부정적인 인식과 절망감을 토로하여 정통 유선시에서 상당히 멀어진 변체(變體) 유선시로 평가받았다.

한 '근심'의 영회와, 선계에서 노니는 '즐거움'이 그것이다. 이 두 가지는 결국, 맺힘과 풀림의 미학을 동시에 지향하므로 대립적으로 파악할 성질은 아니다. 황홀하고 환상적인 필치로 묘사되는 선계의 노닒은 결국 현세의 회재불우(懷才不遇), 즉 재주를 품고도 세상과 만나지 못한 갈등을 깔고 나타난다. 시인은 현실에서 형성된 좌절감과 압박감을, 시공을 초월하는 선계 체험을 통해 극복하려는 태도를 취한다. 실제 작품에서 두 주제는 어느 편에 중심을 놓느냐에 따라 달라진다.

유선시의 유형에 대해서는 작자의 사상 경향에 입각하여, 부귀한 사람의 유선을 노래한 것을 '정체(正體)', 실의한 사람의 유선을 노래한 것을 '변체(變體)', 선계 노닒의 형식면에서 작자 자신이 신선이 되어 노니는 것을 '고체(古體)', 작자의 개입 없이 신선의 노닒을 묘사한 것을 '근체(近體)'라 한다.[4] 요컨대 유선시란 '신선 전설을 제재로 선계의 노닒이나 연단복약(鍊丹服藥)을 통해 불로장생의 염원을 노래하거나, 또는 세속을 떠난 선계의 노닒을 통해 현실의 갈등과 질곡을 서정·극복하려 한 시'다.

유선시의 연원은 일반적으로 굴원(屈原)의 《초사(楚辭)》〈원유(遠遊)〉에서 찾는다. 《사기》〈진시황본기〉에 "시황이 즐겁지 않으므로 박사에게 〈선진인가(仙眞人歌)〉를 짓게 했다(始皇不樂, 使博士爲仙眞人歌)."는 대목이 있는데, 실전(失傳)된 이 〈선진인가〉는 유선시였을 것으로 보인다. 한나라 때 악부시 가운데 〈상릉곡(上陵曲)〉·〈동조행(董逃行)〉·〈장가행(長歌行)〉·〈왕자교(王子喬)〉·〈선재행(善哉行)〉·〈염가(艷歌)〉 등의 옛 노래들은 모두 오래 살고 신선 되기를 염원하는 앞선 시기의 유선시들이다.[5]

유선시가 시사상 중요한 위치를 차지하는 것은 위진 시기에 와서다. 동한 이래 극도로 혼란한 전란과 정쟁의 소용돌이에서 제 몸을 보전하기 위해 지식인들은 퇴색해버린 유가 예교의 허울을 버리고 청담을 일삼으며 은일의 삶을 추구했다. 민간에서는 당시 성행한 도교의 영향 아래 단정부록(丹鼎符籙)·복약구선(服藥求仙)·육체비승(肉體飛升)을 주된 내용으로 하는 이야기가 성행했다.[6]

이런 사회 분위기는 유선시 창작에 좋은 토양을 제공해주었다. 이 시기에 조씨 부자에 이르러서 유선시의 창작은 더욱 활발해져, 조조(曹操)의 〈기출갈(氣出唱)〉·〈추호행(秋胡行)〉·〈정열(精列)〉·조비(曹丕)의 〈절양류행(折楊柳行)〉·〈부용지작(芙蓉池作)〉, 조식(曹植)의 〈유선(遊仙)〉·〈승천행(升天行)〉·〈오유영(五遊詠)〉·〈원유(遠遊)〉·〈계지수행(桂之樹行)〉 등 여러 작품은 《초사》나 악부체의 전통에 충실하면서도, 당대 성행한 은일 사상을 결합해 현세은일적 유선이라는 특이한 작풍을 이룩한다.

이들을 이어 장화(張華)·갈홍(葛洪)·하소(何劭)·장협(張協)·유천(劉闡)·곽박(郭璞)을 비롯한 여러 시인들이 유선시를 창작했다. 특히 곽박의 〈유선시〉 14수는 유선시사에서 매우 중요한 위치를 차지하고 있다. 그는 유선의 제재를 나열하거나 단순히 제시하는 데 그쳤던 이전 유선시의 체재를 답습하지 않고 여기에 자신의 생각을 기탁(寄託)하여, 위로 굴원의 《초사》 제편의 정신을 계승하는 한편, 아래로 완적(阮籍)의 〈영회시〉의 작풍을 결합시켰다. 종영이 《시품》에서 특별히 이를 언급한 뒤로, 그는 유선시를 새롭게 변화시킨 공이 있다는 칭찬을 들었다.[7]

남북조 시기에 오면 유선시는 구겸지(寇謙之)의 신천사도(新天師道)의 창립 이래 새롭게 정립된 도교의 영향으로 시 가운데 도교의 교리나 이념, 또는 술어 등이 등장하는 도교화의 추세를 보여준다. 이 시기에 왕융(王融)·포조(鮑照)·간문제(簡文帝)·심약(沈約) 등 제가의 작품이 지어졌다. 그러나 위진 시기에 비해 이 시기 유선시는 많은 분량에도 불구하고 예술적 성취가 약간 떨어진다. 곽박의 유선시에서와 같이 《초사》 계열의 영회적 성격은 종교 교의(教儀) 색채를 띠면서 줄어든 반면, 단순한 제재의 나열이나 평면적 모방만이 두드러졌기 때문이다.

당나라 때에 이르러 도교는 더욱 존숭되어 국교로까지 인식되었다. 유선시의 성격은 이 시기에 와서 크게 변모되는데, 이는 당대의 풍기(風氣)와 밀접한 관련이 있다. 《신·구당서》를 통해 볼 때 당대 도교는 전에 없이 성행한다. 이는 동시에 여러 폐단도 가져왔다. 도사나 여관(女冠)들은 그들의 범죄를 주현의 관리조차 마음대로 벌하지 못하는 특권을 누렸다. 태청궁(太清宮)에서 베푸는 도교의 제사에 천자를 알현하는 조회의 의식을 사용하는 등 당시 도교는 특별한 대접을 받았다. 당나라 말기에 이르면 전국에 1,600여 개소의 도관(道觀)이 생긴다. 장안에만 도관이 30개소를 넘었고, 호천관(昊天觀)·굉도관(宏道觀) 등 규모가 큰 도관은 행정 구역 단위인 방(坊) 전체를 차지하기까지 했다.

또한 황실의 비호 아래 많은 도관이 지어져 과부가 된 공주가 입도하여 여관이 되는 예도 있었다. 이들은 도관에 들어가 수도에 열중하는 대신, 상류 사교계를 형성하여 퇴폐적이고 문란한 생활에 탐닉했다. 자연히 과거를 거치지 않고 출세하려는 젊은 선비들의 발길이 끊이질 않았다. 이러한 상황에서 단약을 먹고 중금속에 중독되어 목숨을 재촉한 황제가 속출, 헌종·목종·무종 등 예닐곱 명에 달하였다. 입도한 공주나 귀부인들에게 환골탈태한다는 단약을 낙태약으로 쓰는 일이 예사롭게 여겨질 정도로 성행하여 심각한 사회 문제를 일으켰다.[8]

도교의 이런 전에 없던 성황은 문학 방면에도 많은 영향을 남겼다. 특히 당대에는 많은 작품이 근체시로 지어졌다. 긴 호흡의 악부체 고시에 비해 호흡이 짧은 근체 유선시는 영회의 성격이 눈에 띄게 약해진 대신, 간결하고 압축적인 신선 전설의 취재가 중시되었다. 많은 작품이 연작 추세를 보이는 것도 한 특징이다.

이 시기 유선시에서는 선계에 대한 강렬한 욕망이나 고뇌의 해방을 노래하기보다, 오히려 단약의 폐해를 고발하고 유선을 부정하는 작풍이 나타나는 것이 특징이다. 유선은 점차 진지한 추구 대상으로서의 의미가 변질되어 염정(艷情)을 표현하는 조흥(助興)의 의미로까지 격하되는 추세를 보이기도 했다. 왕적(王績)·오균(吳筠)·이백(李白)·조당(曹唐) 등이 이 시기의 유선시를 대표한다. 그밖에 이하(李賀)·이상은(李商隱)·유우석(劉禹錫)·맹교(孟郊) 등 유명한 시인치고 유선시를 몇 수쯤 안 남긴 이는 거의 없다. 특히 이백의 〈회선가(懷仙歌)〉·〈여산요(廬山謠)〉·〈등아미산(登峨眉山)〉 등 악부풍의 작품과, 숭산 도사 오균(吳筠)의 종교적 경건함에 잠겨 있는 〈유선시(遊仙詩)〉 24수와 〈보허사(步虛詞)〉 10수, 그리고 조당의 〈대유선시(大遊仙詩)〉 17수, 〈소유선시(小遊仙詩)〉 98수 등이 유명하다. 송대 이후로 유선시는 신유학의 정립 등 시대 풍기의 영향으로 거의 창작되지 않았고, 창작된 작품들도 전대

의 모의나 답습 수준을 벗어나지 못했다.[9]

역대 작가들의 유선시 자료 개관

여기서는 우리 나라 작가의 유선시 자료를 개관·검토하기로 한다. 이 글에서 말하는 16, 17세기란 선조조에서 광해·인조조에 이르는 시기를 가리킨다. 특히 선조조는 후에 목릉성세(穆陵盛世)로 일컬어질 만큼 문운이 융성했던 시기였다. 시풍은 당시풍을 애호했다. 우리 나라 유선시는 이 시기에 집중적으로 창작된다. 역대로 유선시를 남긴 문인은 논자의 조사로는 김시습·성현·심의·기준·이달·최경창·장경세·곽기수·임제·허봉·임전·허난설헌·이춘영·이수광·신흠·허균·권필·김상헌·조찬한·권극중·김휴·정두경·정성경·김만중·남유용·정범조·이언진·김정희 등 28명이다. 물론《동문선》과《동국여지승람》등에 실린 고려 시대 시인들의 시, 특히 제영에는 유선적 지취(旨趣)를 노래한 작품이 매우 많다.[10] 그러나 이들 작품은 승경과 마주해 선계로 착각해 홍취를 돋우고 있는 경우가 대부분이어서 여기서는 따로 다루지 않겠다.

작가별 유선시 작품을 차례로 제시하면 다음과 같다.

김시습(金時習, 1435~1493) : 〈등삼청궁(登三淸宮)〉(7율)·〈유선궁증류별제(遊仙宮贈柳別提)〉(7율)·〈증도사(贈道士)〉(7율)·〈증삼청감점(贈三淸監點)〉(7율)·〈능허사(凌虛詞)〉 5수

(7절)·〈청조(青鳥)〉(7율)·〈망삼산(望三山)〉(5고)·〈유선가(遊仙歌)〉6수(7절),《매월당집(梅月堂集)》⇒8제 17수

성현(成俔, 1439~1504):〈보허사(步虛詞)〉3수(5고)·〈천상요(天上謠)〉(7고)·〈효선요(曉仙謠)〉(7고)·〈원유편(遠遊篇)〉(7고),《허백당풍아록(虛白堂風雅錄)》⇒4제 6수

심의(沈義, 1475~?):〈반도부(蟠桃賦)〉(부[賦])·〈광한전부(廣寒殿賦)〉(부[賦])·〈속하경조유선시(續何敬祖遊仙詩)〉(5고),《대관집(大觀集)》⇒3제 3수

기준(奇遵, 1492~1521):〈영선(詠仙)〉(7율),《덕양유고(德陽遺稿)》⇒1제 1수

이달(李達, 1539?~1612?):〈강선곡차청간정운(降仙曲次青澗亭韻)〉(7절)·〈보허사(步虛詞)〉8수(7절)·〈차권진사운(次權進士韻)〉(7율),《손곡집(蓀谷集)》⇒3제 10수

최경창(崔慶昌, 1539~1583):〈간예주수물책악록화(簡蘂珠倅勿責萼綠華)〉2수(7절)·〈천단(天壇)〉2수(7절)·〈조천궁(朝天宮)〉(5율)·〈감우십수기정계함(感遇十首寄鄭季涵)〉 기 9, 10(5고),《고죽집(孤竹集)》⇒4제 7수

장경세(張經世, 1547~1615):〈유선사〉87수(7절),《사촌집(沙村集)》⇒1제 87수

곽기수(郭期壽, 1549~ ?):〈유선사〉3수(7절),《한벽당집(寒碧堂集)》⇒1제 3수

임제(林悌, 1549~1587):〈효적선체(效謫仙體)〉(5고)·〈영곡귀래불승선흥내작보허사(靈谷歸來不勝仙興乃作步虛詞)〉(7절)·〈지기상난설락편소이한라일산적호천장고동부심진춘이위기

내작사선요(地氣常暖雪落便消而漢拏一山積縞千丈故洞府尋眞春以爲期乃作思仙謠)〉(7고), 《백호집(白湖集)》》⇒ 3제 3수

허봉(許篈, 1551∼1588): 〈상원 부인(上元夫人)〉(5고)·〈자도음(紫桃吟)〉(7고)·〈조천궁(朝天宮)〉(7절)·〈옥동요(玉童謠)〉(장단구), 《하곡집(荷谷集)》》⇒ 4제 4수

임전(任錪, 1560∼1611): 〈천상요(天上謠)〉 2수(5절)·〈월중사(月中詞)〉 2수(5절)·〈독한무제고사(讀漢武帝故事)〉 4수(7절)·〈계단(桂壇)〉(7절)·〈기몽(記夢)〉(7율)·〈회리백(懷李白)〉(7율)·〈선유체내명고자몽중사야삼산기우어시진지……(仙遊體乃鳴皐子夢中辭也三山奇遇於詩盡之……)〉(7율)·〈우의(寓意)〉 3수(7율), 《명고집(鳴皐集)》》⇒ 8제 15수

허난설헌(許蘭雪軒, 1563∼1589): 〈감우(感遇) 4수〉 기 4(5고)·〈견흥(遣興) 8수〉 기 6, 8(5고)·〈망선요(望仙謠)〉(7고)·〈차중씨견성암운(次仲氏見星庵韻)〉 기 2(7율)·〈몽작(夢作)〉(7율)·〈제심맹균중명풍우도(題沈孟鈞中溟風雨圖)〉(7율)·〈황제유사천단(皇帝有事天壇)〉(7율)·〈보허사〉 2수(7절)·〈유선사〉 87수(7절)·〈몽유광상산시서(夢遊廣桑山詩序)〉(문·5절)·〈광한전백옥루상량문(廣寒殿白玉樓上樑文)〉(문), 《난설헌집(蘭雪軒集)》》⇒ 11제 99수

이춘영(李春英, 1563∼1606): 〈독신선전(讀神仙傳)〉 53수(7절)·〈화표주차송강운(華表柱次松江韻)〉 5수(7고)·〈기제선몽대(寄題仙夢臺)〉 3수(7절), 《체소집(體素集)》》⇒ 3제 61수

이수광(李睟光, 1563∼1628): 〈유선사(遊仙詞)〉 2수(7절)·〈유선사〉 3수(7절)·〈기몽: 병진 2월〉(7절)·〈유선사〉 10수(7

절)·〈기몽〉(7절)·〈유선사〉3수(7절)·〈월중계(月中桂)〉(7
절)·〈기몽 : 계축 9월〉(5고)·〈증류구국사신근체 14수(贈琉
球國使臣近體十四首)〉기 9(7율)·〈기몽〉(7절)·〈감회〉(7
절)·〈유선사〉2수(7절)·〈기몽 : 임자 2월〉(5절)·〈기몽 : 계
축 정월〉(7절)·〈몽작(夢作)〉(5절)·〈자탄(自歎)〉(7절)·〈임
술상원야몽득하량구잉성일절(壬戌上元夜夢得下兩句仍成一
絕)〉(7절)·〈영리백(詠李白)〉(7절)·〈갑자오월몽득수구인기
기이(甲子五月夢得首句因記其異)〉(5절)·〈몽작 : 정묘 정월〉
(5절)·〈서몽(敍夢)〉(문),《지봉집(芝峯集)》⇒ 21제 36수

신흠(申欽, 1566~1628) : 〈승천행〉(5고)·〈선인편〉(5고)·〈우언
송월사조경사(寓言送月沙朝京師)〉(5고)·〈유선사〉(7절)·
〈의고(擬古)〉기 4(5고)·〈독산해경(讀山海經)〉 13수(5고),
《상촌집(象村集)》⇒ 6제 18수

허균(許筠, 1569~1618) : 〈상청사(上清辭)〉 18수(7절)·〈고천예
선요(姑泉禮仙謠)〉(7고)·〈해상선몽요(海上仙夢謠)〉(7고)·
〈몽유연광정부(夢遊鍊光亭賦)〉(부)·〈훼벽사(毀璧辭)〉(사
〔辭〕)·〈열선찬(列仙贊)〉 30편(찬〔贊〕)·〈몽기(夢記)〉(문),
《성소복부고(惺所覆瓿藁)》⇒ 7제 53수

권필(權韠, 1569~1612) : 〈비광희증우인(飛光戲贈友人)〉(7고)·
〈기몽〉(7고),《석주집(石洲集)》⇒ 2제 2수

김상헌(金尙憲, 1570~1652) : 〈차유선사운(次遊仙詞韻)〉 10수(7
절)·〈유선(游仙)〉3수(7절),《청음집(淸陰集)》⇒ 2제 13수

조찬한(趙纘韓, 1572~1631) : 〈대설〉(7고)·〈옥석각(玉舄閣)〉(7
고)·〈몽선요(夢仙謠)〉(7고)·〈유선사〉4수(7절),《현주집(玄

洲集)》⇒4제 7수

권극중(權克中, 1585~1659) : 〈무제〉 2수(5고), 《청하집(靑霞集)》
⇒1제 2수

김휴(金烋, 1597~1638) : 〈선인야유곡(仙人夜遊曲)〉(7고), 《경와
집(敬窩集)》⇒1제 1수

정두경(鄭斗卿, 1597~1673) : 〈유선사〉 11수(5고), 《동명집(東溟
集)》⇒1제 11수

정성경(鄭星卿, 생몰년 미상) : 〈보허사〉 5수(7절), 《옥호자유고(玉
壺子遺稿)》⇒1제 5수

김만중(金萬重, 1637~1692) : 〈요지사(瑤池詞)〉 3수(7절)·〈기
몽〉(7고)·〈회남왕가(淮南王歌)〉(7고)·〈무제〉(7율), 《서포
집(西浦集)》⇒4제 6수

남유용(南有容, 1698~1773) : 〈구선요(求仙謠)〉(7고), 《뇌연집(雷
淵集)》⇒1제 1수

정범조(鄭範祖, 1723~1801) : 〈유선사〉(5율), 《해좌집(海左集)》
⇒1제 1수

이언진(李彦瑱, 1740~1766) : 〈유선사〉(7절), 《송목관집(松穆舘
集)》⇒1제 5수

김정희(金正喜, 1786~1856) : 〈소유선사(小遊仙詞)〉 13수(7절),
《완당집(阮堂集)》⇒1제 13수

작가 \ 시체	5절	7절	5율	7율	5고	7고	장단구(長短句)	사부(辭賦)	찬(贊)	문(文)	편수
김시습		11		5	1						8제 17수
성현					3	3					4제 6수
심의					1			2			3제 3수
기준				1							1제 1수
이달		9		1							3제 10수
최경창		4	1		2						4제 7수
장경세		87									1제 87수
곽기수		3									1제 3수
임제		1			1	1					3제 3수
허봉		1			1	1	1				4제 4수
임전	4	5		6							8제 15수
허난설헌	(1)	89		4	3	1				2	11제 99수
이춘영		56				5					3제 61수
이수광	4	29		1	1					1	21제 36수
신흠		1			17						6제 18수
허균		18				2		2	30	1	7제 53수
권필						2					2제 2수
김상헌		13									2제 13수
조찬한		4				3					4제 7수
권극중					2						1제 2수
김휴					1						1제 1수
정두경					11						1제 11수
정성경		5									1제 5수
김만중		3		1	2						4제 6수
남유용					1						1제 1수
정범조			1								1제 1수
이연진		5									1제 5수
김정희		13									1제 13수
누계	8	357	1	19	43	22	1	4	30	4	108제 489수

이는 모두 28가(家) 108제 489수로 집계된다. 이들 외에도 훨씬 더 많은 작품이 있을 것이다. 반면 제목에서 유선을 표방하면서도 실제로는 무관한 작품도 있다. 예컨대 임제의 〈몽선요(夢仙謠)〉는 표제만으로는 완전한 유선시이나, 실제로는 꿈에 선랑(仙郞), 즉 떠나간 님을 그리워하는 염정의 내용을 담아 유선과는 관계가 없다.

작가별로 볼 때 위에 예시한 작가 가운데 김시습과 성현·심의·기준 그리고 남유용·정범조·이언진·김정희를 제외한 20명은 모두 16, 17세기의 인물이다. 이중 정두경과 김만중말고는 선조·광해 연간에 활동한 문인들이다. 뿐만 아니라 이들은 대부분이 종적·횡적으로 교유 관계를 맺고 있었고, 시풍에서도 모두 당풍에 힘을 쏟았던 시인들이라는 공통점이 있다. 이들의 친연성과 시풍에 대해서는 나중에 따로 논하기로 한다.

표제면에서 이들 유선시는 몇 가지 유형으로 구분된다. 첫째로 표제에 유선(遊仙)·몽선(夢仙)·사선(思仙)·망선(望仙)·보허(步虛)·능허(凌虛)·천상(天上)·상청(上淸)·선유(仙遊)·승천(升天) 등 유선과 밀접한 술어(述語)를 직접 드러내고 있는 경우다. 둘째로는 유선을 직접 드러냄 없이 기몽(記夢)·몽유(夢遊)·감우(感遇)·견흥(遣興)·우의(寓意) 등 꿈을 가탁하거나 영회를 표방한 경우이다. 셋째로는 독신선전(讀神仙傳)·독한무제고사(讀漢武帝故事)·독산해경(讀山海經) 등과 같이 신선 전설을 읽고 쓴 독후감 성격임을 표시한 경우다. 넷째로는 선적(仙蹟)·선경(仙境)에 부친 제시(題詩)나 의작(擬作)·차운작(次韻作) 등 제목만으로는 유선시인지의 여부를 알 수 없는 작품의 경우다.

  이 가운데 시인 자신이 신선이 되어 표표히 허공을 날며 노니는 흥취를 노래한, 본격적 의미의 유선시는 대부분 첫째 유형에 속한다. 기몽류의 경우도 거의가 꿈의 형상을 빌려 시인 자신의 유선 행위를 묘사하고 있다. 이에 비해, 독신선전류는 신선들의 유선을 시인이 관찰자의 입장에서 묘사하고 있어 구분된다. 넷째 유형에는 직접 선계를 노니는 유선의 의미가 약화 또는 간접화되거나, 영회에 더 비중을 두는 작품들이 많다.

  시체별로 이들 작품을 구분하여 도표로 만들면 131쪽의 표와 같다. 언뜻 보기에도 전체 작품 중 7언절구가 압도적으로 많음(72%)을 확인할 수 있다. 그 다음으로는 5언고시가 비교적 많다. 이에 비해 5언절구와 5언율시가 적은 점도 특기할 만하다. 전반적으로 7언이 많은 것은 유선시가 고사와 전설에서 주로 줄거리를 가져오고 있어 아무래도 짧은 5언보다는 7언이 효과적인 시형이었기 때문이다. 또한 그 가운데 5언고시가 많은 것은 한위 악부체의 유선시가 거의 5언으로 창작된 데서 비롯한다. 5언고시로 된 유선시에는 악부체의 의작이 많다. 7언절구의 경우, 한 수로 끝나지 않고 연작이 많이 나타난다. 당나라 이전의 유선시가 대부분 5언으로 창작되었음을 생각할 때, 7언절구 유선시의 대량 창작은 곧 학당풍의 결과임을 말해준다. 이에 대해선 뒤에서 자세히 논의하겠다.

  작가별로 작품을 간략히 살펴보자.

  김시습은 모두 17수의 작품을 남겼다.《매월당시집》권3에는 '선도(仙道)'의 주제 아래 12수가 수록되어 있다. 이 가운데〈능허사〉 5수는 백옥경(白玉京)을 향해 허공을 가로질러 학을 타고 날아가는 광경과, 아침엔 항해(沆瀣)를, 저녁엔 유하(流霞)를 마시며 상청에 올라 광한궁 선녀들의 춤을 보며 은하수에 뗏목을 띄우는 등 선계의 황홀한 묘사로 우리 나라 유선시의 시작을 열었다.[11]

그밖에 유선시는 아니나 소격서(昭格署) 삼청궁(三淸宮)에서의 초재를 묘사한 내용과 그곳 도사들과의 수작도 있어, 당시 초재나 도류들의 모습을 이해하는 데 도움이 된다. 권10 《유관동록(遊關東錄)》의 〈망삼산(望三山)〉과 〈유선가(遊仙歌)〉 6수에서는 동해 바닷가에서 삼신산을 바라보는 환상적인 경상을 묘사하고, 또 학을 타고 바다 위 봉래산과 취굴(聚窟) 현주(玄洲)를 소요하며 달 속에 사는 항아(姮娥)와 요대(瑤臺)에서 흥겨운 잔치를 즐기는 장면을 그려보이고 있다.

성현의 작품은 모두 《허백당풍아록(虛白堂風雅錄)》에 수록되어 있다. 이는 142수에 달하는 한위 악부 의작의 일부로 지어진 것이다. 〈보허사(步虛詞)〉 3수는 다른 이들의 〈보허사〉가 모두 7언절구인데 비해, 5언고시로 되어 있다. 삼모군(三茅君)을 찾아가 연단 복약하고, 단구(丹丘)와 요지를 지나 금모(金母)의 집에서 자하상(紫霞觴)을 훔쳐 마셔 환골해 보허능공(步虛凌空)하고픈 소망을 노래한 내용이다. 〈효선요(曉仙謠)〉는 계수나무 꽃이 이슬에 젖는 항아궁을 학을 타고 달을 벗삼아 노니는 정경과, 날개가 돋아 표연히 자줏빛 안개 속을 나는 유선의 광경을 노래했다.

심의의 〈반도부(蟠桃賦)〉는 생사의 부질없음에 상심한 시인이 티끌 세상을 떠나 상계의 선부에 올라가 온갖 아름다운 정경을 역람하는 모습을 자못 황홀한 필치로 묘사하여 장생불사하고픈 소망을 빌고 있다. 〈광한전부(廣寒殿賦)〉에서는 무료하던 중 꿈에 선도(仙都)에 다달아 능허환골해 진세의 누추를 벗고, 신선의 잔치에 참례하여 즐기는 기쁨을 서술했다. 〈속하경조유선시(續何敬祖遊仙詩)〉에서는 옛 신선 마사황(馬師皇)이 그랬던 것처럼, 세상을 향한 뜻을 버리고 이인(異人)의 인도에 따라 비결을 전수받고, 옥예(玉蘂)를 씹어 정신을 맑게 한 뒤, 선도로 날아올라 왕모를 만나보고, 인간 세상의 하루살이 같은 무리들을 내려다보며 비웃는 심회를 노래했다.[12]

기준의 〈영선(詠仙)〉은 흰 눈썹과 수염이 성성한 팔순 노인이 풍운을 타고 올라보는 선계의 흥취를 그린 뒤, 돌아올 때 태백봉(太白峯)에 누웠자니 옥황이 푸른 난새를 내려보내 모시게 하더란 내용을 담았다.

이달의 〈보허사〉 8수는 난소소리 울려퍼지는 서왕모의 요지연, 자황(紫皇)의 예주궁(蘂珠宮)에 늘어선 선관, 서악진군(西嶽眞君)의 삼청비결(三淸秘訣), 양성사자(羊城使者)의 진부(眞符) 등 여러 신선 전설에서 취재한 내용들이 경쾌한 필치로 나열되어 있다. 〈차권진사운(次權進士韻)〉은 깊은 밤 달빛만 휘황한 허공에 생학(笙鶴)의 소리와 함께 삼도(三島)의 진인이 상계에서 내려와 선례(仙醴)에 취하는 정경을 묘사하며, 뜬 세상의 공명을 가벼이 보는 내용을 담았다. 〈강선곡차청간정운(降仙曲次靑澗亭韻)〉에서는 삼산(三山)에 천년벽도(千年碧桃)와 청란(靑鸞)이 어우러진 사이로 서왕모가 내려오는 광경을 묘사했다. 그밖에 유선시는 아니나 역시 《손곡집》에 실린 〈숙동궁(宿洞宮)〉은 가을 밤 《황정경(黃庭經)》을 다 읽은 도인이 천단을 쓸고 북두에 절하는 장면을 묘사하고 있고, 〈유삼청동(遊三淸洞)〉은 소격서에서 선경(仙磬)이 울려 퍼지는 가운데 뭇별들이 멀리서 절하는 정경을 그리고 있다. 또 〈증도인(贈道人)〉·〈무산도중봉우감회(巫山道中逢雨感懷)〉·〈청학동〉 등도 선취가 물씬하다.

최경창의 〈간예주수물책악록화(簡蘂珠倅勿責萼綠華)〉 2수는 봉생(鳳笙)을 따라 몰래 예주성(蘂珠城)을 떠나 후산(緱山)을 향해 가다가 옥황에게 불려가 벌로 자청궁에서 요경(瑤經)을 강(講)하고 있다는 옛 선녀 악록화의 전설에서 취재한 작품이다. 〈천단(天壇)〉 3수는 천단에서 천신군(天宸君)에게 향을 사르며 절하는 정경과, 삼청주궁(三淸珠宮)의 봉관(鳳管)과 벽도홍행(碧桃紅杏)이 흐드러진 아름다운 경치를 묘사했다. 〈조천궁(朝天宮)〉 또한 천궁의 현단(玄壇)에서 바라보는, 자줏빛 안개가 감도는 자미성(紫微星)의 정경과, 삼원(三元)의 비밀을 담은 보록(寶籙) 및 아홉 번 전성(轉成)하여 이룬 신단(神丹) 등을 그렸다.

장경세의 〈유선사〉 87수는 작품 아래의 주에 "폐조시작(廢朝時作)"이라 한 것으로 보아, 광해군 때 지어진 것이다. 대개 허난설헌의 〈유선사〉 87수의 운에 따라 지은 것이다. 화려한 풍경 묘사를 통해, 허난설헌의 원작과 비슷하면서도 또 다른 분위기를 연출하는 데 성공했다. 전반적으로 볼 때, 신선 고사의 인용보다는 경물 묘사에 더 치중한 작품이다. 허난설헌의 〈유선사〉가 당대 얼마나 큰 영향을 미쳤는지를 잘 보여준다.

곽기수의 〈유선사〉 3수는 자전(紫殿)에서 열린 영선회(靈仙會) 광경을 그린 작품이다. 방장과 봉래를 노닐고 생황 가락에 봉황이 춤추는 가운데 경액(瓊液)을 가득 부어 부구선인(浮丘仙人)과 노니는 모습을 담았다.

　임제의 〈효적선체(效謫仙體)〉는 흰 사슴을 탄 선랑이 높은 누대에 올라 자부진관(紫府眞官)이 옥녀를 시켜 보내온 유하주(流霞酒)를 마셔 환골하고, 봉래도를 찾아가다가 티끌만 자욱한 동화토(東華土)를 내려다보는 환상적 유선을 읊은 작품이다. 〈보허사〉는 옥동에서 조회를 마치고 학을 타고 돌아오는데 구름에 젖은 자연의(紫煙衣)와 두다만 한 판의 바둑을 두는 동안 터오는 먼동을 묘사했다. 〈사선요(思仙謠)〉는 꿈에 황학을 타고 영주를 찾아가니 선인이 마중 나와 절하며 낟알 같은 금단을 건네주면서 훗날 경루(瓊樓)에서 노닐 기약을 나누는 내용이다.

　허봉의 〈상원부인(上元夫人)〉은 멀리 곤륜산과 그 앞을 흐르는 약수를 떠올리며, 황금액을 얻어 환골성선하고픈 소망을 그렸다. 〈자도음(紫桃吟)〉은 자도(紫桃)의 가지에 든 맑은 이슬을 보며, 부구선인의 요결을 얻어 백척황진(百尺黃塵)의 티끌 세상을 훌훌 떠나고 싶은 원망을 노래한 작품이다. 〈조천궁(朝天宮)〉은 그림 난간이 비치는 영롱한 옥우(玉宇)와 푸른 요단(瑤壇)을 둘러선 여선 등 천궁의 모습과 이를 바라보는 시인의 적막한 심사를 그리고 있다. 〈옥동요(玉童謠)〉는 우뚝한 청림(青林) 속에서 어여쁜 웃음과 눈짓으로 부채질하는 옥동의 모습을 묘사하며 양대(陽臺)에서의 한 꿈을 회고했다.

　임전의 〈천상요(天上謠)〉는 예주수(蘂珠樹) 우거진 금모(金母)의 집, 용은 은하를 갈아 담화(曇華)를 씨 뿌리고, 달 가운데 요대에는 푸른 빛이 가득하고, 서하(西河)에선 옥도끼로 계수나무 가지를 찍는 천상의 정경을 그렸다. 〈월중사(月中詞)〉 또한 달 속 섬

난새를 타고 하늘을 하는 선녀의 모습.
당나라 주문거의 작품이다.

궁(蟾宮)의 불사약을 찧는 옥방아 소리와, 전해오는 비결, 멀리 펼쳐지는 드넓은 은포(銀浦)와 그 속을 노니는 청란(靑鸞)의 모습을 묘사했다. 〈독한무제고사(讀漢武帝故事)〉4수는 한무제의 장생구선의 고사에서 취재해 결구(結構)했다.

그밖에 〈자삼청도관보출정공모암이시제지(自三淸道觀步出政公茅菴以詩題之)〉·〈제양봉래선생선장(題楊蓬萊先生仙庄)〉·〈억양봉래선장(憶楊蓬萊仙庄)〉 등의 작품에도 선음(仙音)이 짙게 배어 있다. 또 〈제유진인명형진평생호독참동계파득수련여법(題柳眞人名亨進平生好讀參同契頗得修鍊餘法)〉에는 당시 중요 선가의 한 사람이었던 유형진(柳亨進)의 풍모를 묘사해 사모하였고, 〈송민도인조천병서(送閔道人朝天幷序)〉와 〈증민도인(贈閔道人)〉 등에는 《참동계》와 《음부경(陰符經)》을 전공해 공력을 쌓아 삼경인월지결(三庚印月之訣)을 깨달았다는 민 도인과의 교유를 적고 있어,[13] 수련 도가들과도 직접 교유를 나누고 있음을 확인할 수 있다.

허난설헌은 익히 알려진 대로 유선시의 대표 작가이다. 작품도 가장 많아 모두 11제 99수에 달하는 작품을 남겼다. 그녀의 문집은 거의 신선의 말로 가득 차 있다 해도 과언이 아니다. 〈망선요(望仙謠)〉는 봉래를 향해 가는 기린이 끄는 수레를 탄 서왕모의 행차와, 부용각의 흥겨운 잔치 광경을 황홀하게 묘사했다. 〈몽작(夢作)〉은 거대한 자라가 떠받치고 있는 횡해영봉(橫海靈峯) 너머 하늘에 닿을 듯 높이 솟은 옥단에 올라, 금정(金鼎) 가득한 단정수(丹井水)와, 햇살을 받아 반짝이는 적상포(赤霜袍) 등 현란할 만큼 아름다운 선계의 경물을 바라보는 희열을 그리고 있다.

〈황제유사천단(皇帝有事天壇)〉에서는 천상 벽단에서 장생금고

(長生錦誥)와 연수영방(延壽靈方)을 외우며 재를 올리는 정경을 묘사했다. 〈보허사(步虛詞)〉 2수는 난새를 타고 봉래도에 내려와 기린이 끄는 수레를 몰아 요초(瑤草)를 밟으며 벽도화와 옥 쟁반에 가득한 안기생의 대추를 바라보다, 다시금 학을 타고 자부(紫府)로 돌아가는 유선의 흥취를 거나하게 묘사했다. 대표작이라 할 수 있는 〈유선사〉 87수는 일일이 예로 들 수 없을 만큼 많은 신선 전설과 선계 묘사를 총동원하여 그려낸 유선 문학의 압권이다.■

난설헌의 유선시는 묘사의 사실성과 환상적인 필치로 독자를 시인과 함께 황홀한 세계로 몰입케 하는 예술성을 갖추고 있다. 그밖에 산문인 〈몽유광상산시서(夢遊廣桑山詩序)〉는 진작에 소설적 구도가 주목되었을 만큼 묘사와 줄거리 전개가 돋보이며, 〈광한전백옥루상량문(廣寒殿白玉樓上樑文)〉은 당대 문단을 경악시켰던 명문 중에 명문으로, 모두 시로 다할 수 없는 선계를 향한 열망을 쏟아부은 유선 문학의 정화다.

이춘영도 〈독신선전(讀神仙傳)〉 53수를 남겨 주목을 끈다. 분량도 난설헌의 〈유선사〉 다음으로 많다. 제목 그대로 《한무제내외전》·《열선전》·《속선전》 등 여러 신선전을 읽고 여기에서 취재해 지은 것이다. 다양한 고사와 전설을 끌어와 각 편을 꾸미고 있다. 단순 묘사에 그쳐 난설헌에 비해 수준은 조금 떨어진다. 그밖에 〈화표주차송강운(華表柱次松江韻)〉 5수는 요동 화표주에 얽힌 전

■ **최근 중국에서 발견된 《조선시선(朝鮮詩選)》** 임진왜란 당시 종군했던 명군 오명제(吳明濟)가 허균의 도움을 받아 편집했다. 허난설헌에 대한 주에서 "遊仙曲三百首, 余得其手書八十一首."라 하여 본래 전체 작품은 3백 수에 달하는 거작이었는데, 그중에서 오명제는 허난설헌이 친필로 쓴 81수를 구해서 보았다고 적고 있음은 새로운 사실이어서 흥미롭다.

설을 통해 진세에서의 갈등과 선계를 향한 강렬한 동경을 노래했다. 〈기제선몽대(寄題仙夢臺)〉·〈제왕모대(題王母臺)〉 등 제영에도 유선의 흥취가 담겨 있다.

이수광은 모두 20수의 〈유선사〉를 남겼는데, 문집 여러 곳에 흩어져 실려 있다. 이로 보아 난설헌이나 이춘영의 연작들도 한 번에 지어진 것이 아니라 시간을 두고 쌓여 이루어진 것임을 짐작할 수 있다. 내용 또한 난설헌과 이춘영의 경우와 거의 비슷하다. 꿈에 가탁한 기몽류 유선시가 10편에 이르는 것이 매우 특이하다. 홍운(紅雲) 감도는 삼청자부(三淸紫府)에 오르며 스스로를 신선 위숙경(衛叔卿)의 후신으로 자임하거나, 자궁(紫宮)의 군선회(群仙會)에 참례하여 군선의 영접을 받아 칠보상에 앉아서 반야탕을 마시는 등 꿈 속에 자신이 직접 신선이 되어 노니는 유선의 희열을 노래하고 있다. 〈서몽(敍夢)〉은 병 중 꿈에 홀연 허공에 올라 여러 신선과 함께 글을 짓고 노닌 이야기를 적었다.

신흠은 악부체 고시의 의작으로 유선시를 남겨, 앞서 본 성현의 경우와 작의가 서로 통한다.[14] 〈승천행(升天行)〉은 일월성신이 늘어서 있는 태청천공 한가운데 자리잡은 옥황의 집에 올라가, 구약방(九籥方)을 전수받고 활락도(豁落圖)를 받아 부상지(扶桑池) 등 선계를 노니는 내용이다. 〈선인편(仙人篇)〉은 풀잎 끝에 맺힌 이슬과도 같은 인생을 한탄하며 영주(瀛洲)와 낭원(閬苑), 현도(玄都)와 영굴(靈窟) 등 선경에서 노닐 것을 다짐하는 내용이다. 〈독산해경(讀山海經)〉 13수는 102수에 이르는 도연명 시 화작(和作)의 일부다. 진세의 고뇌에서 벗어나 소요자적하고픈 열망을 노래하는 내용이다. 넷째 수에서는 꿈에 봉래산을 노닐다 위백양(魏伯

陽)을 만나 그에게서 손옥법(飱玉法)을 전해 받아 이를 복식하여 수명을 늘리고, 돌아와서는 단실(丹室)을 만들어 수련하는 내용을 적었다. 그는 "신선을 보려고 약수를 건너가니 옥녀금동(玉女金童)이 다 나와 묻는구나, 세성(歲星)이 어듸 나간고 긔날인가 하노라."고 한 시조를 남기기까지 했다.[15]

허균의 〈상청사(上淸辭)〉 18수는 꿈에 대림궁(大琳宮) 금전(金殿)에서 하경명(何景明)·서정경(徐禎卿)·왕세정(王世貞) 등과 함께 지었다는 〈속몽시(續夢詩)〉 연작 가운데 하나다. 제목 그대로 천상삼청에 올라 유선하는 내용으로, 옥황전에 조회하는 군선들의 모습과 주변 경관이 매우 자세하게 전개되고 있다. 〈고천예선요(姑泉禮仙謠)〉는 선계에 있다는 고천의 지관(池館)에서 서왕모가 내려와 반도를 창오제(蒼梧帝)에게 바치며 난새를 타고 광한궁을 내려오는 유선의 흥취를 그렸다. 〈해산선몽요(海山仙夢謠)〉는 아득한 파도 저편에 둥실 떠 있는 오도(鰲島)에 청란(靑鸞)을 타고 피리 불며 내려오는 상제의 모습과, 월궁(月宮)과 봉래산 등 선경의 표묘황홀(縹緲恍惚)한 장면을 묘사했다. 〈몽유연광정부(夢遊鍊光亭賦)〉는 꿈에 연광정에 올라 아름다운 경치에 취해 거니는데, 홍란(紅鸞)이 노을 밖 선녀를 태워와 경액을 올리면서 요경으로 함께 가 삼생의 못다 한 인연을 다할 것을 청하며 즐거운 자리를 나누는데 그만 꿈이 깨고 말았다는 내용이다.

〈훼벽사(毁璧辭)〉는 유선시라기보다는 누이 난설헌의 죽음을 애도하는 추도시다. 그러나 누이가 티끌 세상의 부질없는 인연을 마치고 선계를 소요하는 장면을 상상하며 천상에서의 즐거운 생활을 기원하는 내용을 담고 있다. 〈열선찬(列仙贊)〉 30편은 왕세정이 엮은 《열선전》을 보고 찬사를 얹은 것이다. 때로 이를 감상하면서 신선을 그리는 마음을 달랜다고 했다. 유선시라기보다는 열선의 행적을 읊은 것인데, 노자를 비롯하여 광성자(廣城子)·서왕모·안기생·모군(茅君)·동방삭·황초평(黃初平)·도홍경(陶弘景) 등 30명의 신선을 노래했다. 4언으로 유선의 내용이 많이 담겨 있다. 〈몽기(夢記)〉도 아득한 상계에서의 유선 체험을 적어놓았다.[16]

권필의 〈비광희증우인(飛光戱贈友人)〉에서는 장자풍의 여러 고사를 인용하여, 정위조(精衛鳥)에게 바다를 메우게 한 뒤 신농씨와 후직씨에게 밭 갈고 씨 뿌리게 하여 2천 년 만에 결실이 맺으면 9주(九州)의 철을 모아 만든 큰 낫으로 추수하여 곤륜산보다 높이 쌓아 모두 술로 빚어 홍몽(鴻濛)·명재(溟涬)의 땅에 취해 누워 대식광유(大食廣遊)하겠노라고 만장의 기염을 토한다. 그런 뒤 자운거(紫雲車)를 타고 하늘에 올라 약목(若木)의 가지를 꺾어 천하 사람에게 먹여 장생케 하겠노라 했다. 〈기몽(記夢)〉은 청의동자의 인도를 받아 구름 안개 자욱한 옥루에 올라 군선(群仙)이 늘어선 가운데 옥황에게 장생편(長生編)을 받다가 꿈을 깨는 내용이다. 그러나 전반적으로 볼 때, 그의 시는 신선 사상의 유선적 취향보다는 도가의 방일(放逸)을 노래한 《장자》나 《초사》풍의 풍격이 두드러진다.[17]

김상헌은 〈차유선사운(次遊仙詞韻)〉 10수에서 매 수 성(城)·생(生)·성(聲)을 같은 위치에 놓는 흥미로운 연작을 선보였다. 처음엔 서왕모의 요지연에 동방삭과 안기생 등이 참여한, 신선들의 흥겨운 잔치 광경을 묘사했고, 이어 날이 밝아 선계로 귀환하는 모습을 그렸다. 월궁과 부용성(芙蓉城)의 생활과, 신선들이 《황정경》을 읽는 소리 등 황홀한 선계의 풍광을 다양한 소리로 포착했다. 또 〈유선〉 3수에서도 서왕모와 동방삭의 요지연과, 황홀한 선계의 풍경을 그리고 있다.

조찬한의 〈대설(大雪)〉은 여러 작품 가운데 가장 장편이다. 제목 그대로 큰눈이 내려 온 세상이 은빛 선계로 변하는 장관을 천상계의 여러 신선 전설에서 취재하여 환상적이고 황홀한 유선의 흥취로 고조시킨 작품이다. 단순한 설경 묘사에 머물지 않고 상상력을 최대로 발휘하여 선계를 유영(游泳)하는 착각을 불러일으킨다. 〈옥석각(玉舃閣)〉은 옛 선인 안기생의 선적(仙跡)인 옥석각에 올라, 안기생이 득선등공(得仙騰空)하던 자취를 그려본 작품이다. 〈몽선요(夢仙謠)〉는 꿈에 선계를 올라가 바라본 정경을 자세히 묘사하는 한편, 뭇 신선들과 수작하는 내용을 담아, 신선 되는 가없는 즐거움을 노래하고 있다. 〈유선사〉 4수에서는 경거능운(輕擧凌雲)하는 유선의 행위는 보이지 않고, 대신 여러 전설에서 끌어온 선계의 경치를 나열하듯 묘사했다.

권극중의 〈무제(無題)〉 2수 가운데 첫 수는 동해 물결에 떠내려 온 삼신산의 커다란 솔방울씨를 서왕모의 집에서 자란 청의동자가 받아 곤륜허(崑崙墟)에 심어 천 년의 세월이 흘러 아름다운 나무가 되었다는 신화적 내용을 담았다. 둘째 수에서는 시인 자신이 어려서 안기생을 따라 봉래도를 노닐며 약목의 그늘에 앉아 대추를 함께 먹었는데, 그때 버린 대추씨가 자라 이미 월굴(月窟)을 찌르게 되었다고 하여, 선계의 노닒을 말한 뒤, 부상해(扶桑海) 아래 진토를 굽어보는 선심(仙心)을 노래했다.

이밖에 그의 문집에는 〈금단음(金丹吟)〉 20수를 비롯하여 〈금단삼사(金丹三事)〉 3수, 〈단법삼관(丹法三關)〉 3수 등 금단도(金丹道)의 수련 단계를 시로 노래한 내용이 자세하게 실려 있어 아연 주목을 끈다. 〈두류산가(頭流山歌)〉와 〈삼신산가(三神山歌)〉에서도 선계를 향한 그의 강한 열망을 잘 나타내고 있다. 〈만남궁진사(挽南宮進士)〉는 도사 남궁두(南宮斗)의 만사다.[18]

김휴의 〈선인야유곡(仙人夜遊曲)〉은 진주렴을 둘러친 수정궁에서 동해를 굽어보고 광한전을 바라보며 열린 선인연(仙人宴)의 아름다운 광경을 묘사했다. 상비(湘妃)가 비파를 연주하고, 항아가 춤을 추며, 요희가 안주를 바치고, 술취한 서왕모는 술잔을 엎지르는 등 흥겨운 잔치 분위기를 사실처럼 그려냈다.

정두경의 〈유선사〉 11수는 5언고시인 점이 특이하다. 이는 곧 곽박류의 의작임을 뜻한다. 그러나 영회적 성격보다는 신선 전설의 취재에 충실하다. 정령위 · 안기생 · 서왕모 · 한중(韓衆) · 금고(琴高) · 광성자(廣成子) 등 신선들의 묘사와, 창오산 · 곤륜산 · 봉래도 · 오산 등 다양한 선계 형상을 통해 고원탈속한 선계의 물색을 잘 그려내고 있다.

정성경의 〈보허사〉 5수 또한 서왕모의 요지연 광경을 묘사한 작품이다. 학의 등에 올라탄 신선 위숙경(魏叔卿)이 《예주경(蘂珠經)》을 낭랑히 낭송하고, 선인 옥녀들이 하늘에서 내려와 《황정경》을 외우는 아름다운 광경을 그렸다.

김만중의 〈요지사(瑤池詞)〉 3수는 동방삭이 요지에 와서 반도(蟠桃)를 훔치는 내용을 그렸고, 〈기몽(記夢)〉은 꿈에 붉은 구름에 가린 자황(紫皇)의 처소에 올라 군선이 늘어선 광경과 옥녀의 투

호놀이 구경 등 선계의 즐거운 노닒을 노래한 작품이다. 〈회남왕가(淮南王歌)〉는 회남왕 유안(劉安)에 얽힌 신선 전설에서 취재하여, 팔공(八公)과의 만남과 백일승천의 일을 적었다. 〈무제〉는 적제(赤帝)의 딸 요희의 양대(陽臺) 조운(朝雲)의 전설에서 끌어와 슬쩍 여류 감정에 가탁한 작품이다.

남유용은 〈구선요(求仙謠)〉 1수를 남겼다. 옛 신선의 고사를 두루 인용한 뒤에, 신선을 추구하는 것은 이룰 수 없는 꿈이니 마음만 상하게 할 뿐이라 하여 오히려 반대의 뜻을 비쳤다.

정범조도 〈유선사〉 1수를 남겼다. 선계의 30동천(洞天) 가운데서 학발(鶴髮)의 신선들이 안기생의 대추를 먹으면서 태을연(太乙蓮)을 바라보는 그윽한 흥취를 그리고 있다.

이언진은 〈유선사〉 5수를 남겼다. 주목왕(周穆王)의 잔치로 말문을 열어, 동방삭이 반도를 훔치는 장면과, 꿈 깬 뒤의 허전함, 그리고 원군(元君)을 뵙고 황금첩(黃金帖)·팔해진도(八海眞圖)·구악문(九嶽文)을 받았던 일을 추억했다.

김정희의 〈소유선사(小遊仙詞)〉 13수는 앞선 작품과 마찬가지로 여러 신선 전설에서 취재하고 있으나 작품의 성격은 판이하다. 둘째 수에서는 3천 명의 동남동녀(童男童女)를 거느리고 삼신산을 찾아 불사약을 구하던 서불의 일을 비판했고, 넷째 수에서는 땅은 구슬처럼 둥글고 사해가 이를 둘러싸고 있는데 바다 위에 삼신산이 어디 있겠느냐고 반문하기도 했다. 즉 그의 유선시에서는 앞선 작품들에서 보이던 선계에 대한 동경이나 황홀한 유선의 신비한 체험은 배제되어, 특이한 작풍을 이룬다. 시기적으로도 앞 작품들과 떨어져 있는 김정희의 유선시는 그 시간 거리만큼이나 현저한 의식의 변모를 가져왔다. 그에게서 발견되는 의식의 변모 굴절은 존재 의의를 상실해버린 유선시의 가치 지향을 잘 보여준다.

16, 17세기 유선시의 출현 동인

앞에서 보았듯 유선시를 남긴 20여 명의 작가 가운데 몇을 제외하고는 거의가 선조·광해 연간에 활동했던 시인들이다. 전체 작품의 90퍼센트에 해당하는 유선시가 이 시기에 집중적으로 창작된다. 왜 이 시기에 와서 유선시가 갑작스레 활발하게 창작되는가? 이 문제는 단편적 접근만으로 해명될 성질이 아니다. 여기에서는 이를 문예사조의 측면, 사상사의 측면, 작가의식의 측면으로 구분해 검토하겠다.

문예사조의 측면, 학당풍의 진작

16, 17세기 시대 문풍은 학당풍(學唐風)으로 대변된다. 고려를 이어 조선 중종 때까지 지속되었던 소동파와 황산곡을 모범으로 하는 송시풍은 선조 때에 오면서 그 흐름을 '자송역당(自宋易唐)'·'자소환두(自蘇還杜)'의 당시풍으로 바뀐다. 여기에서 무엇보다 당시 '문필진한(文必秦漢)·시필성당(詩必盛唐)'의 복고를 주장하며 명 문단을 이끌었던 전후 칠자(前後七子)들의 영향이 컸다.

이들은 송시가 지나치게 사변적이고 이론적인 추구에 힘쓴 나머지 관념적 서술성에 빠지고만 폐단을 당시의 풍격과 격조를 배위 익힘으로써 바로잡을 것을 주장했다. 또한 송시의 '이문위시(以文爲詩)'하는 관념성을 진술한 인간 감정의 표현에 힘을 쏟았던 당시로써 극복하고자 하였다. 이들의 주장은 16, 17세기 여러 차례에 걸친 사화와 정쟁, 임진왜란 등 전란을 겪으면서 왕조 초기의 안정과 질서가 무너져가던 당시 조선 문단에서도 즉각적인 반향을 일으켜 점차 시단의 주된 흐름을 형성하게 되었다.[19] 더욱이 염정별리(艷情別離)와 취락선경(醉樂仙境)을 주요 내용으로 하는 악부체 고시에 대한 관심이 당시풍이 대두되면서 함께 고조된 점은, 그 내용이 당시 도학파 문인들에게서 타기될 요인을 갖고 있었다는 사실과 함께 주목된다. 요컨대 당시에 대한 이 시기의 관심은 명 문단의 자극이 당시 불안정한 시대 배경과 맞물리면서, 이념의 질곡에서 벗어나 인간 본연의 진술한 감정을 표현코자 하는 욕구를 밑바닥에 깔고 나타난 것이다.

또한 조선의 숭유 정책과 궤를 같이하는 《두시언해》의 잦은 간행으로 당시에 접할 기회가 많아지는 등 안팎으로 무르익은 변화의 분위기는 학당의 풍조를 더욱 가속화했던 것으로 보인다.[20]

널리 알려진 대로 당시의 중요한 특징으로 근체시의 성립과 함께 양한위진의 고악부에 대한 모방작이 성행했다는 점을 들 수 있다. 협악성(協樂性)이 중시된 이전의 악부시와, 그렇지 않은 도시(徒詩)로 대별되던 구분이, 당대에 와서는 고체시와 근체시의 대립으로 바뀌면서, 당대의 의고악부는 위진 시기에 비해 악곡의 기능이 현저히 저하되어 나타난다. 황위주는 근체시가 보편화되면서, 대부분의 악부시 작가들은 전대의 장단구보다 문학적으로 훨씬 익숙하고 세련된 양식일 뿐만 아니라, 가창성과 악곡 기능을 발휘할 수 있는 근체시를 통해 고악부의 특정 제재와 채시적(採詩的) 특징을 수렴코자 했음을 지적한 바 있다.[21]

유선시를 운위하는 마당에 악부시를 주목하는 것은, 유선시가 악부시의 한 갈래에서 파생되었기 때문이다. 당대 의고악부의 시 형식은 유선시의 경우에는 5언고시 중심에서 7언절구로 변화한다. 곽박을 비롯한 앞 시기 대부분의 유선시가 5언으로 창작된 데 비해, 당대 이후의 7언절구가 유선시의 주된 시 형식으로 자리잡은 것은 이런 사정을 잘 말해준다. 앞서 시체별 분류에서, 우리 나라 유선시의 72퍼센트가 7언절구로 지어졌고, 그 다음으로 5, 7언의 고체시로 많이 창작된 것은 유선시의 창작이 학당풍의 영향 아래 이루어진 것임을 명백하게 보여주는 대목이다. 이런 점에서 차천로의 다음 언급은 매우 뜻깊은 시사를 던져준다.

> 당인은 시를 지음에 흔히 고악부를 모방하곤 했다. 궁사나 규원, ○○행, 새하곡, 유선사 등은 제목이 모두 좋은데, 이는 옛 사람이 이른바 그 제목만 보고도 또한 당시를 했음을 안다는 것이다. 송 이후로 우리 나라에 이르기까지 이러한 시체는 드물었으므로, 이제 몇 사람의 작품을 취하여 한 질로 묶어 이를 이어 짓는 자가 있을 것을 기다린다.[22]

윗 글은 당시풍을 배워 삼당 시인이라 불렸던 최경창 · 백광훈 · 이달을 비롯해 임제 및 이수광 등 5인의 악부시 175수를 묶어 엮은 《악부신성(樂府新聲)》이란 책의 발문이다. "제목만 보고도" 운운한 대목에 유선시가 포함되고 있음이 주목된다. 또한 이들은 백광훈을 제외하고는 모두 유선시의 작가들이다.

《악부신성》보다 앞선 시기에도 악부 시집의 편찬은 꾸준히 이루어졌다. 성현이 한위 이래 원말(元末)에 이르기까지 고시를 모아 45권 분량의 《풍소궤범(風騷軌範)》을 엮는 한편으로, 스스로도 《허백당풍아록(虛白堂風雅錄)》이라 하여 150여 수의 악부시를 의작한 것이랄지, 유희령(柳希齡)이 《시헌원류(詩憲源流)》와 《시림악부(詩林樂府)》란 악부 시선집을 남기는 한편 《대동시림(大東詩林)》에서 우리 나라의 의작 악부시를 작가별 및 시대별로 정리한 것이 그 좋은 예다.[23] 그러나 이들의 악부 시집은 모두 당시풍의 성행과 관계 없이 이루어졌다는 점에서 《악부신성》과는 구분된다. 즉 작품 형식에서 《허백당풍아록》 등에 수록된 작품이 자구가 일정치 않은 장단구와 장편 고시가 압도적으로 많은 데 비해, 《악부신성》에 수록된 작품은 전체 175수 가운데 7언절구가 무려 123수로 70퍼센트를 차지한다는 점을 주목할 필요가 있다.

작품 내용에서도 《악부신성》의 경우, 앞 시기 악부 시집과는 달리, 사랑·이별·상사·원망 등 여류 감정을 노래한 염정류의 작품이 전체의 반 이상을 차지하고, 농민들의 생활 현장을 민요 필치로 그려낸 작품들이 많이 포함되어 있어 뚜렷한 성격 변화를 보여준다.[24] 또한 《악부신성》에 와서 유선시의 비중이 앞 시기에 비해 뚜렷이 늘고 있음은 주목할 만하다. 이것 역시 당시풍과 유선시의 긴밀한 연관을 말해준다.

앞절에서 거론된 유선시의 작가 가운데, 앞뒤 시기 몇 사람을 제외한 제가의 면모를 통해서도 당풍과 유선시 창작의 내적 연관을 읽을 수 있다. 허균은 〈손곡산인전(蓀谷山人傳)〉에서, 스승 이

달이 박순(朴淳)의 권유로 소동파에 심취했던 초년의 생각을 버리고 당음(唐音)을 익혔음을 말한 바 있다.[25] 그는 백광훈·최경창과 함께 삼당 시인으로 불렸다.

권필은 〈임관보전만사(任寬甫銓挽詞)〉에서,

> 우리 나라는 시를 함에,
> 소동파·황산곡만을 즐겨 숭상했는데,
> 중간에 최경창·백광훈의 무리가 점차 성당으로 돌아왔다네.
> 　我國於爲詩 好尙唯蘇黃
> 　中間崔白輩 稍稍歸盛唐

라 했고,[26] 허난설헌도 〈견흥(遣興)〉 8수에서

> 근자에 최경창과 백광훈의 무리가
> 성당을 본받아 시를 익히니,
> 쓸쓸만 하던 대아(大雅)의 소리,
> 이를 얻어 다시금 크게 울리네.
> 　近者崔白輩 攻詩軌盛唐
> 　廖廖大雅音 得此復鏗鏘

라 하여 당시풍으로 변한 것과 이에 대한 긍정적 평가를 논한 바 있다.[27] 임전 또한 그의 시에서

> 문운은 날로 무너져가고,

> 정성(正聲)은 날로 잠겨만 가는데,
> 우뚝한 저 최·백의 무리,
> 내게 예와 지금 같음을 얘기해주네.
> 시원스레 맑은 회포를 열어,
> 장차 성당을 앞지르려 기약했다오.
> 文運一以頹 正聲一以沈,
> 嘐嘐崔白輩 謂我古猶今 將期軼盛唐

이라 하여,[28] 당시 이들 사이에 '최백배(崔白輩)', 즉 삼당 시인을 정점으로 하여 성당풍을 추구하는 집단 의식이 강하게 자리잡고 있었음을 보여준다.

이수광은 진작에 차천로가 "근자에 지봉 이 선생이 시에 가장 얻음이 있었는데, 선생의 시는 성당을 배워 지은 것이다"라 했을 만큼 일찍부터 당시(唐詩)에 힘을 쏟았던 인물이다.[29] 그밖에 유선시의 작가인 허봉·임제·이춘영·권필·허균·조찬한·권극중·정두경 등은 모두 당시풍의 성취 면에서 당대 문단에서 성예(聲譽)가 높았던 시인들이다. 이들은 종횡으로 얽힌 밀접한 사승과 교분 관계로 서로 자극을 주고받으며 학당풍을 선도해나갔다.

16, 17세기 유선시는 허난설헌에게서 비롯된 것으로 보인다. 허균은 《학산초담(鶴山樵談)》에서 허난설헌의 〈보허사(步虛詞)〉가 유몽득(劉夢得)을 본받아 지어졌다 하고,

> 〈유선사〉 백 편은 모두 곽박(郭璞)의 남은 뜻을 이었으니, 조당(曹唐)의 무리가 미치지 못한다. 둘째 형님 허봉과 이달도 모

두 본떠 지었지만 대개 그 울타리를 벗어나지 못했다. 누이는 천선(天仙)의 재주라 할 만하다.[30]

라 했다. 이로 보면 난설헌의 〈유선사〉가 이달과 허봉 등보다 먼저 창작되었고, 여기에 자극을 받아 이달 등도 유선시를 지었음을 알 수 있다. 다른 시인들의 유선시 또한 난설헌보다 나중에 지어졌을 것으로 보인다. 그녀는 27세 때인 1589년에 세상을 떴으므로 유선시 창작은 이보다 앞서 이루어졌는데, 이때 다른 시인들은 대부분 갓 10대 후반을 전후한 나이였기 때문이다. 난설헌의 유선시가 당시 시단의 폭넓은 호응을 얻어 비슷한 작풍을 확산시켰던 저간의 사정을 짐작할 수 있다.

그런데 그의 〈유선사〉 87수는 예전부터 이래저래 표절 시비가 유난스러웠다. 이수광은 〈유선사〉 87수 가운데 2편은 조당(曹唐)의 시이며, 다른 작품 또한 고시에서 표절해온 것이 많다고 지적했고,[31] 신흠 또한 비슷한 뜻의 말을 남기면서 이것이 모두 허균의 양명 욕구에서 비롯된 것임을 힐난한 바 있다.[32] 앞서 《학산초담》에서 허균은 누이의 작품이 조당 무리의 수준을 뛰어넘어 곽박의 남은 소리가 있다 했으나, 실제로는 조당의 영향이 두드러지게 나타난다. 실제 논자가 난설헌의 〈유선사〉 87수를 조당의 〈소유선사〉 98수와 대교해본 결과, 9수가 조당의 시에서 전취(全取) 혹은 반취(半取)해오고, 그밖에 한 구절만을 따온 것도 7수나 됨을 확인할 수 있었다.

대개 이런 점이 표절 시비를 불러일으켰던 것이다. 그렇다고 난설헌의 작품이 그 가치를 모두 상실하는 것은 아닐 것이나, 얼마간

■ **난설헌 시의 표절 시비** 난설헌은 자신이 쓴 시를 모두 불태우고 죽었다. 지금 남아 있는 그녀의 작품은 동생 허균이 당시 우리 나라에 사신으로 온 주지번의 요청에 따라 자신이 외우고 있던 누이의 시를 적어준 것이다. 이 과정에서 기억의 착각인지, 아니면 의도적 삽입인지 분명치 않으나, 잘 알려지지 않은 많은 중국 시들이 상당 부분 끼어들어갔다. 어떤 것은 한 구절이 같고, 어떤 것은 세 구절까지 같은 것도 있다. 이 시집은 중국에서 간행되어 놀라운 평가를 받았는데, 중국에서 점차 표절 시비가 불거져 나오기 시작했고, 이것이 확산되어 우리 나라 작가들에 의해서도 표절 시비가 이어졌다. 허균이 누이의 이름을 높이려고 장난을 쳤다는 것이 논의의 핵심이다. 두 작품을 대교(對校)해본 결과는 다음과 같다.

허난설헌 〈유선사〉 87수		조당 〈소유선사〉 98수	
1 : 4	侍女皆騎白鳳凰	17 : 4	侍從皆騎白鳳凰
3 : 3	朝元使者騎金虎	10 : 3	西歸使者騎金虎
4	瑞風吹破翠霞裙 手把鸞簫倚五雲 花外玉童鞭白虎 碧城邀取小茅君	20	東妃開著翠霞裙 自領笙歌出五雲 清思密談誰第一 不過邀取小茅君
5 : 1	焚香遙夜禮天壇	12 : 1	焚香獨自上天壇
6 : 2	赤龍南去鶴東飛	8 : 2	赤龍閒臥鶴東飛
6 : 3	丹房玉女春眠重	76 : 3	丹房玉女心慵甚
8 : 2	露風煙月桂花疎	10 : 2	露風淸宴桂花疎
8 : 4	笑請飛瓊唱步虛	10 : 4	鼉鞓垂鞭唱步虛
9 : 1	瓊樹玲瓏壓瑞煙	75 : 1	瓊樹扶疎壓瑞煙
9 : 4	短尾靈猧藉草眠	75 : 4	短尾青龍枕水眠
13	新詔東妃嫁述郎 紫鸞煙蓋向扶桑 花前一別三千秋 却恨仙家日月長	95	新授金書八素章 玉皇教妾主扶桑 與君一別三千歲 却厭仙家日月長
20 : 4	愁來自著翠霓裙	20 : 1	東妃開著翠霞裙
32 : 4	遙隔彤霞聽笑聲	31	遙隔彩雲聞笑聲
51 : 1	絳闕夫人別玉皇	98 : 1	絳闕夫人下北方
51 : 4	流水無情賺阮郞	98 : 4	像折紅桃寄阮郞
55	海上寒風吹玉枝 日斜玄圃看花時 紅龍錦襪黃金勒 不是元君不得騎	97	海上風來吹杏枝 崑崙山上看花時 紅龍錦襪黃金勒 不是元君不得騎
60 : 4	滿白天香玉屑紅	58 : 4	滿甕無煙玉炭紅
72 : 1	羽客朝升碧玉梯	77 : 2	羽客爭昇碧玉梯
81	星冠霞佩好威儀 三島仙官入奏時 頻把金鞭打龍角 爲嗔西去上天遲	85	雲衫玉帶好威儀 三洞眞人入奏時 頻着金鞭打龍角 爲嗔西去上天遲
87	六葉羅裙色曳煙 阮郎相喚上芝田 笙歌暫向花間盡 便是人寰一萬年	80	玉洞長春風景鮮 丈人私宴就芝田 笙歌暫向花間盡 便是人間一萬年

이밖에 다른 중국시와의 유사 구절은 문경현, 〈허난설헌 연구〉, 《한문학 연구》, 331쪽 참조. 최근 박현규가 〈허난설헌 시작품의 표절 실체〉(문헌과 해석 2000.3.24. 발표)를 발표하여, 각 작품의 표절 관계를 상세히 정리했다.

흠결(欠缺)이 됨은 또한 어쩔 수 없다. 난설헌의 작품과 조당의 〈소유선사〉의 유사성은 반대로 이 시기 유선시의 창작이 학당의 결과임을 설명해주는 좋은 증거이기도 하다. 더욱이 이들 유선시의 작가들은 대부분 유선시와 함께 차천로가 제목만 보고도 당시(唐詩)를 했음을 안다고 예시한 궁사나 새하곡 및 가행체(歌行體)의 작품들을 많이 남기고 있다.[33)]

이상에서 16, 17세기 유선시의 출발이 당시풍의 점고(漸高)와 궤를 같이하여 나타남을 검토했다.

사상사의 측면, 도교 사상에 대한 관심 증폭

유선시의 배경은 도교 사상, 특히 신선 사상이다. 유선시는 다른 시와 달리 구절마다 《열선전》 등 신선 전설에서 고사를 인용해오기 일쑤여서 신선 전설에 대한 해박한 지식이 없이는 창작하기가 어렵다. 누가 지으니 나도 짓겠다고 해서 쉽게 지을 수 있는 것이 아니다. 실제 작품을 보아도 유선시의 작가들이 《산해경》·《한무제고사》·《열선전》·《속선전》 등 역대 신선전의 내용을 숙지하고 있음을 확인할 수 있다. 허균이 〈몽해(夢解)〉에서 혹자에 가탁하여, 변고를 겪은 뒤 도가의 경전이며 요결을 잠심연구하매 꿈에 여러 진인을 만나 그 묘체를 깨치기도 했고, 심지어 옥경에 난학을 타고 날아올라 오색 구름 가운데서 자소(紫簫)소리를 들은 것이 한두 번이 아니었다고 적고 있는 것은, 바로 단순한 문예 취향만으로 유선시가 창작되지 않았음을 단적으로 보여준다.[34)]

여기에서 이 시기 도교 사상 또는 신선 사상에 대한 일반의 관심은 어떠했으며, 이런 신선 전설에서 취재된 유선시가 받아들여진 사상적 환경은 어떠했는가에 대한 검토가 필요하다. 특히 유학의 위세가 엄존하던 조선 시대에 허황한 신선 사상은 드러내놓고 따를 바가 못 되었으므로 더욱 그러하다.

신선 사상의 대두가 혼란한 시대상과 밀접한 연관이 있다는 사실은 두 말할 필요가 없다. 연산·중종 시기 이래 거듭된 사화와 정쟁으로 인한 정치의 암흑과 사회의 혼란은 뜻있는 선비들에게 현세의 혐오를 불러, 깊은 산 속에 파묻힌 채 명철보신의 길을 택하게 했다. 이들은 독선기신(獨善其身)·결신자애(潔身自愛)하는 유자적 삶의 자세를 지켜왔던 처사의 부류와, 세아모순(世我矛盾)으로 말미암은 분세궤휼(憤世詭譎)을 체제의 울타리를 벗어난 위언정론(危言正論)으로 토로했던 방외인의 부류로 나누어진다.[35]

또한 이들 방외인 부류가 김종직 일계의 사장파(詞章派) 그룹과 연관된다는 점은 주목할 만하다. 이들은 이미 한계를 드러낸 도학의 가치 이념을 벗어나 도교 사상에 침잠하는 경우가 많았다. 김시습·홍유손(洪裕孫)·정희량(鄭希良)·정렴(鄭磏)·박지화(朴枝華)·정작(鄭碏) 등이 바로 그들이다. 특히 이들은 단순히 사상의 치우침에 그치지 않고 내단학에 깊은 관심을 가져 흔히 '조선 단학파(朝鮮丹學派)'로 일컫는 지식인 집단을 형성했다.

이들은 문학 방면에서도 완세적(玩世的)·피세적 경향을 보여, 현실을 일탈하여 무하유(無何有)의 세계를 지향하거나, 신선 사상에 경도돼 선화욕구(仙化欲求)를 구체화했고, 단학 수련을 통해 그들의 분세지지(憤世之志)를 굴절시키고 있다.[36] 정희량의 〈산은설(散隱說)〉이나 〈혼돈주가(混沌酒歌)〉 등은 이들이 허무소요를 추구하면서 시대와 자기 내면의 충돌을 우탁(寓托)코자 했음을 잘

보여준다.37)

이능화(李能和)의《조선도교사》는 이 시기 선파(仙派)를 세 갈래로 구분하고 있다.38)《해동전도록(海東傳道錄)》에 실린 선파와, 홍만종의《해동이적(海東異蹟)》에 실린 선파, 그리고《청학집(靑鶴集)》에 실린 선파가 그것이다. 이렇듯 선파의 갈래가 다양했다는 사실은 당시 도교 사상이 단순히 정치 현실의 불안정에서 말미암았다고 간단히 처리해버릴 성격이 아닌, 사자상승(師資相承)에 의한 집단적 동지의식을 바탕으로 그 저변을 확대해가고 있었음을 의미한다. 그밖에 이들에 의해 찬집(纂輯)된 연단 관계 이론 저술들과 단학 관계 주석서 및 도교사서(道敎史書),《동의보감》등 도교 원리를 바탕으로 씌어진 의서(醫書) 등의 존재는 저변 확대 과정에서 이론화를 치열하게 모색했음을 단적으로 말해준다.39)

또한《어우야담》·《지봉유설》·《청강쇄어(淸江瑣語)》·《오산설림(五山說林)》·《죽창한화(竹窓閒話)》·《송와잡설(松窩雜說)》등의 문헌에는 선파의 주요 인물들을 주인공으로 하는 이인 설화가 다채롭게 실려 있다.40) 이는 다음 시기 홍만종의《해동이적》을 위시하여 신후담(愼後聃)의《속열선전(續列仙傳)》, 순양자(純陽子)의《보해동이적(補海東異蹟)》, 이규경(李圭景)의《속해동이적》등의 저술을 통해 계속 확대 보완되는 모습을 보여준다. 이 시기 허균이〈남궁선생전〉·〈장생전〉·〈장산인전〉등을 입전(立傳)하여 뒷 시기 일련의 신선전의 성립으로 이어졌던 사실도 우리의 주목을 끈다.

이렇듯 도류이인(道流異人)의 존재가 사회적 관심사로 나타나는 흐름은 16, 17세기에 도교 사상의 저변이 겉으로 드러난 것보다 훨씬 더 두텁고 튼튼한 것이었음을 짐작케 한다. 이러한 시대 풍기는 앞서 허균의 〈몽해〉에서의 언급처럼, 일반 지식인들에게도 도교 사상에 대한 관심을 전반적으로 높였다.

유선시의 창작이 이러한 16, 17세기 사상계의 동향과 궤를 같이하여 나타난다는 점은 특별히 유념할 만하다. 더욱 주목할 점은 유선시의 작가들은 그들 자신이 조선 단학파에 속한 인물이거나 혹은 이들과 밀접한 연관을 맺고 있다는 사실이다. 이들 중 김시습은 〈수진(修眞)〉·〈복기(服氣)〉·〈용호결(龍虎訣)〉 등 연단(鍊丹) 이론을 남겨 조선 단학의 비조로 일컬어지고 있고, 권극중(權克中)은 《참동계주해(參同契註解)》를 저술해 "동방단가문자(東方丹家文字)의 개산조(開山祖)"란 평을 들었다.[41] 허균은 종리권(鍾離權)으로부터 의상 대사에게로 이어진 도맥을 다시 권 진인(權眞人)에게서 전수받았다고 하는 도사 남궁두(南宮斗)를 만나 직접 그의 이야기를 입전했고, 권극중은 남궁두의 만시(輓詩)를 남기고 있어 상호 왕래가 있었음을 시사하고 있다.[42]

또 《해동전도록》을 지은 한무외(韓無畏)는 허균이 원접사의 종사관으로 갔을 때 순안훈도(順安訓導)로 있으면서 그에게 신선의 도를 가르쳐준 바 있다.[43] 허균은 또 한무외의 문인 유형진(柳亨進)의 전(傳)을 짓기도 했다. 임전(任錪)은 아예 유형진의 도관을 방문하면서, 그가 평생《참동계》를 읽어 수련여법(修鍊餘法)을 얻은 진인이라고 높이고 있다.[44] 또 임전은 《참동계》와 《음부경(陰符經)》에 통투(通透)했다는 민 도인(閔道人)과의 교유를 시로 말하고 있다.[45] 임전은 권극중이 평생의 벗으로 꼽았던 아홉 사람 가운데 하나고, 권극중의 〈9자음(九子吟)〉에 역시 유선시를 남긴 조찬한과 정두경이 포함되어 있다.[46)] 권극중은 조찬한에게서 문장을 수련했고, 권필도 조찬한과 함께 권극중을 만나 그의 시를 칭찬한 일이 있었다.[47)] 허균과 권필, 조찬한 이 세 사람은 서로 평생을 두고 사귄 벗이었다. 임전과 권필의 사귐도 당대 널리 알려졌던 사실이다. 그밖에 권필과 허균, 조찬한과 권극중 등의 주변에서 확인되는 송천옹(宋天翁) · 박남평(朴南平) · 설 도인(薛道人) 등 수련가들의 존재는 이들의 교유 폭이 문집에 남아 있는 것보다 훨씬 넓은 것이었음을 시사한다.■ 이들 유선시의 작가들은 내단학과 관련지어 종으로 횡으로 얽히고 설킨 교유를 남기고 있다.

또한 이들과 앞 시기의 단학파 인물들의 연관도 밀접하다. 권필은 김시습과 방외의 사귐을 나누었던 홍유손의 아들 홍지성(洪至誠)을 그의 〈사우록(師友錄)〉 맨 첫머리에 얹었다.[48)] 또 권필은, 정렴과 박지화에게서 진결(眞訣)과 연단술을 각각 전수받았고, 《동의보감》 편찬에 참여했던 정작이 죽자, 〈곡고옥정선생작(哭古玉鄭先生碏)〉이란 시로 조만(弔挽)하여 평생 존경하며 따르던 정

■ **송천옹(宋天翁)** 허균의 〈섭생월찬서(攝生月纂序)〉와 권21의 〈여송천옹(與宋天翁)〉에 보이는 인물이다. 단학에 조예가 깊어, 허균은 그에게 비결을 전해줄 것을 간곡히 요청한 바 있다. 권필의 《석주집》 권1, 〈사회시(四懷詩)〉 가운데 역시 그를 그리며 지은 시가 있는데, 여기에 보면 그의 이름이 송구(宋耈)였음이 확인된다.

또 권극중의 《청하집》 권1에 〈송박남평선생유관동산수(送朴南平先生遊關東山水)〉란 시가 있는데 "仙人 朴南平, 南斗應降精, 海東足奇秀, 聊焉此地生. 骨法應仙相, 方瞳雙目睛. 袖裏參同文, 口訣龍虎論……."이라 하여 박남평을 《참동계》와 《용호결》을 늘 지니고 다니는 선인으로 묘사하고 있다.

조찬한의 《현주집(玄洲集)》 권11에는 〈대설도인화연소(代薛道人化緣疏)〉가 있는데, 그 가운데 "心潛玉樞, 口哦斗訣."이라 하여, 설 도인 역시 《옥추경(玉樞經)》과 비결을 익힌 내단 계통의 인물이었던 것으로 보인다.

회를 곡진하게 표시했다.[49] 조찬한과 권극중은 〈북창고옥시서(北窓古玉詩序)〉와 〈정북창문집서(鄭北窓文集序)〉, 〈정북창시집서〉를 각각 남겼다. 조찬한의 〈혼돈가(混沌歌)〉와 〈대은은심설(大隱隱心說)〉은 정희량의 〈혼돈주가〉와 〈산은설(散隱說)〉을 다분히 의식하고 있다.[50]

정두경은 〈청하자시집서(青霞子詩集序)〉를 썼고, 《참동계주해》에도 깊은 관심을 보였다. 또 그는 정렴의 조카로 역시 단학에 조예가 깊었던 정지승(鄭之升)의 손자이기도 하다. 임제(林悌) 등은 정지승을 몹시 따랐고, 임제의 여러 아우들도 권필 등과 두터운 우정을 나누고 있었다.[51] 허균은 꿈에서까지 홍유손의 선인적 풍모를 그리워했다.[52]

이런 일련의 사실들은 이들 유선시의 작가들이 전후 시기 단학파의 주요 인물들과 매우 밀접한 정신적 교감을 맺고 있었음을 확인시켜준다. 여기에는 도교 사상에 바탕을 둔 동류의식이 강한 친화력으로 작용했음이 분명하다.

이렇듯 유선시의 창작은 단순히 학당풍의 점고만 아니라, 당대 폭넓게 형성된 도교 사상의 단단한 토대 위에서 그 폭을 넓혀 나갔던 것이다.

작가 의식의 측면, 몰락한 서인의 불우와 전쟁의 상란

문예사조의 측면에서 학당풍의 성행과, 사상사 측면에서 도교 사상의 풍미는 유선시 창작의 훌륭한 토양이 되었음에 틀림없다. 그러나 이 두 가지가 유선시 창작의 필요 충분 조건은 못 된다. 학당을 하거나 도교 사상에 관심이 있다고 누구나 유선시를 남긴 것은 아니기 때문이다. 유선시의 창작에서 작가의식의 측면 또한 중요한 요소다. 유선시를 남긴 작가들은 학당과 도교 사상에 대한 관심이라는 대체적인 공통 분모를 지니고 있었으므로, 작가의식 면에서도 관류하고 있는 동질성이 있을 것이다.

앞 시기 조선 단학파에 속한 그룹들이 사화와 당쟁의 소용돌이에서 방외인의 치세로 체제의 울타리를 벗어났음을 지적했다. 16세기 후반에 오면, 사림과 훈구 세력 간의 대결 구도는, 선조 8년(1575) 동서 분당으로 사림 간의 갈등 구조로 양상이 바뀐다. 곧이어 정여립의 모반을 계기로 일어난 기축옥사(1589)에 이어, 두 해 뒤 왕세자 책봉 문제를 둘러싼 동서의 잇단 분쟁은 두 집단 사이의 대립을 심화시켰다.

세자 책봉 문제로 이산해·김공량의 책략에 말려 정철이 유배되면서 서인 정권은 몰락했다. 다시 두 해 뒤에는 임진왜란이 발발, 이후 여섯 해 동안 전쟁의 소용돌이가 그치지 않았다. 서인의 몰락은 1623년 인목대비 유폐 사건을 빌미로 대북 일파를 몰아내고 인조반정에 성공하기까지 계속되었다. 초기 서인의 중심 인물은 박순과 정철이었다. 또 동인의 학맥이 대부분 이황과 조식 계통의 인물이었던 데 비해, 서인의 학맥은 거의가 이이(李珥)와 성혼의 벗들과 문인으로 이루어져 있다.

16, 17세기 유선시의 작가들이 대부분 서인에 속해 있으며, 창작 또한 거의 인조반정 전으로 국한된다는 사실은 작가의식의 측면에서 음미해봄직하다. 특히 그들은 정철과 성혼, 이이에게 학맥을 대고 있다. 정철과 함께 왕세자 책봉 문제로 파직되어 귀양 갔던 이춘영은 성혼의 문인이고, 임전과 조찬한도 성혼의 문인이었

다. 권필은 강계로 귀양 가는 정철을 벗 이안눌과 함께 찾아가 문인의 예를 갖추었고, 이후 그의 불행을 아프게 여겨 평생 과거에도 응시하지 않았다. 권필은 박순과 성혼에 대해 깊은 존경의 염을 표했고, 그 문하인 김덕령·조헌 등의 시세불우를 안타까워하기도 했다.■

그밖에 송연(宋淵)·강항(姜沆)·조위한(趙緯韓)·조찬한(趙纘韓) 등 성혼 문하의 인사들과 폭넓게 교유하고 있었다. 신흠과 권극중도 학맥을 이이에게 대고 있다. 또 이들의 사승을 거슬러보면 서경덕(徐敬德) 계열의 학맥과 만나고 있음도 주목된다. 박순은 서경덕의 제자였고, 박지화와 이지함도 그 문하였으며, 정렴도 그를 존경하여 따랐다. 이지함과 고경명(高敬命)의 문하를 출입했던 송제민(宋濟民)은 권필의 장인이기도 하다. 허봉·허난설헌·허균 등 허씨 형제들은 비록 당색은 동인에 속해 있었지만 동인 내에서도 이질적 존재였고, 그 아버지 허엽(許曄)이 서경덕의 문인이었다는 사실도 특기할 만하다. 이들보다 조금 앞서의 임제의 호방불기(豪放不羈)한 기질은 당대에 포용되지 못하였고, 이달은 신분적 제약으로 인한 갈등이 컸다.

정철의 귀양 이후 시작된 서인의 몰락과 함께 이들은 청년기를 암울한 분노 속에서 보내야만 했다. 대부분 감수성이 예민한 20대에 맞이한 왜란은 동인이 주축이던 위정자들에 대한 분노를 가중시

■ **《석주집(石洲集)》에 나타난 권필의 작가의식** 《석주집》에서 보면 권필은 꿈에 박순과 만나 대화를 나누거나, 역시 꿈에 김덕령의 시집을 보고 그의 〈취시가(醉時歌)〉를 옮겨 적기도 하였다. 권2의 〈군불견대주주필(君不見對酒走筆)〉은 정철과 박순의 불우를 한탄한 작품이다. 그밖에 성혼을 사모한 내용의 시가 세 수 실려 있다. 〈제우계선생문(祭牛溪先生文)〉과 〈중봉선생대사후발(重峯先生對事後跋)〉에도 성혼과 조헌을 추중하는 곡진한 정회가 잘 나타나 있다.

켰던 것으로 보인다. 동인 대북 일파에 대한 권필의 알레르기적 거부감과 분노는 단적인 예이다.■ 임진왜란이 발발했을 때 국난 극복의 원천적 역량이었던 호남 의병의 의병장들이 대부분 정철·성혼·이항(李恒)·기대승(奇大升)·고경명 등의 문인들로, 서인계 일색이었다는 점은 시사하는 바가 매우 크다. 임란 초기에 정철을 유배에서 풀어 도체찰사(道體察使)로 임명한 것도 그의 강력한 세력 기반이었던 호남 사림들을 분기시키려는 정부의 뜻이 담겨 있었던 것으로 보인다.[53] 또한 동인 집권자들의 무능과 그간의 전횡에 대한 반감과 울분도 호남 의병의 결집을 강화하는 데 한몫을 했다. 임전과 권필은 김천일의 의병에 합류한 바 있다. 그러나 전란이 끝난 뒤에도 서인의 입지는 조금도 나아지지 않았고 대북 일파의 입지만 더욱 강화되었다. 김덕령과 조헌 등은 죽어서도 모함을 받았다. 이는 광해의 난정으로 이어지면서 더욱 가속화되었다.

허난설헌과 임제·허균·이달·최경창 등과 뒷 시기 정두경·김만중을 제외한 나머지 작가들의 유선시는 대개 전란 이후 광해 초년 사이에 지어진 것으로 보인다. 전란으로 모든 가치들이 송두리째 무너지고 인간의 실존마저 위협받는 상황과 마주해 형성된 심리적 압박감이 자연스레 이들에게 시공을 초월하는 '유선(遊仙)'의 모식을 취하게끔 작용했던 것이다. 요컨대 동인 집권 아래 몰락한 서인의 시세불우의 탄식과 당로자(當路者)들에 대한 분노,

---

■ **권필의 거부감과 분노** 임진왜란이 일어나자 벗 구용과 함께 상소를 올려 유성룡과 이산해의 목을 베어 백성에게 사죄케 하라고 했던 일, 〈투구행(鬪狗行)〉에서 대북과 소북의 싸움을 뼈다귀를 놓고 다투는 큰 개와 작은 개의 싸움에 견준 일, 권신 이이첨의 원교(願交)에 담장을 뛰어넘어 달아난 일 등이 그것이다.

여기에 겹친 전쟁의 참상이 이들에게 모순으로 가득 찬 현실을 박차고 솟아올라 날개를 달고 신선이 되어, 고원탈속의 정신적 자유를 마음껏 외치게끔 부추겼던 것이다. 이들 가운데 임제·이달·임전·이춘영·조찬한·권극중 등은 성향에서도 단학파 제1세대들이 보여준 것과 같은 방외적 치세로 삶의 궤적을 유지했던 인물이다.

이상 16, 17세기 유선시의 출현 동인을 문예사조 측면, 사상사의 측면, 작가의식의 측면에서 검토했다. 말하자면 이 시기 유선시의 갑작스런 대두는 학당풍의 진작이라는 문예사조의 측면, 도교사상, 특히 내단학에 대한 관심이 높아져간 사상적 측면, 몰락한 서인의 시세불우와 전쟁의 재앙이 맞물린 작가의식의 측면 등 삼합(三合)이 이루어져 빚어낸 결과다.

16, 17세기 유선시의 성과와 한계

앞에서 제시한 세 요소의 결합은 유선시 창작에 필요 충분한 조건을 마련해주었다. 여기서는 유선시가 왜 한시사에서 지속적인 영역을 갖지 못한 채 쇠퇴하고 말았는가를 중점 검토하겠다.

앞 시기 단학파 제1세대들의 한시 작품에서 본격 유선시를 거의 찾아볼 수 없는 것은 이들이 관념적이 아닌 실제 수련가들이었고, 또 이들이 학당풍의 영향권에서 벗어나 있었기 때문이다. 그러나 제반 요소의 구비가 반드시 유선시의 창작으로 이어지는 것은 아니다. 김시습의 경우, 송시풍에 주력했으면서도 우리 나라 유선시의 선성(先聲)을 열어 매우 특이한 위치를 차지하고 있다. 반면 권필의 절친한 벗이었던 이안눌의 경우, 외형적 조건만으로는 충분히 유선시를 남길 만한데도 그의 시 4,500여 수 가운데 유선시는 단 한 수도 발견되지 않는다. 이는 그가 두시를 만 3천 번 읽은 것으로도 유명하며, 그 자신이 벼슬길에 계속 몸을 두고 있었고, 평생 유자적 삶의 자세를 흐트리지 않았던 때문이다. 이로 보면 앞서의 세 조건 중에서도 작가의식의 측면이 가장 중요함을 알 수 있다.

유선시의 문학적 성과 또는 의의는 작품의 예술적 심미성 자체보다는 '예술로서의 문학'을 추구하고자 했던 중세 봉건 지식인 집단의 갈등 표출의 한 모식을 제시해주었다는 점에 무게가 놓여야 할 것이다. 많은 유선시 작가들에게서 발견되는 《초사》 계열의 강개지지(慷慨之志)의 표출이나 방외적 일탈의 자취는 유선시가 추구하고 있는 낭만적이고 환상적인 선계 유력(遊歷)과 표리의 관계를 형성하고 있다. 말하자면 이들은 중세적 현실의 좌절과 갈등에서 빠져 나오려는 통로를 유선의 방식을 통해 발견하려 했던 것이다.

끝으로, 17세기 후반 이후 18세기로 접어들면서 유선시가 한시사의 주요 범주로 부각되지 못한 채 쇠퇴를 거듭한 이유를 검토하며 이 글을 맺는다.

먼저 문예사조의 측면에서 볼 때, 16, 17세기 당시풍의 성행은 당대의 불안정한 정치 현실과 맞물려, 도학과 문학론의 이념적 질곡에서 벗어나려는 시대의 요청에 부응하여 예술로서의 문학을 제창했다는 점에서 중요한 의의를 지닌다. 그러나 의흥(意興)을 중시하고 음악성에 치중한 당시풍의 추구는 18세기에 이르면 몰개성화의 폐단을 낳는다. 김창협(金昌協)은 이러한 현상을

> 선조 때에는 문사가 많이 배출되어 당시를 배우는 자가 점점 많아졌다. 중국의 왕세정(王世貞)과 이반룡(李攀龍)의 시가 또 점차 우리 나라에 전해지매 사람들이 비로소 우러러 좇아 단련해 다듬었다. 이후로는 법도가 한결같고 음조가 서로 비슷하여 타고난 바탕은 다시는 남아 있지 않았다. 이런 까닭에 선조 이전의 시를 읽으면 오히려 그 사람의 개성을 볼 수 있지만, 선조 이후의 시를 읽으면 개성이라고는 거의 찾아볼 수가 없다.[54]

고 날카롭게 지적한다. 작가의 개성이 드러나지 않은 천편일률의 시 의식은 18세기에 접어들면 변화된 시대 정신과 더 이상 공존할 수 없는 것이다.

이는 학당과 함께 대두되었던 악부시의 창작이 18세기로 오면서 점차 의고악부에서 민요 취향의 해동악부체로 옮겨가는 사실과도 연관이 있다. 또한 창작 능력을 갖춘 작가가 지속적으로 배출되지 않았다는 점도 지적해야 할 것이다. 이 시기에도 학당의 추구는 그런 대로 시단의 대세를 장악하고 있었으나, 시대 정신과 동떨어진 낭만적 시풍의 확대 재생산은 독자들을 식상케 해서 사실풍의 추구로 변화의 조짐을 보인다. 18세기로 접어들면서 문학이 시의 시대에서 산문의 시대로 바뀌고 있다는 점도 간과해서는 안 된다.

도교 사상의 측면에서 볼 때에도, 유선시가 보여주는 것과 같은 추상적 신선 설화의 가탁으로는 양란 이후 더욱 확대된 도교 사상

에 대한 관심을 더 이상 충족시킬 수 없었던 것으로 보인다. 작가 자신들도 도관 하나 없었던 우리 나라의 도교 현실에서 상상력의 빈곤과 한계를 느꼈음직하다. 그 대신 더욱 생생하고 살아 움직이는 신선들에 대한 설화적 관심은 커져갔다. 많은 신선전의 성립이나, 문헌 설화의 지속적인 확대·보완은 일반의 높아진 욕구를 수렴한 것이다. 이 시기에 오면 신선에 대한 시각도 다변화되어 나타난다.

정약용의 〈조신선전(曺神仙傳)〉과 김려(金鑢)의 〈장생전(蔣生傳)〉 등이 신선 비판적 입장을 취하고 있는 것은 역시 신선 비판적 입장을 견지했던 김정희의 〈소유선사〉와 함께 당시의 변모된 의식의 한 부분을 보여준다.[55] 신선 사상에 대한 관심이 문학에서 고급 양식인 시보다 산문이나 설화 양식을 좋아하게 된 변화는 관심 주체의 저변이 눈에 띨 만한 발전을 거듭해왔음을 뜻한다. 초월을 꿈꾸는 신선 사상에 대한 경도는 18세기 이후 일반 민중들의 두드러진 의식의 성장 아래, 더 이상 몇몇 수련가들이나 문인들만의 소유물이 될 수는 없었다. 또한 이 시기 집권층에서 도학의 권위를 한층 강화하는 방향으로 사상계의 분위기를 굳혀갔던 것도, 더 이상 유선시가 창작될 수 없게 된 요인의 하나로 꼽힌다. 즉 후기 조선 사회가 안고 있던 산적한 문제들을 이단을 척결하고 명분론적 사회를 튼튼하게 세움으로써 해결하려는 수구적 움직임이 이 시기 시대 정신으로 나타난다는 사실이다.

작가의식 측면에서 볼 때도 변화가 일어난다. 인조반정 이후 서인은 사실상 전제 정권을 수립한다. 이에 따라 유선시 창작의 주요 주체들이 체제 안으로 수렴되면서, 불만은 건전한 비판이나 적극적 참여로 바뀐다. 권극중이 인조반정 직후(1623)에 〈신악부풍유시(新樂府諷諭詩)〉 22수를 남겨 군사·농민·형정(刑政)·언로·서북민(西北民)·과부·과거 제도의 문란 등을 고발해 당시 민간의 질고(疾苦)를 대변했던 것이랄지, 인조 5년(1627) 〈중흥십조(中興十條)〉를 올려 현실 개혁의 구체적 방책을 10개 항으로 분류·제시하고 있는 것 등은, 달라진 시대에 반응하는 유선시 작가들의 세계 대응 방식의 한 면을 잘 보여준다.[56] 더욱이 전란의 상처가 아물고 새로운 가치를 찾기 위한 모색이 치열하던 이 시기에, 현실과 동떨어진 낭만적 유선 취향은 더 이상 받아들여지기 어려웠을 것이다.

  이런 여러 변화는 유선시의 창작을 전면적으로 위축시켰다. 이후 혹 드물게 창작품이 있다 해도 더 이상 시사적 의의를 지니지는 못한다. 또한 김정희에게서 확인되듯이, 유선시는 그 성격에서도 앞 시기와는 뚜렷히 구별된 양상을 보여준다. 신선 전설의 잦은 인용과 이에 따른 영회의 간접화 및 의사 표현의 제약 등은 유선시가 지닌 양식의 한계이기도 하다.

■ 3장의 주석

1) 洪順隆,〈試論六朝的遊仙詩〉,《六朝詩論》(臺北 : 文津出版社, 1985), 95쪽.
2) 滕 固,〈中世人的苦悶與遊仙的文學〉,《中國文學研究》(臺北 : 國泰文化事業有限公司, 1970), 262쪽.
3) 鍾嶸,《詩品》卷中,〈晋弘農太守郭璞詩〉: 但遊仙之作, 詞多慷慨, 乖遠玄宗, 其云奈何虎豹姿, 又云戢 翼棲榛梗, 乃是坎壈詠懷, 非列仙之趣也.
4) 詹石窓 · 連振標 編著,《歷代遊仙詩文賞析》(香港 : 學林書店, 1989), 5쪽 참조.
5) 유선시의 역사적 전개는 정재서,《불사의 신화와 사상》(민음사, 1994) 참조.
6) 윤정현,〈6조(六朝) 유선시 연구〉,《중국어문학》제8집(영남중국어문학회, 1984), 14쪽 참조.
7) 李豊楙,〈郭璞遊仙詩變創說之提出及其意義〉,《古典文學》6(臺灣 : 學生書局, 1984) 참조.
8) 하운청,〈李商隱 遊仙詩考〉,《인간과 경험》2(한양대 민족학연구소) 참조.
9) 정재서, 앞의 책 참조.
10) 이에 대한 자세한 논의는 이연재,《고려시와 신선 사상의 이해》(아세아문화사, 1989) 참조.
11) 김시습의 유선시에 대한 언급은 이종은, 앞의 책, 143~147쪽 참조. 그밖에 양은용의 〈청한자(淸寒子) 김시습의 단학 수련과 도교 사상〉,《도교와 한국문화》(아세아문화사, 1988)는 도교에 대한 그의 관심을 이해하는 데 좋은 참고가 된다.
12) 심의는《대관재몽유록(大觀齋夢遊錄)》의 작가로 널리 알려져 있고, 앞선 연구들도 이 부분에 집중되어 있다.《대관집》권1에 실린〈대관부(大觀賦)〉·〈소관부(小觀賦)〉·〈달관부(達觀賦)〉를 비롯하여〈산목자구부(山木自寇賦)〉등은 모두 도교 사상에 깊이 침윤되어 있는 작품들로 깊이 있는 천착이 요구된다.
13) 민 도인은〈송민도인조천병서〉에서는 "道人方政參同契, 功力俱積, 若三庚印月之訣, 尤得其妙."라 묘사되었고,〈증민도인〉에서는 "閔道人善推命, 尤妙于相術."이라 하고, 그

시에 "手持陰符經, 俛摩一何早. 縱橫百千訣, 次第盡幽討. 謂我貌骨奇, 託意頗不淺."이라 했다.

14) 신흠의 악부시는 김주백, 〈상촌 악부시고(象村 樂府詩攷)〉, 《한문학논집》제3집(단국대 한문학회, 1985) 참조.

15) 시조와 가사 등 국문 시가와 도교 사상의 관련 내용은 이종은, 앞의 책, 113~134쪽 참조.

16) 허균의 선계시에 대해서는 허경진이 《허균 시 연구》(평민사, 1984), 154~191쪽에서 논의한 바 있다. 그의 도교 사상에 대한 관심은 박영호의 〈허균 문학에 나타난 도교 사상 연구〉, 《한국학논집》제17집(한양대 한국학연구소, 1990. 2) 참조.

17) 정민, 《목릉문단과 석주 권필》(태학사, 1999)의 〈석주시의 도가적 방일과 변모의 의미〉와 〈석주 풍자시의 구조와 주제, 특수 어법〉 부분 참조.

18) 권극중은 지금까지 거의 알려져 지지 않았으나 최근 연구가 활발히 이루어지고 있다. 윤미길의 《권극중 연구》(고려대 박사논문, 1989)와 김낙필의 《권극중의 내단 사상》(서울대 박사논문, 1990) 참조.

19) 이 시기 학당풍의 성격에 대해서는 정민, 《목릉문단과 석주 권필》 가운데 〈16, 17세기 학당풍의 성격과 그 풍정〉과 〈16, 17세기 당시풍에 있어서 낭만성의 문제〉 참조.

20) 문경현, 〈조선왕조 중기의 학두시풍(學杜詩風)〉, 《한국어문논총》(우촌 강복수 박사 회갑기념 논문간행회, 1976) 및 이병주, 《한국문학상의 두시 연구》(이우출판사, 1979) 참조.

21) 황위주, 《조선 전기 악부시 연구》(고려대 박사논문, 1989. 12), 163쪽.

22) 차천로, 〈악부신성발(樂府新聲跋)〉: "唐人爲詩多倣古樂府, 如宮詞·閨怨·○○行(2字缺)·塞下曲·遊仙詞等, 題目儘 好, 此古人所謂望其題目, 亦知爲唐者也. 宋以下至我東, 則鮮有此體, 故今取數家, 彙爲一帙, 以俟夫繼而有作者……." (황위주, 위의 논문, 77쪽에서 재인용.)

23) 황위주, 앞의 논문 참조.

24) 황위주, 앞의 논문, 158~167쪽 참조.

25) 허균, 《성소부부고(惺所覆瓿藁)》Ⅱ(민추 국역본, 1989), 122쪽 참조.

26) 권필, 〈임관보전만사〉, 《석주집》 권1.

27) 허난설헌, 〈견흥〉 기 4. 《난설헌집》 5언고시.

28) 임전, 〈백옥봉여최고죽이시재명……(白玉峯與崔孤竹以詩齋名……)〉, 《명고집(鳴皐集)》 권6.

29) 차천로, 〈홍양록발(洪陽錄跋)〉, 《지봉집(之峯集)》 권13 : 近者有之峯李先生, 最有得於詩, 先生之詩學盛唐而爲也. 그 자신도 권23 잡저의 〈문답자첩(答問者帖)〉에서 "於詩喜漢魏樂府, 以至始盛唐, 而大歷以下唯取其警句而止."라 했다.

30) 허균, 《학산초담》: 姉氏步虛詞曰…… 效劉夢得, 而淸絶過之. 游仙詞百篇, 皆郭景純遺意, 而曹堯賓輩莫及焉. 仲氏及李益之, 皆擬作, 而率不出其藩籬, 姉氏可謂天仙之才.

31) 이수광, 《지봉유설》 권14 : 蘭雪軒集中, 金鳳花梁指歌全取明人…… 遊仙詞中二篇, 卽唐曹唐詩. 送宮人入道一律, 則乃明人唐震詩也. 其他樂府宮詞等作, 多竊取古詩. 故洪參議慶臣, 許正郎頊 乃其一家人, 常言蘭雪軒詩二三篇外, 皆是僞作, 而其白玉樓上樑文, 亦許筠與李再榮所撰云.

32) 신흠, 《청창흠담(晴窓欽談)》, 《시화총림(詩話叢林)》(아세아문화사 영인본, 226쪽) : 但集中所載, 如游仙詩, 太半古人全篇…… 或言其男弟筠, 剽竊世間未見詩篇, 竄入以揚其名云, 近之矣.

33) 특히 궁사의 경우는 유선시와 같은 방식으로 접근할 필요가 있다. 언뜻 눈에 띄는 대로 보아도 허균이 〈궁사(宮詞)〉 100수를 남겼고, 허난설헌 20수, 이달 4수, 이수광 5수, 임전 9수 등을 남기고 있다. 정두경의 경우는 〈초궁사(楚宮詞)〉 7수, 〈규원(閨怨)〉 4수, 〈명비원(明妃怨)〉 7수, 〈오궁사(吳宮詞)〉 6수, 〈채연곡(採蓮曲)〉 6수, 〈한궁사(漢宮詞)〉 수십 편의 염정류 시가를 남겼다. 임제나 이수광은 궁사 외에 각기 수십 편의 염정 시가를 남기고 있다. 〈새하곡(塞下曲)〉이나 〈강남곡(江南曲)〉, 그밖에 〈행로탄(行路難)〉과 기타 가행체 등 악부체 의작은 거의 모든 유선시 작가들의 시집에서 쉽게 찾아볼 수 있다. 황위주도 이미 《악부신성》의 내용적 특징으로 여류 감정을 노래한 것이 전체의 반 이상을 차지함을 지적한 바 있는데(각주 24 참조), 이 점은 학당 이전 시기 제가의 문집과 뚜렷이 변별되는 특징이다.

34) 〈몽해〉, 《성소부부고》 권12 : 自經變故來, 斷制利名, 一志於修煉, 多讀道家經訣 以潛心

研究, 則夢輒見紫陽海瓊諸眞, 聆其妙諦. 甚至神飛玉京, 駕鸞鶴聽簫於五雲中者, 數數然. 是其役於想者至矣.

35) 임형택, 〈조선 전기의 사대부문학〉, 《한국문학사의 시각》(창작과비평사, 1984), 404~414쪽.

36) 이들 작품 세계의 구체적 양상은 손찬식, 《조선 전 도가의 시문학 연구》(국학자료원, 1995) 참조.

37) 손찬식, 위의 논문, 63~72쪽, 162~165쪽 참조.

38) 이능화 저·이종은 역, 《조선도교사》제21장(보성문화사, 1983) 참조.

39) 연단 관계 이론 저술로는 김시습의 〈수진(修眞)〉·〈복기(服氣)〉·〈용호결(龍虎訣)〉, 한무외의 〈단서구결(丹書口訣)〉·〈단가별지구결(丹家別旨口訣)〉을 들 수 있고, 단학 관련 주석 및 경전 편집류로는 권극중의 《참동계주해(參同契註解)》와 장유의 《음부경주해(陰符經註解)》, 그밖에 찬자 미상의 《중묘문(衆妙門)》과 《직지경(直指鏡)》 등이 있다. 그밖에 도교 사서류로는 한무외의 《해동전도록》. 조여적의 《청학집》. 이의백의 《오계집(梧溪集)》. 홍만종의 《해동이적》 등과 허준의 《동의보감》 등 의서도 있다.

40) 16, 17세기 이인 설화의 성행과 사상적 배경, 그리고 신선전과의 연관에 대해서는 박희병, 〈이인 설화와 신선전(Ⅰ)〉, 《한국학보》제53집(일지사, 1988년 겨울) 참조.

41) 《해동이적보(海東異蹟補)》에서 〈권청하(權靑霞)〉조 : 在東方丹家文字, 當爲開山祖也. 김낙필, 앞의 논문, 3쪽에서 재인용.

42) 허균, 《성소부부고》권4의 〈섭생월찬서(攝生月纂序)〉와 권8의 〈남궁선생전〉 참조. 권극중의 《청하집》에 〈만남궁진사(挽南宮進士)〉가 실려 있다. "擺脫塵累, 逍遙物外身. 早辭京輦下, 晩卜海山濱. 鸞鶴迎仙客, 漁樵失主人. 他年弔古處, 遺跡漆園春." 남궁두와 관련된 구체적 내용은 최삼룡, 《한국문학과 도교 사상》(새문사, 1990), 208~255쪽 참조.

43) 허균이 한무외와 만난 경위와 대화는 《해동전도록》 말미에 학산 신독복의 말로 적혀 있다. 이종은 역주, 《해동전도록·청학집》(보성문화사, 1986), 173쪽.

44) 《해동이적》에 실린 〈유정진전〉은 출전을 무명씨집으로 밝히고 있는데, 이는 곧 허균의 문집을 가리킨다. 《국조인물고(國祖人物考)》751쪽에는 같은 글이 류정진의 유사

(遺事)로, 허균 찬으로 밝혀놓았다.

임전의 〈제유진인도관(題柳眞人道觀)〉은 《명고집(鳴皐集)》 권5에 실려 있다. "玄晏先生癯鶴姿, 雙眉覆額鬢成絲, 春晴沙浦花開早, 露濕荷房酒熟遲. 焦葉鱗經魔自伏, 杏林收穀虎常隨. 人間風雨知多少, 不是秦時卽晉時."

45) 각주 13 참조.

46) 권극중의 〈9자음〉은 《청하집》 권1에 실려 있다. 권극중의 교유는 윤미길, 앞의 논문, 23~59쪽 참조.

47) 윤미길, 앞의 논문, 18쪽.

48) 권필, 〈사우록〉, 《석주집》 별집 권2.

49) 권필, 〈곡고옥정선생작〉, 《석주집》 권3 : 歎息神仙表, 平生夢想中. 大名詩價重, 浮世酒壚空. 天欲窮吾輩, 人誰惜此翁. 一哀無限淚, 回首向西風. 이안눌(李安訥), 《동악집(東岳集)》 권6에도 〈곡고옥정교관〉 두 수가 실려 있다.

50) 〈혼돈가〉는 《현주집》 권2에, 〈대은은심설〉은 권15에 실려 있다. 이밖에 〈현부고(玄夫誥)〉·〈무외론(無外論)〉·〈의상아여참녀서(擬嫦娥與纖女書)〉·〈변덕유길유흉변(辨德有吉有凶辨)〉 등도 모두 도교적 인생관을 나타낸 글이다.

51) 정지승을 임제 등이 추증한 내용은 허균의 《학산초담(鶴山樵談)》에 보이고, 《석주집》에는 임제의 아우인 임선(林愃)·임환(林懽)·임엄(林憛)·임타(林忙) 등과 주고받은 시가 모두 19수나 실려 있다.

52) 허균, 〈몽견홍유손작(夢見洪裕孫作)〉, 《성소부부고》 권2 : 白眉覆額眼爛電, 鼻如嵩嶽當頹面. 褐衣不帶脚不襪, 飄然而來夢中見. 漆園像章孰爲儔, 東方先生差足仇. 寒溪山頂紫雲暗. 應有丹梯上上頭.

53) 조완래, 〈임란기 호남 의병과 의병 지도층의 성격〉, 《북악사론(北岳史論)》 창간호(국민대 국사학과, 1989), 82~92쪽 참조.

54) 김창협, 〈잡지(雜識)〉 외편, 《농암집(農巖集)》 권34 : 穆廟之世, 文士蔚興, 學唐者寖多, 中朝王李之詩, 又稍稍東來, 人始希慕倣效, 鍛鍊精工. 自是以後, 軌轍如一, 音調相似, 而天質不復存意. 是以讀穆廟以前詩, 則其人猶可見, 而讀穆廟以後詩, 其人始不可見. 此詩道盛衰之辯也.

55) 최삼룡, 앞의 책, 360~375쪽 참조.
56) 김낙필, 앞의 논문, 20~27쪽, 윤미길의 〈청하자(靑霞子) 권극중의 풍유시고〉,《한국철학종교 사상사》(원광대 종교문제연구소, 1990) 참조.

4장

유선시의 서사 틀과 낭만적 상상력

  이 글은 조선 중기, 특히 선조·광해 연간을 중심으로 활발히 창작된 유선시를 주제론으로 접근한 것이다. 앞에서 전후 시기 '28가 108제 489수'로 집계되는 유선시 자료를 개관하고, 그 출현 동인을 검토한 바 있다. 그 결과로, 이 시기에 유선 문학이 갑작스럽게 대두한 까닭은 학당풍의 진작이라는 당대 문예사조의 반영이며, 도교 사상, 특히 내단학과 신선 설화에 대한 관심이 높아진 사상사적 측면, 그리고 동서 당쟁에서 몰락한 서인의 시세불우 및 전쟁의 재앙이 맞물린 작가의식의 측면과 밀접한 관련이 있음을 확인했다.

  이 글에서는 계속되는 작업으로, 이 시기 집중적으로 창작된 유선 문학의 서사 구조와 그 안에 내재된 갈등 층위 그리고 도교적 상상력이 갖는 문학적 의미를 집중 탐구하기로 한다. 유선 문학의 실상을 구체적으로 점검함으로써, 이들 작품이 갖는 문학사의 의미나 의의를 폭넓게 조망할 수 있기를 바란다.

도교는 다른 어떤 종교보다 인간의 낭만적 상상력을 자극할 만한 요소를 풍부히 지니고 있다. 옥황상제, 불로장생의 신선들, 다양한 위계로 짜인 신들의 세계와 온갖 신령스런 동물들, 이들이 사는 천상 및 삼신산과 선계의 황홀한 경관 등 도교의 여러 요소들은 우리 문학에 끊임없이 낭만적 상상력의 원천적 공급원이 되어왔다. 여기에 도가의 사상이 추구하는 정신의 해방과 자유의 세계는 종교로서의 도교와 뚜렷한 경계 없이 넘나들며 문학의 주제가 되어왔다. 유교 이념의 권위가 엄연했던 조선의 유자들에게도 도교가 갖고 있는 신비한 낭만적 상상력의 세계는 답답한 현실의 숨통을 틔워주는 청량제와 같았다 할 수 있다.

유선시는 전후 시기의 많은 작가들에 의해 창작되었다. 특히 16, 17세기를 주목하는 것은 앞글에서도 밝혔듯이, 전체 작품의 약 90퍼센트 이상에 해당하는 유선시가 이 시기에 집중적으로 창작되었기 때문이다. 유선시 창작이 특정 지점에 집중돼 나타나는 이런 현상은, 이 시기가 고려 시대와 같이 삼교 융합의 분위기가 무르익던 시기가 아니라, 성리학이 지배 이데올로기로서 사회 전반을 강력하게 통제했던 시기라는 점에서 주목을 끈다. 더욱이 유선시의 작가가 거의 세상과 만나지 못한 회재불우(懷才不遇)의 유자들이란 사실과, 유선 문학이 지향하는 바가 유교 이념과 정면 배치된다는, 언뜻 이율배반적 양상은 그 창작 기층과 가치 지향에서 우리의 관심을 끈다.

조선 시대가 성리학의 통치 이념으로 통어(統禦)되었고, 유선시 작가들의 대부분이 유자라는 사실은, 이단적 사고인 도교를 문학적으로 수용하는 데 제한 요인으로 작용했을 것이다. 더욱이 허무맹랑한 공상을 바탕으로 한 유선 문학은 무위자연의 도가적 이념을 노래하는 경우와는 또 다른 갈등 요인을 안고 있다. 그러나 유교와 도교의 관계는 상호 모순 관계라기보다는 상보 관계로 파악해야 한다. 인간의 삶은 복합적 총체이므로 어느 한 면만 보는 단편적 이해는 사실을 왜곡할 우려가 있다.

예컨대 도연명이 유가적 인물이냐, 도가적 인물이냐를 따지는 것은 도연명의 정신 세계를 이해하는 데 아무런 도움이 되지 않는다. 그에게서 유가와 도가의 이념은 따로 분리될 수 없는 것이다. 마찬가지로 유자이면서 도교 취향의 유선시를 지었다는 것은 그 함의에서 사회적 존재인 한 인간이 유선시를 지었다는 말과 전혀 다르지 않다.

유선시는 신선 전설을 제재로 선계의 노닒을 노래하거나, 연단복약을 통해 불로장생의 염원을 표방한다. 혹은 속세를 떠난 선계의 노닒으로 현실의 갈등과 질곡을 서정·극복하는 것이 주요 내용이다. 유선시는 도교의 신선 전설을 인용한 고사들로 채워져 있고, 그것들은 다시 일정한 줄거리를 구성한다. 때문에 자칫 공허한 신선 고사를 본뜬 나열이나, 신선이 되고픈 욕구를 관념적으로 드러내는 것에 그치고 말 우려가 크다.

16, 17세기 유선시의 대두는 당대 널리 퍼진 이인 설화 및 신선 전설과 밀접한 연관이 있다. 신선 전설의 집대성이라 할 수 있는 《태평광기(太平廣記)》를 비롯하여 중국 역대의 신선전 및 신선도가 전대의 세를 능가하며 널리 보급되면서 신선 전설에 대한 정보

가 보편화되어간 사실은 유선 문학 창작에 많은 자극을 준 것으로 보인다.[1] 많은 유선시들이 마치 신선도의 한 장면을 말로 옮겨놓은 듯한 느낌을 주는 것도 주목할 만하다.[2]

이 절에서는 작품을 통해 드러나는 몇 가지 양상을 세분하여 검토하고자 한다. 이는 유선의 모식을 통해 그 지향하는 가치와 의미를 탐색하는 일과 다르지 않다.

귀양 온 신선의 갈등과 염원

스스로를 천상 신선의 후신으로 여겨 현세의 갈등과 좌절을 자위하는 이른바 적선의식(謫仙意識)은, 오래된 문학적 관습과 연결되어 시문에 자주 등장한다.

꿈에 한 사람이 달려려 닐온 말이 그대를 내 모르랴 상계의 진선이라. 《황정경》일 자를 엇디 그릇 닐거두고 인간에 내려와서 우리를 따르난다.

널리 알려진 송강의 〈관동별곡〉의 한 구절에서도 이러한 적선의식과 낯익게 만날 수 있다.

허균은 〈몽해(夢解)〉에서

변고를 겪은 후부터 명리를 향한 마음을 끊어 없애고 한결같이 뜻을 수련에 두어, 도가의 경전과 비결을 많이 읽고 잠심하여 연구하매, 꿈에 문득 자양(紫陽)과 해경(海瓊) 등 여러 진인을 만나 그 묘체를 깨우치기도 했고, 심지어는 정신이 옥경까지 날아가 난학이 끄는 수레를 타고 오색 구름 속에서 피리소리를 들은 것이 여러 번이었다.[3]

고 술회한 바 있다. 이 진술은 현실과의 갈등으로 말미암은 신선 및 선계에 대한 평소의 동경이 꿈으로까지 전이, 투사되는 경과를 적고 있어 흥미롭다.

다음 작품을 보자.

> 화표주(華表柱)라 학은 오지를 않고,
> 요동 땅 저문 날엔 구름만 푸르도다.
> 그때에 선도(仙道) 배워 생사 하찮게 여겼어도,
> 옛 땅이라 돌아와선 슬픈 뜻만 있었다오.
> 내사 여태 제물(齊物)의 뜻도 깨치지 못했건만,
> 예 와서 외려 뜬 인생 슬픔 깨닫누나.
> 빼곡한 저 무덤에 묻힌 이들 가운덴,
> 정령위(丁令威) 알던 이도 또한 있겠지.
> 봉래산은 본시 발해 땅에 이었거니,
> 어찌하면 학을 타고 선계를 찾아볼까.
> 송강 거사는 귀양 온 신선,
> 지난날 요양성에 사신 왔을 제,
> 옛날에 조문한 시, 감개함 많았어도
> 수레를 돌이키어 황제께 조회했네.

어지러운 인간 세상 계실 곳 못 되나니
다시는 《황정경》을 잘못 읽지 마시구려.

  華表柱鶴不來 遼山日暮歸雲靑
  當時學仙傲生死 故國歸來有愴情
  而吾未了齊物義 到此轉覺悲浮生
  纍纍叢塚土中人 亦有多小曾知丁
  蓬萊元自連渤海 安得跨鶴尋仙扃
  松江居士謫仙人 往年按節遼陽城
  題詩弔古多感慨 旋駕飇輪朝帝庭
  人間擾擾竟何有 更莫錯讀黃庭經.[4)]

 이춘영(李春英, 1563~1606)이 지은 〈화표주를 보며(華表柱次松江韻五首)〉 가운데 첫 수이다. 요동 화표주에 얽힌 옛 신선 정령위의 고사에 가탁하여 송강을 추모한 작품이다. 요동 사람 정령위는 영허산(靈虛山)에서 도를 배워 뒤에 학이 되어 요동으로 돌아왔다. 그러나 예전 알던 사람들은 모두 죽고 무덤만 빽빽이 남아 있었다. 그래서 그는 공중을 배회하며 시를 짓고는 하늘로 날아올라 갔다. 처음 8구는 이 고사를 그대로 노래한 것이다.

 이하 8구에서는 송강에 대한 추모와 함께 어지러운 현실을 떠나 선계로 향하고픈 그 자신의 심회를 피력했다.[5)] 끝 구는 앞서본 〈관동별곡〉의 구절을 의식한 것이다. 덧없는 인생, 그나마 현실은 좌절과 질곡의 연속일 뿐이다. 육침(陸沈)의 갈등 속에서 선계를 향한 강렬한 동경은 자연스레 유선의 욕망을 낳고, 나아가 자신의 불우를 지상선(地上仙)의 통과의례의 고통으로 인식하게끔 하는 적선의식을 낳게 된 것이다.

위의 작품은 적선의식이 약간 관념적으로 투영된 데 비해, 자신을 전생의 신선으로 여기고 이를 몽유의 과정을 통해 구체적으로 증명하는 방식으로 서술하는 작품들도 많다. 유선 문학, 특히 유선문의 경우, 입몽과 각몽의 경과가 액자적 구성으로 삽입되는 것이 보통이다. 이는 몽유록계 소설의 구성적 특질과 일치한다. 한 예로 허균의 〈꿈이야기(夢記)〉는 소설적 구도를 갖춘 유선문이다.[6]

작품을 보면, 작자는 어느 날 언뜻 든 꿈에, 자방관(紫方冠)에 원옥사대(圓玉獅帶)를 두른 두 사람의 인도로 장곡거(長轂車)에 태워져 영소보전(靈霄寶殿)에 도달한다. 그곳에서 수천 명의 선녀와, 윤건(綸巾)에 학창의(鶴氅衣)를 입은 수백 신선의 영접을 받고, 《옥청금사비록(玉淸金笥秘錄)》·《구천뇌부영부(九天雷府靈符)》·《오악진형도(五嶽眞形圖)》를 받아, 소련자(素練子)의 안내로 봉래산이란 문패가 걸린 작은 집에 안내되니, 책상 위에는 《황정경》 한 권이 놓여 있을 뿐, 아무도 없었다.

소련자는 어리둥절하는 작자에게, 이곳이 바로 예전 그가 거처하던 곳이며, 원래 벽하원군(碧霞元君)의 시자(侍者)로 봉래치수도대감사(蓬萊治水都大監事) 직책에 있던 그가 북원(北院)의 여러 마두(魔頭)와 친히 지내고, 상원시아(上元侍兒) 위성군(魏成君)을 연모하여 직무를 태만히 한 죄로, 40일 전 인간 세상에 귀양가게 되었음을 설명해준다. 천상의 하루는 인간계의 일 년에 해당한다. 이에 의심하는 그에게 소련자는 함께 귀양 보내진 여러 마두를 차례로 불러 보이고, 상제가 벌로 100일을 내렸으니 나머지 60일을 채우면 구름 수레가 맞으러 나갈 것임을 알려준다. 또 숨어

오악진형도. 도교에서 제일 중시하는 부적이다. 집에서 여기에 제사 지내면 악귀가 물러가고 복이 들어온다고 믿는다. 도사가 산에 들어가 수행할 때 이것을 지니면 어떤 위험에서도 안전하다. 오악을 다섯 개로 따로 분리한 것도 있고, 하나에 다 모은 것 등 여러 가지 형식이 있다.

수련할 곳은 식양(息壤)이고, 행공(行功) 여하에 따라 귀환 시기는 더 빨라질 수도 있다면서 큰 종을 치니, 그 소리에 놀라 그만 잠을 깨고 말았다는 줄거리다. 여기서 식양은 《산해경》에 나오는 땅 이름이면서 허균의 고향인 강릉의 옛 이름이다.

이 작품은 1609년(광해 1)에 지어졌는데, 두 해 전 그는 삼척 부사로 있다가 불교에 탐닉했다 하여 탄핵을 받고 파직되었다. 작품에서 북원의 여러 마두 운운한 것은 이를 염두에 둔 것이다. 작품을 지을 당시 그는 명의 책봉사 유용(劉用)을 접빈하는 도감관(都監官)으로 접빈의 자리에 있었다. 그러므로 이 작품에서 유선 행위는 그 자신의 선연(仙緣)을 확인하는 적선의식의 발로이면서, 동시에 자신의 현실 복귀를 상징적으로 표현한 중층의 의미망을 지닌다.■

〈대관재몽유록(大觀齋夢遊錄)〉으로 더 잘 알려진 심의(沈義)의 〈꿈이야기(記夢)〉에서도 적선 모티프를 확인할 수 있다.[7] 이 작품은 작자가 꿈에 홀연히 천성전(天聖殿)이란 곳에 이르러, 그곳 문장 왕국에서 자신의 글재주를 마음껏 펼쳐보인 끝에 모함을 입어 다시 현실계로 돌아오는 구조로 이루어졌다. 그런데 꿈 깨는 단계에서, 다시 현실계로 쫓겨가는 그를 위로하여 이색(李穡)이 그의 배를 가르고 먹물 몇 말을 쏟아붓고는 40년 후에 다시 와서 만나게 될 것이라 말하는데, 문득 배가 칼로 찌르듯 아파서 깨어나는 것으로 처리했다.

깨어보니 배는 잔뜩 불러 있고 등불은 가물거리는데, 곁에는 병

■ **적선의식과 현실 복귀를 표현한 중층의 의미망** 이 작품에서와 같이 선계 진입을 통한 몽중 유선 행위가 암시적이나마 현실의 중앙 정계 진입과 동일시되는 현상은 매우 흥미롭다. 유선 행위를 빌려 현실 복귀를 노래하고 있는 대표적인 경우로는 윤선도의 시조 〈몽천요(夢天謠)〉 3수가 있다.

든 처가 신음하고 있을 뿐이다. 몽중 문장 왕국에서 그는 지닌 바 경륜과 역량을 마음껏 펼칠 수 있었지만, 꿈을 깨는 순간 모든 가치는 역전되고 만다. 뱃속에 부어 넣은 먹물은 문재(文才), 즉 잠재된 능력을 뜻한다. 현세에서 그 능력은 결국 발휘할 기회를 갖지 못한 채 칼로 찌르는 듯한 통증의 원인이 될 뿐이다. 화려한 집과 하인들의 시중, 천자의 인정 등 득의의 삶은 급전직하 병든 아내의 신음과 가물거리는 불빛으로 이어져 갈등을 증폭시킨다.

이렇듯 적선의식에 바탕한 회재불우의 탄식은, 자신을 알아주지 않을 뿐 아니라 오히려 상처와 좌절을 주는 현실의 무지와 폭력에 대한 소극적 항거의 의미를 갖는다. 유선은 시인 자신이 직접 유선의 주체가 되는 경우와, 눈 앞에 펼쳐지는 상황에 개입하지 않고 방관자의 입장을 취하는 경우로 구분된다. 문면에 적선의식이 직접 드러나지 않는다 해도, 유선 행위가 갖는 문학적 의미는 동일하다. 권극중(權克中)의 다음 작품을 보자.

젊어선 안기생을 따라 나서서,
바다 위 봉래산을 노닐었네.
약목(若木)의 그늘에 같이 앉아서,
붉은 대추 한 알을 함께 먹었지.
그때 일 잠깐밖에 안 되었거니,
오랜 세월 흘렀음을 어찌 알리요.
그때에 버렸던 대추씨가
하마 벌써 월굴(月窟)을 찌른다 하네.
선가의 일이야 아득만 하여,

세상과는 자취를 달리하나니.
어찌해야 봉래궁에 돌아가 누워,
천추만춘(千秋萬春) 긴 세월을 누리어볼꼬.
부상의 동해 바다 굽어보면은
온통 모래 먼지만 흩날릴 텐데.
  少隨安期子 海上遊蓬萊
  同坐若木陰 共食棗一枚
  謂言半餉間 安知時劫頹
  當時棄棗核 聞已撑月窟
  仙家事闊絶 與世殊軌轍
  安得臥蓬闕 千秋復萬春
  俯見扶桑海 十度揚沙塵[8)]

 진나라 때 신선 안기생(安期生)은 동해 지방에서 약을 팔고 있었는데, 그때 나이가 이미 천 살이 넘었다. 진시황이 산동 지방을 순유(巡遊)하다가 그를 만났다. 그는 적옥(赤玉)의 신발 한 켤레를 남겨두고 뒷날 봉래산으로 자신을 찾아오라는 말을 남기고 떠나버렸다. 시인은 먼저 자신이 안기생을 따라 봉래산 약목(若木) 그늘에 함께 앉아 대추를 나눠 먹던 신선이었음을 밝힌다. 그리고는 눈 깜짝할 사이에 아득한 세월이 흘러, 먼지 자욱한 티끌세상에서 선가에서 지낸 그때를 그리며, 다시 돌아갈 날을 헤아려보는 착잡한 심회를 보였다.
 옛 신선 안기생과의 동일시는, 이미 길을 달리하는 티끌세상에서 새삼 느끼는 선계와의 거리감을 더욱 아득한 것으로 만든다. 이

거리감 속에는 그때 버린 대추씨가 자라 달까지 닿을 정도의 시간이 가로놓여 있다. 결코 헤어날 길 없는 티끌세상의 삶이 가져다준 아득한 절망의 거리가 아닐 수 없다.

이수광은 〈꿈이야기(記夢)〉의 병서에서 몽유 광경을 묘사한 뒤,

> 아! 나는 명교(名敎) 가운데 있는 사람으로, 꿈 꾼 것이 마음에 품을 바가 아니니, 도(道) 믿음을 오로지 하지 못하여 환념(幻念)이 여태 남았단 말인가? 아니면 전생의 인연이 다 스러지지 않아 영경(靈境)이 나타났단 말인가?[9]
> 噫! 余名敎中人也 所夢非其所想
> 豈信道不專 幻念獨在耶
> 將宿綠未泯 靈境斯現耶

라 한 바 있다. 마땅히 도를 숭상하고 명교를 봉행해야 할 유자로서, 꿈에서나마 선계를 향한 환념을 떨치지 못한 것에 대한 자의식의 발로이다.

다른 시에서는

> 이내 몸 불(佛)도 아니고 또한 선(仙)도 아니니,
> 온종일 마음 모아 성현과 마주하네.[10]
> 此身非佛亦非仙 盡日潛心對聖賢

라고 했다. 그럼에도 그는 문집 여러 곳에서 꿈에 삼청전(三淸殿) 선부(仙府)를 학을 타고 솟아올라, 여러 신선의 영접을 받으며 황

홀경을 노닐거나, 아예 자신을 옛 신선 위숙경의 후신으로 인식하는 내용의 유선시문을 많이 남겼다.[11] 유자로서의 자의식과, 이를 정당하게 인정해주지 않는 현실 사이의 모순이 그로 하여금 유자임을 되뇌면서도 자꾸 현실을 부정하는 상상 세계로의 탈출을 꿈꾸게 한 것이다. 탈출의 근저에는, 개인의 힘의 한계를 훨씬 웃도는 한계 상황에 대한 우울한 비관주의가 잠재되어 있다.

스스로를 적선으로 생각할 때, 유선 행위는 언젠가는 자신이 속해 있던 잃어버린 낙원, 또는 본향으로 귀환하는 것이며, 동시에 불완전한 현재에서 완전했던 과거로 회귀하는 성격을 띠는 것이다. 몽유 형식을 빌린 유선은 공상적 초월일 뿐이므로, 유선 문학의 도교 수용은 종교의 신념을 바탕으로 한 것이 아닌, 문학적 상상력에서 출발하고 있다는 점을 간과할 수 없다. 천상계에서 저지른 잘못으로 인간 세상에 귀양 온 신선은 징벌로 현세에서 많은 역경과 고난을 겪는다. 꿈 속의 낭만적 몽유와 허망한 깨어남 사이에 존재하는 단층은 현세의 불우에 대한 자기 보상적 합리화에서 나온 것이다. 그러므로 유선 문학에서 세아모순(世我矛盾)으로 말미암은 정체성의 상실을 적선의식(謫仙意識)이라는 보상 기제를 통해 극복하려는 태도는 현실과 화합하지 못하는 갈등을 풍자로 그려낸 것이다.

탈출 공간으로서의 선계상과 낭만적 노닒

유선 문학에서 선계는 상실했던 낙원, 충만함이 넘치는 공간으로 인식된다. 선계는 현재의 모든 결함을 보상해줄 수 있는 완전으로 가는 어귀로서, 불완전한 현재와 완전한 과거 또는 미래가 만나는 곳에 존재한다. 현실의 중압이 존재하지 않는 완벽한 이상 세계로서의 선계상은, 구약성서에서 묘사하고 있는 에덴 시절이다. 혹은 《실락원》에서 그리고 있는 잃어버린 '황금 시대(Golden Age)' 등 유토피아의 모습과 그 본질에서 다르지 않다.[12]

공간 묘사를 통해 그려지는 선계상은 이들의 동경과 갈망, 현실에 대한 불만을 생생하게 재현한다. 그리스어에서 유래한 'Utopia'란 말은 'no-where'와 'good-place'의 이중의 의미를 가지고 있다.■ 이 세상 어디에도 존재하지 않으나, 인간 소망을 대변하는 최선과 희망의 세계로서의 선계는 중세 지식인이 발견한 유토피아의 모습, 바로 그것이다. 먼저 유선 시문에 투영된 선계상의 재구성을 통해 중세 지식인의 관념 속에 자리잡고 있는 낙원의 모습을 구체적으로 그려보고자 한다.

작품을 통해 볼 때, 유선 문학의 유선 공간은, 옥황상제가 사는 백옥경(白玉京)과 광한전(廣寒殿) 등 천상 선계와, 부상해(扶桑海) 위의 삼신산(三神山)과 곤륜산, 십주(十洲) 등의 지상 선계로 구별된다. 그밖에 보허능공(步虛凌空)하는 도중에 펼쳐지는 태청허공(太淸虛空)의 광경과, 옛 신선의 자취와 관련된 특정 공간이 그려지기도 한다. 다양한 공간 설정은 다층적 위계로 짜인 신들의 세계를 효과적으로 반영하고 있다. 그리고 각 공간은 나름의 질서와 구성 원리로 통제된다.■

선계는 인간계의 질서를 옮겨놓았으면서도 인간계와는 구분되는 세계다. 천상계 백옥경은 선계의 최상층에 있다. 백옥경에서 옥황상제는 여러 신선의 조회를 받고, 통치를 관장한다. 그곳은 천상 은하수 저편, 구름 안개 자욱한 한가운데 붉은 구름이 활짝 열린 곳, 대라천(大羅天)에 있다. 향연(香烟)에 둘러싸인, 위용도 삼엄한 제도(帝都)는 금궐옥루(金闕玉樓)에다 벽계선주(璧階璇柱)로 만들어져, 진주렴(眞珠簾)과 산호구(珊瑚鉤), 대모연(玳瑁筵)과 칠보상(七寶床)으로 꾸며져 있다. 자란생(紫鸞笙)이 예상우의곡(霓裳羽衣曲)을 연주하는 가운데, 동정(彤庭)의 해가 선인장(仙人掌)을 비추고, 기수(琪樹)와 요초(瑤草)는 눈이 부시다. 오색 구름은 구천(九天) 위에 펼쳐져 있다. 둘레에 펼쳐진 수정반(水晶盤) 같은 은하수에서는 용이 밭을 갈며 담화(曇花)씨를 뿌린다. 옥황의 옷은 부상해(扶桑海) 위 오색 무지개를 자아내 안개와 섞어 짠 실로 만든 것이고, 선녀들이 쓰는 붓은 월궁의 토끼털로 만들었다.

강궐(絳闕)에 마련한 옥청단(玉淸壇) 옥좌에는 옥황상제가 자리를 잡고 있고, 밤새 제천(諸天)에서 맡겨진 직무를 수행하거나 하계에 내려와 잔치를 즐기던 군선들은, 새벽이 되면 봉황·학·용·기린 등 선금서수(仙禽瑞獸)가 끄는 단연록거(丹輦綠轝)를 타고 와 조회를 받는다. 군선들은 손에 《예주경(蘂珠經)》 또는 《황정경(黃庭經)》을 받들고 서 있다. 그러면 기록을 맡은 상궁(上宮)

■ **유토피아의 모습은 시대마다 달리 나타난다.** 예컨대 사회 혼란기의 유토피아는 플라톤의 이상 국가에서 보이듯 강력한 질서 창출이 목표이고, 빈곤한 시대의 유토피아는 서양 중세 농민들의 이상향인 코케인(Cokaigne)에서처럼 재화가 풍요로운 상태를 꿈꾼다. 즉 유토피아의 모습은 동시대인의 지향 가치를 반영한다. 서구의 유토피아 개념과 특징, 그 유형에 대해서는, 김영한의 《르네상스의 유토피아 사상》(탐구당, 1988), 12~17쪽 참조.

■ **유선 시문이 묘사한 공간** 다음에 제시되는 선계상은 여러 유선 시문에서 묘사한 공간을 장소별로 모아 필자가 정리한 것이다. 이하 각 한 구절을 시문의 한 행으로 이해해도 좋을 것이다.

이 적서옥자(赤書玉字)로 된 장부를 꺼내 옥황 앞에서 출석 점검을 한다.

점검이 끝나면 그 결과가 소대(簫臺)에 살고 있는 태을군(太乙君)에게 보고된다. 옥황상제의 모든 명은 운전(雲篆. 요전[瑤篆]·금전[錦篆]·천전[天篆]이라고도 함)이라고 하는 이상한 모양의 글자로 씌어져 자조(紫詔)에 적혀 내려지는데, 채색 봉황이 이를 입에 물어 전달한다. 그밖에 여러 궁궐에는 위계에 따라 여러 신이 거처한다. 자하허황(紫霞虛皇)과 옥진군(玉晨君)의 거처인 예주궁(蘂珠宮)에는 언제나 계월광(桂月光)이 비추고, 그밖에 대림궁(大林宮)·옥수궁(玉樹宮)과 벽와전(碧瓦殿)·영소보전(靈霄寶殿) 등등 수많은 누대와 전각 들이 늘어서 있다.

단조(丹竈)의 태을로(太乙爐)에서는 단약이 익어가고, 그 곁에선 학이 한가롭게 졸고 있다. 술은 유하주(流霞酒), 음료는 항해장(沆瀣漿) 또는 경장(瓊漿)으로 만든 반야탕(般若湯)이다. 백옥루가 완성되어 잔치를 할 때면, 용두(龍頭)로 만든 술잔에 봉황의 골수로 담근 술에다, 학의 등뼈로 된 쟁반에 기린의 포로 만든 안주를 곁들여 마신다. 해가 지면 경호(瓊戶)는 닫히고 대라천엔 푸른 안개만 자욱하다. 삼단(三壇)에선 한밤이면 장금고(長錦誥)와 연수영방(延壽靈方) 등 진경(眞經)을 강(講)하고, 군선은 아래에 늘어서 이를 듣는다.

광한전은 달 가운데 있다. 옥으로 대들보를 만들었고, 은촉과 금 병풍에 둘러싸여 있다. 광한전은 때론 그저 막연히 구천 위에 있는 것으로 묘사되기도 한다. 또 달에는 항아궁(姮娥宮)이 있다. 이곳에선 계화 그림자 흐느하고 맑은 향내 은은한 가운데, 옥 절구

소리가 울려퍼지고 금 쟁반에선 불사약이 연조(煉造)된다. 은포(銀浦)는 그 너머로 아스라이 펼쳐지고, 예상곡(霓裳曲)에 맞춰 청란(靑鸞)이 노닌다. 경수(瓊樹)에 이슬이 짙어가는 달밤이면 흰 토끼가 영약(靈藥)을 찧는다.

지상 선계의 중심은 삼신산과 곤륜산이다. 삼신산은 구름 바다 저편 아득한 안개 속에 있다. 백은궁(白銀宮)과 황금궐(黃金闕)이 있고, 경수(瓊樹)에선 요화(瑤花)가 피고 벽도(碧桃)가 열린다. 용이 새벽이면 구하(九河)의 파도를 삼켜 바람과 파도가 이는데, 그 소리가 마치 우레와 같다. 바다에 떠 있을 뿐 뿌리내리지 못해 여섯 마리의 큰 자라가 머리에 이를 이고 뜨락잠기락 한다. 이곳에서 구주를 내려다보면 터럭 끝과 같고, 동해를 굽어보면 국자만 하다. 삼신산은 봉래·영주·방장의 세 산으로 이루어져 있다. 이 가운데 영주와 방장은 작품에서 별반 나타나지 않는다.

봉래산의 주위는 검은 바다 명해(冥海)로 둘러싸여 있다. 바람이 없는데도 파도가 백 장이나 일어나 접근할 수가 없다. 다만 5백 년에 한 번씩만 길이 열려 건널 수 있다. 꼭대기 지성(芝城) 한가운데에는 승화전(承華殿)이 있고, 둘레를 청조(靑鳥)가 배회한다. 신인(神人)은 육기(六氣)를 타고 선재(仙才)를 찾아다닌다. 백 척이나 되는 단제(丹梯)가 놓여 있어 진세와의 인연을 차단하고, 이는 다시 천상 주궁(珠宮)과 연결된다. 금정(金鼎)에는 단정수(丹井水)가 넘치고, 볕이 좋으면 신선들은 적상포(赤霜袍)를 꺼내 말린다. 부용봉(芙蓉峯)에선 밤이면 녹옥장(綠玉杖)을 짚은 신선들과 서왕모(西王母)가 주재하는 잔치가 벌어진다. 기화(琪花)·계화(桂花) 흐드러진 가운데 봉황이 피리를 불어 흥취를 돋우면, 바닷바람이 불어와 벽도화(碧桃花)를 꺾고, 옥 쟁반엔 안기생의 대추가 가득 담겨 있다.

곤륜산은 천제의 지상 도읍으로, 아득히 높아 일월조차 그 아래 잠겨 있다. 산은 아홉 겹의 층성으로 이루어져 각 층의 거리는 만 리나 된다. 둘레엔 기러기 털마저 가라앉는다는 약수(弱水)가 흐르고, 꼭대기에는 요지가 있어, 밤이면 이곳에서 신선들이 잔치를 벌인다. 위에는 옥례천(玉醴泉)이 있어 마시면 불사하고, 주수(珠樹)·문옥수(文玉樹)·기수(琪樹)·약목(若木) 등의 나무와 천년도(千年桃)와 삼수지(三秀芝)가 자라고, 구포영금(九苞靈禽)과 금색 사자(金色獅子)가 있다. 아래는 허무하여 팔극을 옆에 하고, 위는 옥경과 은하 등 천상계와 통하는 통로가 된다. 옥황상제가 천상계를 주재한다면, 곤륜산을 비롯한 지상 선계는 주로 서왕모의 통제를 받는 것으로 묘사된다. 간혹 둘은 부부로 그려지기도 한다.

서왕모는 옥경에 머물다 선도(仙桃)가 익으면 달밤 난정(蘭旌)과 약피(藥帔)로 꾸며진 오색 기린이나 흰 봉황, 또는 붉은 용이 이끄는 오운거(五雲車)를 타고 청동(靑童)과 청조의 안내를 받아 옥환(玉環)과 경패(瓊佩)소리 요란하게 곤륜산 요지로 내려온다. 신선들도 석양이면 시냇가 백룡으로 내기하여, 그 용을 타고 요지로 향한다. 요지 부용각의 잔치는 유하주 또는 경무(瓊膴)를 마시고 선도를 먹으며 소아(素娥)의 요슬(瑤瑟)이 연주되는 가운데 새벽까지 계속된다.

잔치가 파하는 새벽에는 신선들의 귀환 장면이 호들갑스럽게 전개된다. 하계에 내려온 신선들은 동이 트기 전까지 천상으로 복귀해야만 한다. 날이 새면 은하수에 놓인 다리는 끊어지고, 백옥경

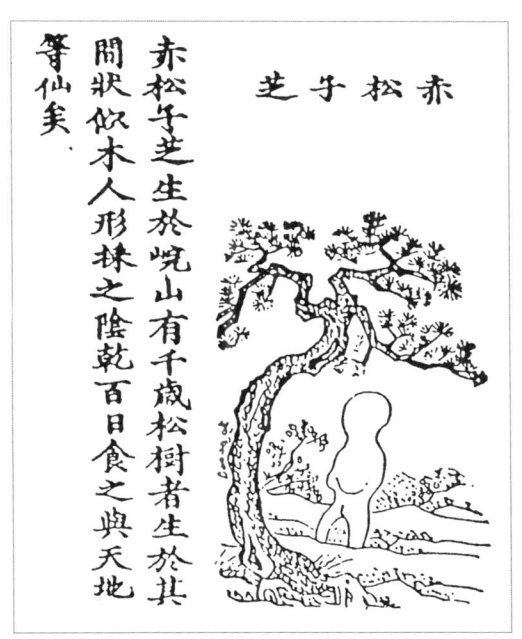

적송자 영지.

완산의 천 년 된 소나무 아래서 돋아난, 사람처럼 생긴 버섯이다. 이것을 따서 백 일간 그늘에 말려서 복용하면 신선이 될 수 있다.

의 구슬문은 닫혀버려 돌아갈래야 갈 수가 없다. 약수 동편에 서하(瑞霞)가 내리는 새벽, 요해월(瑤海月)은 환하고 샛별은 지는데, 청동은 백학을 타고 자소(紫簫)를 불며 채하(彩霞)를 뚫고 앞장선다. 백 봉황을 탄 시녀들이 뒤따르는 가운데, 서왕모는 적룡이 끄는 오운거를 타고 상계로 돌아온다. 수레에는 금첨(錦襜)에 황금 굴레를 얹었다. 신선들은 무지개를 사다리 삼아 보허등공(步虛登空)하기도 하고, 혹 구하군(九霞裙)에 육수의(六銖衣)를 입고 학을 타고 자부(紫府)로 귀환하기도 한다. 그때 봉황은 지평선 너머로 사라지고, 구슬 머금은 용은 물에 잠겨 있다.

이상에서 살핀 선계상은 여러 유선 시문의 묘사를 장소별로 묶어 종합해본 것이다. 이들 각 공간은 간혹 서로 혼동되거나 착종(錯綜)되어 그려진다.■ 소설과는 달리 수부(水府) 용궁의 묘사는 찾아볼 수 없다. 이러한 선계는 인간이 상상력을 총동원하여 그려낸 가장 완벽한 이상경, 곧 낙원의 모습이다. 이 유토피아는 관념과 상상 속에만 존재한다. 따라서 미래 사회를 건설하려는 구체적이고 실천적 성격을 띤 서구의 유토피아와는 구분된다.■ 현실의 모순을 직시하여, 관념의 프리즘을 통해 역투사한 비현실적 가공의 세계다.■

■ **선계의 각 공간은 서로 혼동되거나 착종** 광한궁은 달 가운데에 있는 것으로 묘사되는 것이 보통이나, 때로는 백옥경과 구분이 모호하게 그려지기도 한다. 곤륜산 또한 서쪽 세계 끝에 있는 것으로 묘사되는가 하면, 삼신산과 착종되어 서술되기도 한다. 여러 선계가 이들에게 변별적으로 인식되지 않고 있음을 알 수 있다.

■ **동양적 유토피아의 특징** 이는 무릉도원이나 이어도 등 동양 문화권에서 설정하고 있는 유토피아의 공통적 특징이기도 하다. 이들 유토피아는 모두 시간적으로는 동시대에 속해 있으면서, 공간적으로는 현실 세계에서 멀리 떨어진 고립된 섬이나 지역에 있는 관념적 유토피아다.

어떤 갈등도 존재하지 않는 세계, 모든 것이 조화롭고 충만한 이런 세계에 동참하면서 인간은 티끌세상의 질곡과 갈등에서 통쾌하게 벗어나는 해방의 기쁨을 만끽한다. 선계 공간에서 한 행위를 보면, 붉은 구룡을 타고 봉래산 지성(芝城)에 올라서서는, 단제(丹梯)를 딛고 주궁(珠宮)에 들어, 난새가 춤추고 음악이 울려퍼지는 가운데 유하주를 마시며, 선녀와 잠자리를 같이하는가 하면, 위백양(魏伯陽)을 만나 손옥법(飡玉法)을 전수받기도 하며, 태청허공 위에서 티끌 자욱한 하계를 굽어보기도 한다. 옥녀의 안내를 받아 은하수에 뗏목을 띄워 옥경에 올라 자하상(紫霞觴)을 훔쳐 마셔 환골성선(換骨成仙)하는가 하면, 군선의 환영 아래 빙반(氷盤)에 담긴 벽도를 먹거나 반야탕을 마시며 부상지에 내려와 쉬기도 한다. 학을 타고 아침엔 취굴주(聚窟洲)에서 노닐며 항해(沆瀣)나 석수(石髓)를 먹고, 저녁엔 현주(玄洲)에 내려 유하(流霞)나 안기생의 대추를 먹는다. 이런 낭만적 노닒의 광경은 현세의 불우와 좌절을 말끔히 씻어주는 일종의 정화 작용을 한다.

세월이여, 세월이여!
너의 운행 그 누가 재촉하는가.
아침엔 동편에 떠올라, 저녁엔 서편에 지네.
어제와 오늘, 그리고 또 내일,
언제나 이렇게 쉬지 못하네.

■ **도교에서 옥(玉)의 이미지** 선계 묘사에서 드러나는 지고와 순수 상징으로서의 '옥(玉)' 이미지, 현실계와 달리 적용되는 시간 관념, 색채 이미지 및 숫자 상징, 금기 사항 등 선계의 구성 원리와 이미지의 의미 분석은 중세인이 인식했던 완벽한 삶의 모습을 유추할 수 있게 해줄 것이다.

이 세상 삶은 참으로 잠깐,
젊음은 한 번 가면 다시 못 오네.
죽은 뒤의 이름은 알 수 없으니,
눈 앞의 즐거움만 어이 같으랴.
정위조(精衛鳥)를 불러다 목석(木石) 물어와,
사해의 파도 메워 육지 만들어,
신농씨를 부려서 밭 갈게 하고,
후직씨를 불러서 씨를 뿌려서,
천 년으로 봄 삼아 싹을 틔우고,
또 천 년을 가을 삼아 벼가 익으면,
온 세상의 철을 모아 큰 낫 만들어
곤륜산보다 높이 추수하여 쌓아두고,
한없이 많고 많은 술을 빚는데.
원기(元氣)를 가지고 누룩을 삼아,
마시면 81만 곡(斛)을 마시고
홍몽(鴻濛)의 들판, 명재(溟涬)의 땅에 취해 누우리.
적정자(赤精子)를 큰아들 삼고
위숙경(衛叔卿)을 작은아들 삼아,
아황(娥皇)과 여영(女英)에게 비파를 타게 하고
왕자진(王子晉)을 시켜서 생황을 불게 하리.
무회씨(無懷氏)나 궤거씨(几蘧氏)도 하찮게 낮춰보니
그 나머지 요순·우탕·문무·주공 따위는
잗달아서 마음에 둘 것이 없네.
때때로 자줏빛 구름 수레 타고서

경쾌하게 하늘을 드나들면서
손으로 약목(若木)의 가지 흔드니,
붉은 꽃 푸른 잎 어지러이 떨어지네.
온 세상 사람들로 하여금
주워서 먹게 하면 모두 장생하리라.
미친 듯 읊조린 뜻 이에 있지만,
아마도 너무나 황당한 것 아닐까.
평생의 벗 이렇게 만나봤으니,
이 노래 한 곡조 어떠합니까.

飛光飛光

爾行誰所迫 朝出東冥暮西極

昨日今日又明日 如此如此不得息

人生世間駒過隙 少年一失難再得

不知身後名 何似眼前樂

- **무한주(無限酒)** 홍만종의 《시평보유(詩評補遺)》 상편에 석주가 지었다는 "어찌하면 세간의 무한한 술을 얻어, 홀로 천하에서 제일 높은 누에 오를까(安得世間無限酒, 獨登天下最高樓)."라는 두 구가 실려 있다. 성혼(成渾)이 이를 듣고는 "무한주에 취하여 최고루에 오르겠다 함은 남과 함께하지 않으려 함이 지나친 것이니, 이것은 위언(危言)이다."라고 했다 한다.
- **홍몽** 해가 뜨는 동방의 들판을 가리키며, '명재'는 사해와 같이 기슭이 없는 곳을 말한다. 두 단어 모두 《회남자》에 보인다. 본래는 기(氣)가 아직 분화되지 않은 태초의 상태를 뜻함.
- **적정자** 적룡의 정기를 타고난 사람이란 뜻으로, 한고조 유방을 가리킴. 예전 도안공이 적룡의 영접으로 승천했으므로 신선이 되어 비승함의 의미로도 쓴다.
- **위숙경** 운거(雲車)를 타고 한궁(漢宮)에 내려와 한무제를 뵈었다는 고대 전설 속의 선인.
- **상아** 순의 이비 아황과 여영을 말함. 이들이 상강에 빠져죽었으므로 이렇게 일컬었음.
- **왕자진** 주(周) 영왕(靈王)의 태자로, 도를 깨닫고 신선이 되어 구씨산(緱氏山)에서 학을 타고 생황(笙)을 불며 내려왔다 함.
- **무회씨나 궤거씨** 무위이화(無爲而化)하고 불치이불란(不治而不亂)하였다는 태고의 제왕.

請呼精衛啣木石 塡四海之波化平陸
駕神農以耕 召后稷播百穀
千歲爲春禾始生 千歲爲秋禾乃熟
九州之鐵鑄大鎌 獲而積之高於崑崙碣石
釀作無限酒 元氣以爲麴
一飮九九八十一萬斛 醉臥鴻濛之野溟涬之域
大兒赤精子 小兒衛叔卿
令湘娥鼓瑟 命子晋吹笙
下視無懷几蘧等蜹蝱 其餘堯舜禹湯文武周孔瑣瑣不足程
時乘紫雲車 容與出入絃
手撼若木技 花葉粉而零
要令天下人 拾以食之皆長生
狂吟志在此 無乃太瓠落
旣覯百年友 是不是歌一曲[13]

  권필의 작품이다. 불규칙한 시형 속에, 수많은 도교 인물과 고사 들을 동원한 분방한 상상이 곁들여짐으로써 시의 가락을 한껏 고조시키고 있다. 정위조는 동해에 빠져 죽은 염제(炎帝)의 딸 여와(女娃)의 넋이 환생한 새다. 이 새는 서산의 목석을 물어다 동해를 메우려 한다는 전설이 있다. 시인은 이 새에게 사해를 모두 메우게 한 뒤, 신농씨를 시켜 밭 갈게 하고, 후직씨를 시켜 파종케 하여, 온 세상의 철을 모아 만든 커다란 낫으로 이천 년 만에 추수하여, 곤륜산보다 높이 낟가리를 쌓아, 모두 술로 빚어 끝도 없는 들판에 취해 누워 대식광유(大食廣遊)하겠노라는 만장의 기염을 토하고 있다. 그리고는 자운거(紫雲車)를 타고 날아 올라 약목의 가지를 흔들어 그 꽃과 잎을 세상 사람들에게 먹여 모두 장생토록 하겠다고 한다.

도무지 말이 되지 않는 상상의 병렬은, 읽는 이에게 황당한 것으로 받아들여지기 전에 오히려 통쾌한 해방감을 선사한다. 한바탕 신나는 상상 세계로의 여행은 시인이나 독자 모두에게, 숨통을 조이는 듯한 현실의 모순과 질곡에서 벗어나는 카타르시스를 경험하게 한다.

특히 위의 작품에서 주목한 것은 여느 유선시처럼 바로 보허능공하여 선계로 진입하는 대신, 전반부에서 장자풍의 소요유로 일체의 구속을 벗어던진 호쾌한 기상을 보인 뒤, 다시 유선의 흥취로 시상을 한 차례 더 비약시킨다는 점이다. 즉 작품의 앞 부분에서 그리고 있는 세계는 선계가 아닌 도가적 소요유의 공간이다. 그러던 것이 뒤에 가서 돌연 자운거를 타고서 허공을 날아올라 약목의 가지를 흔드는 선계로 전이되어 나타난다. 이는 도가에서 추구하는 정신적 해방과 자유의 세계가 그 본질에서 도교의 낭만적 공상 세계와 뚜렷한 경계가 없음을 말해준다.■ 작품으로 이 두 세계는 문학적 상상력 속에서 통합되고 있다.

■ **도가의 자유 세계와 도교의 낭만적 공상 세계의 친연성** 이러한 예는 심의의 여러 부(賦)에서도 확인된다. 《대관재난고》 권1에 실려 있는 〈반도부〉와 〈광한전부〉는 입몽과 몽중, 각몽의 단계로 이루어져, 선계의 낭만적 노닒을 묘사한 전형적인 유선 문학이다. 반면 〈산목자구부(山木自寇賦)〉 역시 몽유의 방식을 취하고 있는데, 다만 여기서의 몽중 세계는 선계가 아니고 《장자》〈인간세(人間世)〉에 보이는 '산목자구(山木自寇)'의 이야기를 이인(異人)과 대화하는 방식으로 전개하여 이른바 '무용지용(無用之用)'의 주제를 전달하고 있다. 그러나 이인의 인도로 이끌려 들어간 산림 속은 그 의미에서 허공을 날아올라 노닌 선계와 다를 바 없다.

복약 모티프와 하계 조감

선계의 낭만적 노닒은 현실의 억압이 반대로 투사되어, 열린 세계를 향한 비상을 꿈꾼 결과다. 꿈은 무의식의 세계다. 무의식의 세계는 원초적 언어의 상징들로 가득 차 있다. 상징은 좌절했던 본능의 충동을 만족시키려는 욕구와 관련이 있다. 이러한 상징들은 꿈을 통해 신비한 세계를 열어보임으로써 현실에서 상처받고 왜소해진 자아의 의식을 확장시키고 소생시켜준다.[14]

작품 속의 선계 묘사에서 주목되는 한 가지는 인간의 접근을 차단하는 차폐물의 존재다. 곤륜산은 그 둘레를 약수가 감싸고 있다. 약수는 홍모조차도 가라앉아 비상(飛翔) 외에는 어떤 방법으로도 건널 수 없다. 그 밖으로는 또 불꽃으로 둘러싸인 염산(炎山)이 있고, 꼭대기에는 사람 형상에 아홉 개의 머리를 가진 개명수(開明獸)가 지키고 있다. 봉래산의 주위는 검은 바다인 명해(冥海)로 둘러싸여 있다. 이 바다에는 바람이 없는데도 백 장이나 되는 파도가 일어 인간의 접근을 막는다.[15] 이러한 약수나 명해 등 차폐물의 존재는 이승과 저승 사이를 흐르는 황천이나, 망각의 강 레테(Léthé)를 연상시킨다. 차폐물은 인간계와 선계의 경계를 표시한다. 이 경계를 뛰어넘기 위해서는 존재의 초월이 필요하다. 그리고 초월은 꿈의 상징성을 통해 성취된다.

몽중 유선은, 꿈에 홀연히 허공을 오르거나, 문득 자신도 모르는 사이에 선계에 들어가는 것으로 시작된다. 이때 인간계에 속해 있던 유선 주체의 선계 진입은 침입자로서의 성격을 가진다. 그러나 선계 진입의 묘사에서 침입자의 당혹감이나 이질감은, 선계 구성원이 하는 적선 신분 확인이나 선연(仙緣)의 인정 과정을 통해 곧바로 해소되고 만다. 이때 동질성 확인의 구체적 징표로서 단약 섭취를 통해 환골성선하는 복약 모티프가 등장한다. 이것은 선계의 일원으로 참여하는 데 따른 통과의례의 의미를 갖는데, 이에 따른 시련 과정의 묘사는 찾아볼 수 없다. 예로 심의(沈義)의 〈반도부(蟠桃賦)〉의 도입부를 보면,

> 삶과 죽음 부질없음 슬퍼하면서,
> 티끌세상 벗어나 먼 길 떠났네.
> 상계의 선부(仙府)까지 올라가서는,
> 하토(下土)의 풀더미를 굽어보았지.
> 요지를 지나서는 돌아옴도 잊었는데,
> 왕모가 날 이끌고 길을 인도하였네.
> 한 알의 신령한 복숭아를 주는데,
> 그 향기 너무나 짙었다오.
> 가만히 받아서 씹어 삼키니,
> 문득 이몸 진인(眞人)으로 되돌아가서,
> 어지러이 두둥실 날아올라선
> 아득한 동해 바다 넘놀았다네.
> 悲生死之浮休兮 超塵寰以遠徂
> 跆上界之仙府兮 俯下土之積蘇
> 過瑤池以悵忘歸 王母銶余以啓途
> 贐一顆之神核兮 芳酷烈其闐闐
> 漠虛靜以咀嚼兮 忽乎吾將返眞

> 紛仙仙而担搖兮 違絶垠乎東溟[16)]

라고 했다. 선계의 진입 동기는 생사의 부질없음에 대한 회의 때문이다. 이러한 동기 설정과, 입몽에서 몽중, 각몽의 단계로 구분해서 펼쳐지는 전개는 유선 문학 중에서도 부(賦)와 기(記)에서 두드러진다.■ 홀연 상계의 선부에 다다른 그는 하계를 조감하며 요지를 지나 서왕모의 인도로 이곳에서 노닐다가, 그녀가 건네주는 신핵(神核), 즉 반도를 먹고 문득 환골하여 신선으로 되돌아온다. 이후 그는 선계의 일원이 되어 직접 곳곳을 두루 소요하며 노닌다.

> 자궁의 한밤중에 군선들 모여
> 낯빛도 기쁘게 날 맞아 절하며,
> 궁 가운데 칠보상에 앉으라 하니,
> 아득히 이몸 청련계로 들어왔네.
> 반야탕 한 잔을 따라주면서
> 옥제의 경장이라 일러주누나.
> 마시자 정신이 맑고 상쾌해지며
> 진토에 찌든 속을 깨끗이 씻어주네.
> 뜰 앞의 화로에서 가는 연기 오르더니,
> 삼생의 온갖 일들 환히 알게 되도다.

■ **입몽과 각몽** 심의의 여러 부(賦)를 비롯하여, 남효온의 〈득지락부(得至樂賦)〉·〈대춘부(大椿賦)〉·〈약호부(藥壺賦)〉와 〈수향기(睡鄕記)〉 등의 작품들이 좋은 예이다. 그리고 이들 부는 대개 《초사》 및 《장자》풍의 문학적 관습과 밀접하게 관련되어 있다. 이들 작품들이 몽유록계 소설과 거의 같은 의미 구조를 지니고 있다는 점은 주목할 만하다.

요대 허공 생(笙) 불던 학, 깨어보니 간 곳 없어,
만 리 펼쳐진 연하(烟霞) 또한 꿈 속의 일이었네.
바다 위 봉래엔 오래 주인 없건만,
백락천은 인간의 괴로움만 실컷 겪었다오.
돌아갈 지팡이를 급히 만들자,
봄바람 삼화수 꽃잎 떨구기 전에.

  紫宮半夜群仙會 群仙喜色迎我拜
  坐我堂中七寶床 怳然身入靑蓮界
  餉我一杯般若湯 云是玉帝之瓊漿
  啜罷精神頓淸爽 洗盡十年塵土腸
  庭前有爐烟細起 令我了悟三生事
  瑤空笙鶴覺來失 萬里烟霞造夢裏
  海上蓬萊久無主 樂天偶餉人間苦
  唯須作急理歸筇 東風吹老三花樹[17]

 전형적인 몽유 구조에 의한 유선시다. 꿈에 문득 자궁에 이끌려 간 그는 군선의 환영 속에 옥례천의 경액(瓊液)을 달여 만든 반야탕을 마시면서, 속세에서 찌든 '진토장(塵土腸)'이 깨끗해지는 탈태를 경험하고, 문득 삼생의 일들을 훤히 깨닫는 변모를 경험한다. 이후 꿈을 깬 그는 봉래를 향한 꿈을 실행에 옮기려는 결심을 다진다.

 하계의 침입자를 선계의 일원으로 변환시키는 거듭남의 의미는 육체적 구속을 벗어나서 정신의 해방 또는 이탈이라는 몽유의 상징성을 통해 이룩된다. 그리고 복약을 통한 거듭남은 정신이 도달

중국 한나라 때의 화상석.
하늘을 나는 신선과 선학(仙鶴), 간양 5호분.

한 다른 세계의 상징 속에서 새로운 존재 의의를 부여받기 위한 문학적 장치이다. 꿈을 육체적 존재의 가사(假死) 상태로 이해할 때, 복약 모티프에 의한 존재 차원의 변신은 '죽음과 재생'이라는 상징적 의미를 갖는다. 작품을 통해 볼 때, 복약 모티프는 유하주(流霞酒)나 자하상(紫霞觴)·벽도(碧桃)·항해장(沆瀣漿)·석수(石髓)·금단(金丹)·안기조(安期棗)·황금액(黃金液)·옥대영약(玉臺靈藥) 등 다양한 양상으로 나타난다.[18] 이러한 모티프는 비결의 전수로도 나타나는데, 내면의 의미는 서로 같다. 주로 옥제를 통해 하사받는 장생금고(長生錦誥)·연수영방(延壽靈方)·구령부(九靈符)·구약방(九籥方)·활락도(豁落圖)·장생편(長生編)·손옥법(飡玉法)[19] 등이 그것이다.

한편 복약 모티프를 통해 거듭난 자아(自我)가 황홀하고 아득한 선계에서 노니는 도중에 전에 자신이 몸 담았던 인간계를 내려다 보는 하계 조감의 묘사가 반복적으로 나타나 흥미를 끈다. 김시습의 〈능허사〉 가운데 두 수를 보자.

> 아침엔 항해 먹고 저녁엔 유하로세,
> 허공 걷는 이 있단 말 모름지기 믿을레라.
> 굽어보니 티끌세상 너무도 아득한데,
> 붕새는 잘 안 뵈고 하루살이 우글대네.
>   朝餐沆瀣暮流霞 須信凌虛有作家
>   下視塊蘇嗟渺渺 大鵬飛少蟣蠛多

> 인간 세상 어디에도 풍파 없는 곳 없길래,

바람 타고 날아가니 큰 집이 여기 있네.
하계엔 하루살이 세상은 비좁건만,
만 장의 티끌 먼지 그댈 속임 어찌하리.
　　人間無地不風波　八翼凌風是大家
　　下界蜉蝣實宇窄　塵埃萬丈賺君何[20]

이렇듯 하계는 하루살이만 득실대고, 풍파 잘 날이 없으며, 만 길이나 쌓인 먼지로 시야가 흐려지는 공간으로 묘사된다. 또한 하계는 티끌만 자욱하고, 급류 속에 온갖 잡귀가 질주하며, 온갖 근심이 인간의 실존을 질식시키는 공간으로 그려지기도 한다. 광막하게만 보이던 구주나 바다도 털끝만 하거나 잔에 차지도 못할 만큼 작다. 또 하계에서의 인생은 풀잎 끝에 맺힌 이슬과도 같이 허망하며, 하루살이와 같이 덧없고 부질없는 것으로 인식된다.[21]

하계에 대한 부정적인 인식은, 그곳의 갈등을 떠올리고, 또 하계의 존재 양태를 무의미하고 왜소한 것으로 비하함으로써, 선계 오유(遨遊)의 상대적 기쁨을 강조하려는 의식의 과정이다. 동시에 이는 현세의 갈등과 좌절에 대한 자기 보상의 의미도 있다. 그들은 광한전을 노닌 꿈을 깨고 나서도, 꿈 속에서와 같은 득의의 시간이 현세까지 지속되기를 강렬히 열망한다.[22] 현세에서 득의가 이루어졌더라면, 이들은 결코 선계를 꿈꾸지 않았을 것이다. 그럼에도 불구하고 반복적으로 확인되는, 하계에 대한 유선 주체의 혐오감의 표현은 이전 자아와 현실 사이에서 형성된 '반동 성향'(reaction formation)에 의한 양가 감정(ambivalence)의 투영으로 볼 수 있다.■ 현실에 대한 집착이 강할수록 상계가 미화되는 대신 하계의 모습은 일그러져 나타난다. 그리고 이는 그 사이에 분명한 단절을 두어 양계의 상호 침투를 차단하려는 의식의 단계로까지 진전된다.

> 흰 구름 대량(大梁)으로 들어가더니,
> 창오산에서부터 피어나누나.
> 선인은 흰 구름 속에 들어,
> 하늘과 땅 사이를 굽어본다네.
> 세속의 명리에 급급한 무리,
> 수레와 말 왔다갔다 부산스럽네.
> 황곡(黃鵠)이 사해를 막고 있으니,
> 땅의 벌레 어찌 능히 올라오리오.
>   白雲入大梁 出自蒼梧山
>   仙人白雲裏 俯視天地間
>   汲汲名利輩 車馬相往還
>   黃鵠絶四海 壞蟲焉能攀[23]

흰 구름을 타고 하계를 굽어보는 선인과, 명리에 급급하여 부산스런 하루살이 같은 무리들의 대비는 7, 8구 '황곡(黃鵠)'과 '양충

■ **반동 성향(reaction formation)** 리비도가 원래의 방향으로는 억압을 받아 반대 성향으로 나타난 것을 말한다. 가령 실연을 당한 사람이 미련을 끊지 못하고, 사랑 대신 증오심을 갖게 되면 반동 성향이라 할 수 있다. 이규동, 《위대한 콤플렉스》(대학문화사, 1985), 344쪽 참조. 이하 술어의 문학적 적용은 정민, 〈석주시의 모순 충동과 원융의식(遠隔意識)〉, 《한국한문학연구》 제 9·10 합집(한국한문학연구회, 1987)) 참조.

(壞蟲)'의 거리를 통해 다시금 확인되고 있다. 심의의 〈광한전부〉에서는 유선의 도중, 자라 머리 위에 떠 있는 삼신산과, 하루살이처럼 미미하게 보이는 구주를 통해 하계와의 거리를 새삼 느끼며, 이런 거리를 인식하는 것만으로도 현세에서 지녔던 '백려(百慮)'와 '진상(塵想)'이 말끔히 사라지는 체험을 그리고 있다.[24] 반복하거니와, 일련의 부정적 하계 인식은 상계를 향한 도피적 초월 욕구가 역으로 투사된 결과다.

좌절된 꿈, 반복되는 악순환

그러나 꿈은 깨기 마련이고, 자아는 결국 변한 것 없는 현실과 마주할 수밖에 없다. 사정이 이러할 때, 유선 문학이 추구하는 세속 현실의 초월은 본질적 한계를 지닌다. 종교적 신념이 없는 공상은 각몽과 함께 끝나고, 자아는 몽유의 과정에서 더욱 커진 세계와의 괴리 앞에 엄연히 직면하지 않으면 안 된다. 현실로 돌아온 자아에게 결국 한바탕의 상상 체험은 궁극적 구원이 될 수 없다. 탈출은 좌절의 새삼스런 확인일 뿐이어서, 현실과의 불화나 첨예한 긴장 상태를 해결할 어떤 대안도 마련해주지 못한다.

......
홀연히 정신 들며 잠에서 깨어나니,
그 소리 그 그림자 모두 다 아득해라.
이 내 몸 여태도 티끌세상에 남아 있어,

정신만 제 혼자 왔다갔다 하였구나.
다른 날 큰 약으로 금단 이루면,
가벼이 날아올라 선부로 들어가리.
신선과 나 사이엔 내남 구분 없거니,
신선술을 배워서 신선의 벗 되리라.
신선과 무리지어 함께 날아오른다면,
신선의 즐거움을 가눌 길이 있으랴.

    惕神痞而形覺 尋聲索影却無端
    此身猶在塵埃間 不須來往只精神
    他時大藥成金丹 輕擧入仙府
    仙乎我乎無賓主 學仙之術爲仙朋
    與仙作隊同飛昇 爲仙之樂不可勝[25]

조찬한의 〈몽선요〉 가운데 각몽 대목이다. 꿈꾸기 전의 자아와 꿈을 깬 자아는 분명 다르다. 세상길의 공정치 않음과 인간의 시비 번복에 애태우고 분노하며 반항하던, 그리하여 좌절하던 자아는 어느덧 그런 반복이 하나의 커다란 미망이요 확집(確執)일 뿐이라는 깨달음에 도달해 있다. 이런 깨달음은 신선과 나를 동일시함으로써 선계를 향한 열망으로 확대된다. 유선의 체험에 말미암은 정화감이 상처 입은 자아에게 소생의 원기를 제공하고 있는 경우다.
  사정이 전혀 그렇지 못한 경우도 있다.

    밤 꿈에 푸른 동자 나를 이끌고
    구름 안개 자욱한 곳에 갔네.

선악(仙樂)은 제궐(帝闕)에서 바람결에 들려오고,
백옥루 열두 기둥 하늘까지 솟았지.
오색 구름 안개인 양 피어나더니
나부끼듯 몸을 떨쳐 날아올랐네.
금지(金支)와 취개(翠盖)는 앞뒤로 벌려 있고,
좌우론 패옥 두른 신선들 늘어섰네.
나는 옥황 앞에 길게 무릎 꿇고서,
향 사르며 삼가 《장생편》을 받았지.
한 번만 읽어도 삼천 년을 산다 하네.
처마 사이 제비는 재잘거리고
부서진 창 비 새어 찬 기운 스물스물.
초혼(招魂)함에 무함(巫咸)을 번거롭게 할 것 없네,
이몸 이렇듯이 세간에 있는 것을.
눈 앞의 온갖 일에 터럭만 세려 하니,
언제나 길이 신산(神山)에 가 깃들꼬.

  夜夢靑童引我去 忽到雲霞最深處
  仙樂風飄自帝所 玉樓十二高入天
  五色靄靄烟非烟 攝身飛上身飄然
  金支翠盖相後先 左右環佩羅群仙
  余乃長跪玉皇前 焚香敬受長生編
  一讀可度三千年
  簷間語燕聲呢喃 破窓透雨寒霎霎
  招魂不復煩巫咸 此身兀兀仍世間
  眼前萬事頭欲斑 幾時長往巢神山[26]

꿈에 청동의 안내로 상계에 올라, 군선이 옹위한 가운데 옥황한 테서 《장생편》을 받았다. 한 번만 읽어도 삼천 수를 한다는 《장생편》을 막 읽으려는데, 창 밖 처마 밑에서 재잘대는 제비소리에 그만 꿈을 깨고 말았다. 백옥루의 웅장한 광경과 '나군선(羅群仙)'의 장관이, 부서진 창으로 찬 기운이 스물스물 기어드는 방안으로 급전직하하면서, 시인을 기다리고 있는 것은 '금지취개(金支翠盖)'나 '선악(仙樂)'이 아닌, '안전만사(眼前萬事)'로 인한 '두욕반(頭欲斑)'의 시름뿐이다. 앞서 심의가 각몽 후 속병으로 배는 잔뜩 불러 있고, 가물거리는 불빛 아래 병든 아내가 신음하며 누워 있는 모습을 확인하던 장면을 연상시킨다.

이러한 각몽 후의 태도 차이는 유선 주체가 지닌 갈등의 폭과 넓이의 차이에서 온다. 어느 경우든지 좌절과 갈등에 말미암은 도피적 초월 욕구의 결과물인 유선 체험은 문제를 궁극적으로 해결하는 데에는 아무런 대안도 제시해줄 수 없다. 이런 허망감은 때로 신선에 대한 조롱으로까지 확대된다. 예컨대 김시습이 〈서불을 조롱하며(嘲徐市)〉에서

> 삼신산을 뉘라서 보았다더뇨,
> 선약을 뉘 있어 전한다 했나.[27]
>   三山誰所見 仙餌誰所傳

라 한 것이나, 권필이 〈잡시〉에서

> 구주가 크다고들 말은 하지만,

우주도 하나의 터럭 같다네.
어느 곳서 삼신산을 찾을 것이며,
뉘라서 육오를 낚을 것이랴.
서왕모는 늙어 붉은 다리로,
망녕되어 천 년 도를 이야기하네."[28]

  徒言九州大 宇宙一毫毛
  何處覓三山 誰人釣六鰲
  王母老赤脚 妄說千年桃

라 한 것, 그리고 신흠이 〈승천행〉에서

문득 서왕모의 머리가,
실낱같이 허옇게 셌음을 비웃노라.[29]
  却笑西王母 皤然首如絲

고 한 것 등은 그 좋은 예다.

 선계로의 비상은 이카로스의 비상을 연상시킨다. 그리스·로마 신화에 나오는 그는, 날개를 만들어 하늘 높이 날아올랐다가 태양에 날개가 녹아 떨어져 죽었다. 한계를 초월코자 하는 비상 욕구는 결국 죽음의 징벌을 부르고 말았던 것이다. 마찬가지로 세속적 미망(迷妄)을 벗어남으로써 잃었던 초자아를 되찾는, 존재적 차원의 변용까지는 도달하지 못했다는 점에 바로 유선 문학의 한계가 있다.

그러나 유선 행위가 현실의 새로운 전망과 연결되지 못한다 해서 선계를 향한 꿈 자체를 배격할 필요는 없다. 실현될 수 없다 해서 더 나은 삶을 향한 희망이 배격된다면, 그것이야말로 삶의 절망이요 공포가 아닐 수 없다. 유선의 과정에서 만끽한 인간 한계를 초월하는 해방감은 세속적 가치의 무의미함과 인간 존재의 왜소함을 새삼 인식케 함으로써, 현실의 불우와 모순에서 잠시 벗어나 스스로를 객관화할 수 있는 거리를 확보해준다. 요컨대 이 시기의 유선 문학은 중세적 현실의 좌절과 갈등에서 빠져나오려는 중세 봉건 지식인 집단의 갈등 표출의 한 양상으로 이해될 수 있다.

경세의 포부가 외부 환경의 악화로 좌절된 데서 기인한 유선 문학 작가들의 강개지지(慷慨之志)의 표출 또는 방외적 일탈의 자취는 낭만적이고 환상적인 선계 오유(遨遊)와 표리관계를 형성하고 있다. 암담한 현실과의 대립 갈등 속에서 상상의 세계를 떠올리고 추구함은, 어둡고 혼탁한 사회에 대한 간접화된 비판 정신의 발로로 이해된다.

그러나 현실에서 조성된 갈등을 현실에서 해소하지 못하고 공상을 통해 해결하려는 모색이 결코 적극적 문제 해결의 자세일 수는 없다. 이는 결국 이들이 낭만적 상상력을 빌려 도달하고자 했던 세계가 궁극의 목표일 수 없고, 갈등에서 벗어나려는 방편적 의미를 지니는 것임을 보여준다. 경세에 뜻을 둔 유자로서 바로잡아야 할 현실과, 접근을 완강히 거부한 채 밖으로 내모는 현실 사이에서의 갈등은 시인의 내면에 커다란 좌절과 패배의 앙금을 남긴다. 불의의 현실에 저항하면 좌절만 커지고, 좌절이 커지니 저항감은 더욱 커지는 악순환 속에서 이들은 파국적 대립으로 치닫는 대신, 현실을 이탈하는 유선의 모식을 빌려 상실한 자신의 정체성을 회복하고자 했던 것이다.

당시 유교 이념의 틀이 굳건했음에도 불구하고, 사회 전반에 걸쳐 도교의 사유나 영향력이 현저하게 확대되었다면, 이는 기존 이념이 더 이상 권위를 유지할 수 없게 된 사정을 반영한다고도 볼 수 있다. 그리고 기존의 권위적 이념이 무너질 조짐을 보였을 때, 그 대안을 낭만적 공상 속에서 찾으려 했다면 이는 곧 확실한 대안의 부재를 의미한다. 18세기 이후 지식인들이 근대적·합리적 사고를 바탕으로, 실학의 현실적 대안 제시를 통해 무너져가던 명분과 질서를 바로잡으려 했던 것과는 분명 구분된다. 처음 문장학 수련이 필요해서 노장을 비롯한 신선설에 관심을 두다가 점차 이에 매료되어 침잠해가는 과정에서, 이들 작자들이 부딪쳤던 시대와의 갈등은 도교에 대한 기호를 더 가속화했던 것으로 보인다.

지금까지 유선 문학에 반영된 도교적 사유 구조의 특성과 문학적 의미들을 특히 16, 17세기 유선 문학을 중심으로 천착해보았다. 서사 구조에 따라 세아모순(世我矛盾)을 형상화한 적선의식(謫仙意識)과, 탈출 공간인 선계상 및 그곳에서의 낭만적 노닒, 복약 모티프와 하계 조감의 충동에서 확인되는 진토인식(塵土認識), 그리고 꿈을 깬 자아의 세계 대응과 그 의미 등으로 구분하여 논의를 진행했다.

유선 문학의 작가들은 자신을 천상 신선의 후신으로 생각하는 적선의식을 통해 유선 행위를 잃어버린 낙원 또는 본향 귀환의 의미로 합리화한다. 이는 현세불우에 대한 자기 방어적 보상 기제의 결과이며, 세아모순으로 말미암은 정체성 상실을 극복하는 동시에 세상과 만나지 못한 갈등을 풍자적으로 그려내는 의식의 한 면이다.

탈출 공간인 선계는 중세 지식인의 관념 속에 자리잡고 있는 유토피아의 구체적 모습이다. 상상력이 총동원된 공간 묘사를 통해 이들의 갈등과 불만, 동경과 갈망의 모습은 생생히 재현된다. 이러한 선계상을 그들의 공상 속에 재구성함으로써 이들은 티끌세상의 질곡과 갈등에서 벗어난 정신적 해방의 기쁨을 만끽하고자 했다.

인간계와 선계 사이에 놓여 있는 차폐물은 존재의 초월을 요구한다. 꿈의 상징을 통한 초월로 선계에 진입하는 과정에서 이들은 또 복약 모티프를 통해 침입자가 아닌 선계의 당당한 일원임을 확인한다. 그러나 선계에서 노니는 도중에 하계 조감을 통해 드러나는 부정적 진토인식은 인간 삶의 존재 양태를 무의미하고 왜소한 것으로 비하함으로써, 현실에 대한 작자의 모순적 양가 감정을 투영한다.

그러나 각몽과 함께 끝나고 마는, 종교적 신념이 결여된 초월은 현실 불화의 첨예한 긴장을 해결할 어떠한 대안도 제시하지 못한다. 그렇다고 해서 선계를 향한 꿈 자체를 배격해서는 안 된다. 그것이 반복되는 악순환 속에서 상실된 정체성을 회복하려는 원망의 투영인 까닭이다. 인간 한계를 넘어선 유선은 세속 가치의 무의미와 인간 존재의 왜소함을 새삼 인식시켜줌으로써 현실의 불우와 모순에서 잠시 벗어나 스스로를 객관화할 수 있는 거리를 확보해 준다.

이 시기 유선 문학의 출현 동인에 대해서는 여기서 재론하지 않겠다. 16, 17세기는 거듭된 사화와 당쟁, 그리고 임·병 양란 등의 전란을 거치면서 중세에서 근세로 이행을 모색하던 시기다. 이 시기는 중세적 여러 환경에 균열과 와해 조짐이 겉으로 드러나고 있었음에도, 근세로 이행하기 위한 효과적 대안은 마련하지 못했던 전환기적 성격을 띠고 있다. 유선 문학은 신선 전설의 번다한 인용에 따른 단순의 나열에 그치거나, 이에 따른 의사 표현의 제약 등 양식의 한계를 지니고 있고, 내용 또한 종교적 신념의 표현과는 거리가 먼 낭만적 공상으로 일관하고 있다. 이러한 제한에도 불구하고 인간 존재의 한계를 벗어나 인간이 떠올릴 수 있는 삶의 극치를 성취하고자 하는 유선의 추구는, 이들 중세 봉건 지식인들에게 중세적 좌절과 갈등에서 벗어나는 한 통로가 되고 있다는 점에서 중요한 의의를 지닌다. 동시에 대안을 제시하지 못하는 유선 문학의 반시대적 의식의 퇴행은 바로 다음 시기 천편일률의 몰개성화에 말미암은 쇠퇴·소멸의 과정을 밟게 된다. 이는 역사적 존재로서 자아 인식의 고조와 궤를 같이하는 것이다.

■ 3장의 주석

1) 이 시기 유선시 가운데, 이춘영의 〈독신선전(讀神仙)〉 53수와 임전의 〈독한무제고사(讀漢武帝故事)〉 4수, 신흠의 〈독산해경(讀山海經)〉 13수 등을 통해 유선시와 신선 전설의 밀접한 연관을 확인할 수 있다. 또 허균,《성소부부고》권14 (민추 국역본, 1989)에 실린 〈열선찬(列仙贊)〉 30수는 명나라 왕세정이 엮은《열선전》에 실린 신선도를 비단에 모사하여 채색한 뒤, 여기에 붙인 제찬(題贊)이다.《태평광기》는 모두 5백여 권에 달하는 장대한 설화집으로, 이중 신선 설화만 70여 권에 달한다.《태평광기》의 동전(東傳)과 영향 관계는 김현룡,《한 · 중 소설설화 비교연구》(일지사, 1976)에서 종합적으로 고찰한 바 있다.

2) 신선도의 제찬으로 지은 허균의 〈열선찬〉 30수가 단적인 예이며, 그의 〈고천례선요(姑泉禮仙謠)〉와 〈해산선몽요(海山仙夢謠)〉는 모두 장면 묘사에 치우친 유선시다. 허난설헌의 〈제심맹균중명풍우도(題沈孟鈞中溟風雨圖)〉에서도 신선도와 유선시와의 관련을 알 수 있다. 또 그녀의 〈遣興〉 기 8의 5 · 6구에는, "벽 위엔 〈오악진형도(五嶽眞刑圖)〉를 걸고, 책상 맡엔《참동계》를 펼쳐놓았네(壁上五岳圖, 牀頭參同契)."라 했다.

3) 허균, 〈몽해〉,《성소부부고》권12 : 自經變故來, 斷制利名, 一志於修煉, 多讀道家經訣以潛心研究, 則夢輒見紫陽海瓊諸眞, 聆其妙諦, 甚至神飛玉京, 駕鸞鶴聽簫於五雲中者, 數數然.

4) 이춘영,《체소집(體素集)》권2, 장48.

5) 이춘영은 성혼(成渾)의 문인으로, 정철과 함께 세자 책봉 문제로 파직되어 귀양 간 일이 있다. 이후 그는 세사에 뜻을 잃고 호해 간을 방랑하며 시주로 자오(自娛)하는 방외적 삶을 살았다. 특히 그는 〈독신선전(讀神仙傳)〉 53수를 남겨 주목된다.

6) 허균, 앞의 책, 권19에 실려 있다. 허균은 신선의 이적기사(異蹟奇事)와 내단 수련을 주제로 한 〈남궁선생전〉 · 〈장생전(蔣生傳)〉 · 〈장산인전(張山人傳)〉 등의 작품을 남겼다. 여기에 반영된 그의 도교 사상에 대해서는 박영호, 〈전을 통해 본 허균의 도교 사상〉,《한국 도교 사상의 이해》참조.

7) 적선 모티브 심의,《대관재난고(大觀齋亂稿)》권4, 잡저에 실려 있다. 지금까지 심의 문학에 대한 논의는 거의 이 작품에만 한정되어 이루어져왔다. 이것은 주로 몽유록계 소설로 논의되었고, 혹은 그 시화적 성격이 주목받았다. 작품의 구체적 분석은 이정선, 〈심의의 '기몽'을 통해 본 갈등 극복의 양상과 시의식 연구〉(한양대 석사논문, 1989) 참조. 이밖에 몽유록 구조를 갖춘 〈반도부(蟠桃賦)〉·〈광한전부(廣寒殿賦)〉 등에 다양하게 표현되고 있는 도교 수용의 양상은 별도의 고찰이 필요하다.

8) 권극중,〈무제 2수〉중 기 2,《청하집》권1, 장6. 특히 그는 금단도(金丹道)의 수련 단계를 자세히 적은 〈금단음(金丹吟)〉20수와 〈금단 3사(三事)〉3수를 남겼다. 또한 《참동계주해》를 저술할 당시 '동방 단가문자의 개산조(開山祖)'란 평을 들었다. 김낙필의 《권극중의 내단 사상》(서울대 박사논문, 1990)과 윤미길의 〈권극중 연구〉(고려대 박사논문, 1989) 참조.

9) 이수광,〈기몽〉,《지봉집》권7, 장5.

10) 〈즉사(卽事)〉, 권20, 장7.

11) 이수광은 모두 21제 36수의 유선시를 남겼다. 〈유선사〉란 제목으로 모두 20수를 남겼고, 그밖에 〈기몽〉이란 제목의 시가 6수이다. 특히 〈기몽〉 병서에는 몽유의 구체적 내용을 서술하고 있다. 병신 2월 11일의 〈기몽〉에서는 "붉은 구름 자부는 예전의 삼청이니, 그 누가 이 내 몸이 위숙경인줄 알리(紅雲紫府舊三淸, 誰識吾身衛叔卿)."이라 했다.

12) 유토피아의 의미에 대해서는 정민 외,〈한국문학에 나타난 유토피아 의식 연구〉《한국학논집》제28집(한양대 한국학연구소, 1996), 7~226쪽 참조. 이건청,《한국 전원시 연구》(문학세계사, 1986), 27~35쪽에서도 이에 대해 논한 바 있다.

13) 권필,〈비장희증우인(飛光戱贈友人)〉,《석주집》권2, 장5.

14) 이부영,〈심리학적 상징으로서의 동굴〉,《문학과 비평》1987년 가을호, 198쪽.

15) 허봉은 〈상원 부인〉에서, "嶢崑山頂, 淸淺弱水流. 弱水不可涉, 相思三千秋. 霜飛烟空闊, 月照巖桂幽. 乞君黃金液, 換我紫綺裘. 崑山有歸鶴, 惆悵寄離愁."라 했고, 허난설헌은 〈유선사〉기 63에서, "蓬萊歸路海千重, 五百年中一度逢."이라 했다. 정두경은 〈유선사 12수〉기 5에서, "東海有仙山, 厥山名蓬萊. 黃金爲宮闕, 白玉爲樓臺. 大海環天外, 神海若

一杯. 風濤自開闢, 日夜聲如雷…….'라 했다. 그밖에 신흠의 시조에서 "신선을 보려 하고 약수를 건너가니, 옥녀금동(玉女金童)이 다 나와 뭇난괴야. 세성(歲星)이 어듸 나간고 그날인가 하노라."고 한 것이나, 실명씨의 "청조(靑鳥)야 오도괴야 반갑도다 님의 소식. 약수 3천 리를 네 어이 건너온다. 우리의 만단정회(萬端情懷)를 네가 다 알가 하노라."라 한 것이 있다. 김정희의 〈소유선사〉 기 2에도 "三千弱水不勝舟."의 구가 있다.

16) 심의, 〈반도부〉, 《대관재난고》 권1, 장3.

17) 이수광, 〈기몽〉, 《지봉집》 권7, 장5.

18) 허난설헌, 〈遣興〉 기 6 : 邀我瑤池岑, 飮我流霞鍾 ; 성현, 〈보허사(步虛詞)〉 3수 기 2 : 朝飡石凝髓, 暮食棗如瓜, 기 3 : 儵飮紫霞觴, 一醉換凡骨 ; 임제, 〈효적선체(效謫仙體)〉 : 勸之流霞杯, 飮罷骨已煥, 〈사선요(思仙謠)〉 : 星冠霞佩繡雲衣, 贈我金丹如粟粒 ; 신흠, 〈승천행〉 : 渴飮沆瀣漿, 休憩扶桑池 ; 이수광, 〈유선사〉 : 歸來午醉瑤池酒, 玉女氷盤薦碧桃 ; 허균, 〈고천례선요(姑天禮仙謠)〉 : 玉壺靈藥得長生, 年年孀宿誰相伴.

19) 허난설헌, 〈황제유사천단(皇帝有事天壇)〉 : 長生錦誥丁寧說, 延壽靈方仔細看 ; 〈유선사〉 : 新拜眞官上玉都, 紫皇親授九靈符 ; 신흠, 〈승천행〉 : 敎我九篇方, 貽我豁落圖 ; 〈독산해경(讀山海經)〉 기 4 : 貽我飡玉法, 服食年紀長 ; 권필, 〈기몽〉 : 余乃長跪玉皇前, 焚香敬受長生編.

20) 김시습, 〈능허사(凌虛詞)〉 기 2와 5, 《매월당시집》 권3, 장3.

21) 임제, 〈효적선체〉 : 下視東華土, 茫然但黃埃 ; 허균, 〈훼벽사(毁壁詞)〉 : 下界泪漂兮萬鬼駈駈, 炎遠擧兮雲中, ……俯視塵寰兮抑我憂, 冥此心兮於造化 ; 김시습, 〈유선가〉 : 人寰正在風波底, 百歲勞勞不自閒 ; 심의, 〈광한전부〉 : 九州微於蟻蠓, 隔人間其幾何 ; 〈반도부〉 : 九州同於毫末, 俯東海如一勺 ; 이수광, 〈유선사 10수〉 기 5 : 俯瞰齊州一點烟, 轉頭滄又桑田 ; 〈유선사 3수〉 기 3 : 瓊樹琪花不老春, 眼中凡界一微塵 ; 신흠, 〈선인편〉 : 九州一何局, 萬劫同朝暮 ; 〈선인편(仙人篇)〉 : 死生亦大矣, 倏忽薤上露.

22) 심의의 〈광한전부〉에서는 몽유가 끝난 뒤, "噫假寐而一登, 豈鬼神之悟予. 固當偃步乎蓬瀛, 願此闌闥兮何居. 安得人間之廣寒, 遂此夢之非虛也."로 마무리하여 '인간광한(人間廣寒)'을 향한 열망을 토로하고 있다.

23) 정두경, 〈유선사 11수〉 기 1, 《동명집(東溟集)》 권9, 장1.
24) 심의, 〈광한전부〉: 三山渺於鰲頭兮, 九州微於蟻蠓. 隔人間其幾何, 野馬塵埃之相吹. 恣游眼於無窮兮, 爽氣霏 微兮襲衣. 百慮頓其減沒兮, 洩塵想於尾閭.
25) 조찬한, 〈몽선요〉, 《현주집》 권2, 장31.
26) 권필, 〈기몽〉, 《석주집》 권2, 장12.
27) 김시습, 〈조서불〉, 《매월당시집》 권10, 장28.
28) 권필, 〈잡시〉, 《석주집》 권1, 장24.
29) 신흠, 〈승천행〉, 《象村集》.

5장

유선사부의 서사 구조와 의미 구조

　이 글은 조선 전기 제가의 문집에 실려 전하는 유선사부(遊仙辭賦) 자료를 소개하고, 조선 시대 지식인 집단의 사고 속에 투영된 도교적 상상력의 실체와 의미를 살피는 데 목표를 둔다. 유선 문학은 여러 신선 전설과 고사를 바탕으로 고대인의 상상력이 아로새겨진 낭만적 색채가 짙은 문학이다. 유선시에 비해 호흡이 긴 유선사부는 선계 묘사가 구체적일 뿐 아니라 서사 구조를 갖추고 있으며, 작가의식도 명료하게 드러나 있어, 이를 검토함으로써 우리는 유선 문학의 문학적·사회학적 의미를 이해하는 실마리를 찾을 수 있다.

　유선사부는 유호인·남효온·박상·심의·이행·이이·허균·조희일 등 주로 조선 전기 문인들이 남긴 15편 내외의 작품이 여러 문집에 실려 전한다. 편수는 많지 않으나, 이 작품들은 조선 전기 굴원(屈原)·장자풍(莊子風)의 수용 양상과 도교 인식의 층위를 잘 보여준다. 유학의 이념이 절대 권위를 지녔던 조선 사회에서 이런 작품의 존재는 자못 특별하다.

남은 자료를 기준으로 볼 때, 유선사부는 15세기 후반에서 16세기 전반에 걸쳐 주로 창작되었다. 16세기 후반 이후 17세기 초반에는 학당풍의 성행과 함께 여러 작가들에 의해 5백 수에 가까운 유선시가 대량 창작되었다. 유선사부는 17세기 유선시의 성행에 앞서 도교적 상상력의 한 모식을 제시했다는 데 의미가 있다. 또한 유선사부의 서사 구조는 이른바 몽유록계 소설 양식과 동일하며, 성행 시기나 작자층 또한 거의 일치하고 있음을 논자는 주목한다.[1]

유선사부에 담겨 있는,《초사》계열의 강개한 뜻의 표출이나 방외적 일탈의 자취는 겉으로 표방하는 낭만적이고 환상적인 유선 행위와 표리 관계를 형성한다.[2] 말하자면, 이들은 중세적 현실의 좌절과 갈등에서 빠져나오려는 통로를 유선의 방식을 통해 발견하려 했던 것이다. 그러므로 이들 유선사부의 구조와 개별 양상, 작가의식 등에 대한 집중적이고도 심도 있는 분석은 중세 봉건 지식인 집단의 갈등 극복의 한 양상을 구체적으로 보여줄 것이다. 그간 사부 문학에 대한 연구는 극히 부진했다. 그것은 문식에 치우친 양식의 특성 때문이었지만, 모든 시기에 걸쳐 활발히 창작된 문학 양식인 만큼 이에 대한 지속적인 관심과 다양한 접근이 필요하다.[3] 이 글이 이런 면에서도 의미 있는 작업이 되기를 기대한다.

유선사부의 작가와 내용

이 글에서 검토 대상으로 삼은 작가와 작품 및 대강의 줄거리는 다음과 같다.

유호인(兪好仁, 1445~1494)
〈몽유청학동사(夢遊靑鶴洞辭)〉: 객과 내가 광한전에 올라 부상(扶桑)의 아침 햇살을 털고 항해(沆瀣)를 마시며 노닐다 곤륜산으로 건너가니, 서왕모가 맞이하여 경장(瓊漿)을 따라주며 환영한다. 다시 부구 선인(浮丘仙人)의 방장선관(方丈仙館)에 들러 노닐다 천궐(天闕)의 자진전(紫宸殿)에 다달아 옥황을 뵙는다. 융숭한 대접과 함께 선결(仙訣)을 받아 하례하고 물러나는데, 닭 울음소리에 잠이 깨고 말았다. 이에 인생의 큰 뜻을 깨달아 시비를 잊고 물외(物外)에 노닐며 오유자(烏有子)로 자임했다(《뇌계집(㵢溪集)》7 : 37b[4)]).

남효온(南孝溫, 1454~1492)
〈대춘부(大椿賦)〉: 꿈에 나비를 타고 은하수를 건너 제정(帝庭)을 향하던 길에 구소(九霄)에서 대인 선생(大人先生)을 만나 깨우침을 청하니, 대인 선생은 《장자》〈소요유(逍遙游)〉에 나오는 대춘(大椿)의 비유를 들어 일깨워주었다. 이에 큰 깨달음을 얻어 사례했다. 문득 잠에서 깨어나니 달빛만 환했다(《추강집(秋江集)》1 : 4a).

〈약호부(藥壺賦)〉: 세상의 어지러움을 겪은 객이 있어, 비술을 배우려는 마음으로 항해를 마시고, 정양(正陽)의 정액(精液)으로 양치하고 단약을 먹은 뒤 진경을 외워 신선이 되었다. 선경을 노닐다가 약옹(藥翁)과 만나 그의 인도에 따라 약호(藥壺)로 들어가니, 선계의 황홀한 경치가 펼쳐지므로 크게 놀라 무릎을 꿇고 묘진결(妙眞訣)을 얻어 장생하게 해줄 것을 청했다. 약옹은 이에 눈물을 줄줄 흘리며, 자신이 상제의 신하였으나 《황정경(黃庭經)》을 잘못 읽어 인간 세상에 귀양왔음을 말하며, 금단(金丹)을 추구함이 허망함을 길게 설명하고, 무위의 법으로써 연홍(鉛汞)의 수련을 닦아 태초와 이웃하고 무극(無極)을 벗하는 내단을 수련할 것을 일깨워주었다. 이에 약옹에게 사례하고 물러나왔다(《추강집》 1 : 7a).

〈득지락부(得至樂賦)〉: 내가 원유하며 지락(至樂)의 소재를 찾아 약화(若華)와 경실(瓊實)을 먹으며, 공동(崆峒)·엄자(崦嵫)·월굴(月窟)·부상(扶桑)을 두루 다녔으나 지락의 문을 알지 못해, 사명신(司命神)을 찾아가 답답하고 울적한 심회를 하소연했다. 이에 사명신은 비결(秘訣) 하나를 주는데, 지락은 자기에게서 구할 것이지 어찌 몸 밖에서 구할 수 있겠느냐는 가르침이었다. 이에 활연히 깨달아 옛 고향으로 돌아오니 모든 것은 예전 그대로였고, 다만 내 자신은 지락의 비결을 깨달아 지락의 즐거움을 누리며 무극과 벗을 삼아 한 생을 살리라 다짐했다(《추강집》 1 : 12b).

박상(朴祥, 1474~1530)

〈몽유(夢遊)〉: 지성(支城)에서 죄를 짓고 벌을 기다리던 중, 낮잠을 자다가 재명홍몽(滓溟洪濛)의 땅에 들어가 신마(神馬)를 타고 기모(氣母)를 찾아가 운장(雲將)을 길잡이 삼아 삼황(三皇)을 뵙고 마음의 의혹을 차례로 물었다. 이후 오제(五帝) 및 춘추 전국의 인물들과 만나 치란흥망의 자취를 엿보았다. 다시 곤륜산 요지로 가서 마고(麻姑)와 서왕모의 대접을 받다가 《황정경》을 잘못 읽어 진인의 무리에서 떨어져나와 하계로 내려와 중원에 이르니, 천하는 또 한번의 어지러운 각축장이 되어 있었다. 천백 년의 일을 잠깐 동안에 두루 구경하고서 문득 잠에서 깨어나자 정신이 멍하여 허공을 향해 신군(神君)에게 물었다. 신군은 사생의 집착에서 벗어나 소요하라고 일깨워주었다. 이에 모든 집착을 털어버리고 《장자》를 꺼내 읽으며 마음을 푸른 하늘 붕새의 등 위에서 노닐게 했다(《눌재집(訥齋集)》별집 1 : 1a).

심의(沈義, 1475~ ?)

〈광한전부(廣寒殿賦)〉: 무료하던 중 꿈에 선도(仙都)에 다달아 환골탈태하여 선계의 황홀경을 두루 섭렵하고, 인간 세상을 굽어보니 마치 하루살이와 같이 보잘것없어 보였다. 온갖 근심이 다 사라져 한없는 기쁨에 잠겨 있는데, 백란(白鸞)의 안내로 선아(仙娥)의 이끎을 받아 성대한 백옥연(白玉宴)에 초대되어 자하상(紫霞觴)을 마시고 춤추며 천상의 가회(佳會)에서 노닐다가 문득 잠을 깨었다(《대관집(大觀集)》1 : 8a).

〈산목자구부(山木自寇賦)〉: 큰 뜻을 품은 선비가 제향(帝鄕)을 그리며 오동나무에 기대 쉬다가 잠이 들었다. 꿈에 이인의 안내로 산림 사이를 소요자득했다. 이인은 선비에게 화를 피하는 법을 일러주면서 《장자》〈산목(山木)〉편의 비유를 끌어와 무용(無用)이 유용(有用)이 되고 유용이 무용이 되는 이치를 깨우쳐주었다. 사람 또한 나무와 마찬가지로, 재주 있고 도덕 있는 자는 그로 인해 스스로를 해치니, 지혜와 재능은 몸을 해치는 도끼일 뿐이라고 했다. 이에 크게 깨달아 천지 간의 자유로운 사람이 되어 광막한 벌판을 함께 헤매다가 헤어져, 이를 좇으려다 깨어나니 한바탕 꿈이었다(《대관집》1 : 15a).

〈반도부(蟠桃賦)〉: 생사의 부질없음에 상심하여 상계의 선부(仙府)에 올라 요지를 지나는데, 서왕모가 나를 인도하며 한 알의 신핵(神核)을 주었다. 이를 먹으니 반진(返眞)하여 몸이 가볍게 떠올라 동명(東溟)과 해중(海中)을 두루 다녔다. 그 가운데 한 그루 기이한 나무가 늙지도 않고 가지는 삼천 리나 뻗어 있었다. 잠시 그 그늘 아래에서 쉬고 있으려니까, 상쾌한 기운이 불어오더니 복비(宓妃)의 인도로 열선(列仙)의 청반(淸班)에 참례하여 반도의 열매를 먹고 장생구시(長生久視)의 요체를 투득했다. 이어 학선(學仙)의 비결을 듣고 인간 세상을 내려다보니 구주(九州)는 터럭 끝 같고, 동해는 국자 하나만 했다(《대관집》1 : 3a).

〈대관부(大觀賦)〉: 천황(天皇)과 지황(地皇)이 무극옹(無極翁)과 더불어 드넓은 우주와 광막한 대지를 굽어보며 노닐다가, 천황이 먼저 일어나 춤추며 노래하자, 지황이 엎드려 이에 화답하는 노래를 부르고, 무극옹이 이를 듣고 일어나 천지의 덕을 칭송하자, 천황은 하늘로 올라가고 지황은 내려가며 무극옹에게 현주(玄珠) 아홉 개를 건네주었다(《대관집》1 : 1a).

이행(李荇, 1478~1534)

〈등영주(登瀛洲)〉: 하늘 바람을 타고 중주(中州)를 굽어보노라니, 단구(丹丘)의 우인(羽人)이 내게 낙토(樂土)를 가리키는데, 곧 바다 위의 영주(瀛洲)였다. 봉황이 앞장 서고 신규(神虯)가 배를 호위하며 약수(弱水)를 건너 열선(列仙)에게 절하였으나, 그들은 내가 범골(凡骨)이므로 이곳에 잠시도 머물 수 없으니 빨리 나가라고 한다. 하여 선계 군선들의 놀이 장면과 선경을 두루 구경하고 돌아왔다(《용재집(容齋集)》외집 26b).

이이(李珥, 1536~1584)

〈공중누각부(空中樓閣賦)〉: 어떤 사람이 초세고거(超世高擧)코자 하여 허공의 누각으로 올라가니 상하가 모두 아득하여 기댈 곳이 없었으나, 그 제도와 꾸밈은 참으로 황홀했다. 이곳에서 노닐다 하계를 굽어보니 수많은 무리들이 어지러이 몰려다니며 다투고 있었다. 이에 정신을 차려 다시금 자신을 돌아보고 흉중의 태극(太極)을 희롱하고 하늘 가득 호기(豪氣)를 토해내며 자적했다(《율곡전서(栗谷全書)》습유 1 : 18b).

〈유가야산부(遊伽倻山賦)〉: 선계와 방불한 가야산 홍류동에 들어가 황홀한 경관에 도취되어 노니는데, 날이 저물면서 정신이 어지러워지더니 기운이 상쾌해지며 훨훨 날 것만 같았다. 객이 피리를 불자 산천과 조수도 감동하여 흐느끼는 듯했다. 얼핏 든 꿈에 한 신선이 학을 타고 나타나 절하며 인간 세상의 수고로움을 위로하고 묵은 인연이 있음을 말한다. 자세히 보니 신라 학사 최고운이었다. 아는 체 하자, 그는 다만 미소를 지으면서 거문고를 가져다가 절세독립(絶世獨立)의 노래를 부른다. 노래가 끝나자 잠에서 홀연 깨어났다(《율곡전서》 습유 1 : 15b).

허균(許筠, 1569~1618)
〈몽유연광정부(夢遊練光亭賦)〉: 적규(赤虯)가 끄는 수레를 타고 지성(芝城)에 가서 허공을 걸어 올라 주궁(珠宮)에 도착했다. 그곳에서 한가히 노닐며 항해를 마시는데, 홍란의 인도로 선녀가 마중 나와 경액을 올린다. 그러고는 삼생의 묵은 인연이 아직 끝나지 않았으니 함께 요경(瑤京)으로 가자고 하소연한다. 여러 신선들이 흥을 돋우는 가운데 유하주를 마시며 함께 잠자리에 들었는데, 종소리에 놀라 깨었다(《성소부부고(惺所覆瓿藁)》 3 : 8a).

〈훼벽사(毁璧辭)〉: 불행했던 누이의 일생을 회고하고, 누이가 티끌세상의 부질없는 인연을 마치고서 요붕(瑤鵬)을 찾아 백옥루를 소요하며 열선과 함께 즐거이 노닐다가, 구름을 타고 올라가 무지개로 깃발 삼고 난새로 수레 삼아 서왕모와 요지에서 잔치할 때 삼광(三光)은 그 아래에 벌여져 있으리니, 티끌세상 굽어보고 걱정을 누르면 어둡던 마음이 조화롭게 되리라는 바람을 담았다(《성소부부고》3 : 13a).

조희일(趙希逸, 1575~1638)

〈요지연부(瑤池宴賦)〉: 해가 저물어가는 때에 주목왕(周穆王)의 잔치를 상상하자니 인간 세상의 일이 모두 시덥지 않아 삼청(三淸)을 한번 가서 구주의 진태(塵態)를 씻고자 했다. 여덟 마리 용이 끄는 수레를 몰고 천 리를 지나 곤양(崐壤)의 요지에 이르러 휘황한 경관에 도취되어 있노라니, 청조가 와서 서왕모의 도착을 알린다. 이윽고 온갖 신물(神物)의 호위를 받으며 서왕모가 나타나는데 아름답기 그지없었다. 서왕모는 나에게 삼생의 인연이 있어 먼 곳까지 귀하신 몸을 모시었다 하면서, 용포(龍脯)와 봉수(鳳髓), 반도(蟠桃)와 기장(杞漿) 등의 진귀한 음식을 내왔다. 선경을 앞에 두고 이를 즐기며 하계를 굽어보니 이끼만 끼어 있고 티끌만 자욱했다. 어느덧 시간이 흘러 아침이 다가오자 서왕모는 서둘러 떠나고 요지의 잔치도 파하고 말았다(《죽음집(竹陰集)》1 : 42b).

더 많은 자료가 있겠지만, 이 글에서는 일단 이들 여덟 작가가 남긴 15편의 작품만을 검토의 대상으로 삼았다.[5] 작가별로는 심의가 4편을 남겨 가장 많고, 남효온이 3편을 남겼다. 시기별로는 중종에서 선조 때에 이르는 시기에 주로 창작되었다. 각 작품은 비슷한 서사 구조를 갖추고 있다. 이는 이러한 구조가 이미 유선사부 창작 주체들에게 양식으로 수용되었음을 보여준다. 세부적으로 구분하여 도표화하면 다음과 같다.

	입몽과정	선계진입동기	유선공간	중개자	증여물	하계부감 모티브	적 모티브	각몽과정
몽유청학동사	무	무	廣寒殿 崑崙山 方丈仙館 紫宸殿	西王母 浮丘仙人 玉皇	瓊漿 仙訣	무	무	유
대춘부	유	무	九?	大人先生	大椿之喩	무	무	유
약호부	무	세상의 어지러움을 겪은 뒤 비술을 배우려고	仙境 壺中仙界	藥翁	妙眞訣	무	유	무
득지락부	무	지락의 소재를 찾기 위해	崆峒 崦嵫 月窟 扶桑	司命神	一秘訣	무	무	무
몽유	유	무	滓溪洪濛 瑤池	氣母 三皇五帝 麻 西王母	通達之義	유	유	무
광한전부	유	무	仙都 白玉宴	仙娥	紫霞觴	무	무	유
산목자구부	유	제향을 그리워하다가	山林間	異人	逃禍之說	무	무	유
반도부	무	생사의 부질없음을 상심타가	仙府瑤池 東溪海中	西王母 虙妃	學仙訣	유	무	유
대관부	무	무	宇宙	天皇 地皇	玄珠九枚	무	무	무
등영주	무	무	瀛洲	丹邱羽人	무	무	무	무
공중누각부	무	초세고지 하고자	虛空樓閣	무	무	유	무	유
유가야산부	무		伽倻山 紅流洞	崔致遠	超世獨立之歌	유	무	무
몽유연광정부	무		芝城珠宮 瑤京	仙女	瓊液 流霞酒	무	무	무
훼벽사	무	죽은 누이의 넋을 위로하려고	白玉樓 瑤池	西王母	무	유	유	유
요지연부	무	인간세상의 일이 시덥지 않아 진태를 씻으려고	崐壤 瑤池	西王母	龍脯 鳳髓 蟠桃 杞醬	유	유	무

유선사부의 서사 구조

이 절에서는 앞의 도표에 따라 유선사부의 서사 구조를 살펴본다. 유선사부에서 선계는 대개 꿈을 빌려 몽중에 이루어지므로 입몽과 각몽의 액자가 삽입■된다. 다만 입몽이나 각몽의 처리는 명시적으로보다 상징적으로 처리되는 예가 많다. 또 결미에서 각몽만 제시하여 앞서의 유선 행위가 실은 꿈 속의 일이었음을 보여주는 경우도 적지 않다.[6] 선계로의 진입은 꿈의 환상을 빌지 않고서는 애초에 무망한 것이므로, 유선이 꿈을 빌려오는 것은 당연하다.

선계는 왜 찾는가?

시적 화자가 선계에 진입하게 되는 동기는 대부분 현세의 삶이 가져다준 갈등과 좌절에서 벗어나려는 욕구에서 비롯된다. 이 역시 드러나 있지 않은 작품이 많다. 〈약호부〉에서 남효온은

> 하토(下土)는 흉악하고 거칠어,
> 대도는 날로 쇠미해가니,
> 진나라 2세는 미미해지고,
> 한나라 양도(兩都) 또한 쇠미해졌네.
> 세상 도(道) 이와 같음 개탄하면서,
> 날 알아주는 이 없음 슬퍼하노라.

■ **입몽과 각몽의 액자** 작품의 첫 부분에는 시적 화자가 현실의 갈등에 괴로워하다가 잠이 드는 장면이 반드시 나오고, 꿈에서 깨어 현실로 돌아오는 장면으로 끝을 맺는다. 그러니까 유선의 행위는 모두 꿈 속의 행위가 된다. 이것은 대부분의 몽유록계 소설 구조와 같다.

한낱 낮은 관리로 괴로움 겪으며,
남은 인생을 부치어 사네.
아침엔 동쪽 저녁엔 서쪽,
취해 살다가 꿈 속에 죽네.

　　下土凶荒 大道日衰
　　秦二世而靡靡 漢兩都而陵夷
　　慨世道之如彼 悲無人以我知
　　一椽酸辛 殘生如寄
　　朝東暮西 醉生夢死

하여 고통뿐인 인생에 대한 혐오를 말한다.
　조희일은 〈요지연부〉에서

지난날의 얽매임도 신물이 나고,
떠돌이 하루살이 인생 마음 상하네.
술동이 위에 뜬 굼벵이 같은 삶 탄식하며,
한 봄에 잠깐 깸을 꿈꿔보았네.
　　厭局束於疇囊 傷蜉蝣於逆旅
　　歎醯鷄於甕盎 夢纔警於一春

라 하여, 하루살이같이 덧없는 현세의 삶에 대한 회의와 이를 벗어나기 위해 낭만적 상상의 날개를 펼쳤음을 말한다. 또 〈반도부〉에서는 "생사의 부질없음을 슬퍼하다가(悲生死之浮休兮)," 티끌세상을 벗어나 상계의 신유(神遊)를 체험하고 있다.

서왕모의 요지연도.
하늘에서 옥동의 안내를 받아 서왕모가 요지로 내려오고 있다. 신선들은 땅 위에서 배례하며 서왕모를 맞이한다.

이들의 유선 공간은 어떻게 그려지고 있는가? 〈유가야산부〉에서처럼 가야산 홍류동 같은 구체적인 공간을 설정하는 경우는 극히 예외에 속한다. 유선 공간은 백옥루·광한전·선도(仙都)·구소(九霄)·월굴(月窟) 같은 천상 선계 공간과, 곤륜산(崑崙山)·공동(崆峒)·엄자(崦嵫)·동명해중(東溟海中)·영주(瀛洲)·지성(芝城)·곤양(崑壤) 같은 지상 선계 공간으로 크게 구별된다. 다만 천상이건 지상이건 그 의미는 같다. 가장 많이 등장하는 것은 서왕모의 요지다. 이곳은 보통 곤륜산 위에 있는 공간으로 설정되나 실제 작품에서는 천상 선계와 변별 없이 그려지고 있다. 〈약호부〉와 〈산목자구부〉 같은 작품에서는 유선 공간이 약옹(藥翁)의 호중지역(壺中之域)과 산림지간(山林之間)으로 나타나기도 하는데, 이는 작품의 주제와 관련이 있다.

선계 공간의 묘사는, 단순한 제재적 차용을 넘어서는 구체적이고 세밀한 묘사, 도교 제신의 다층적 위계와 공간 통어 원리에 대한 해박한 식견을 담고 있어, 이들 작가들이 도교에 대해 상당히 깊게 이해하고 있었음을 짐작케 한다. 선계의 묘사는 황홀하다 못해 자못 현란하기까지 하다. 이전의 온갖 신선 고사와 선계 묘사를 죄다 끌어와 한 자리에 모아놓았다. 가장 빈번하게 보이는 것은 서왕모의 요지인데, 많은 작품에서 요지연 광경이 등장한다. 한 예로 조희일의 〈요지연부〉의 묘사를 살펴보자.

내 아침에 기도(岐都)를 출발하자니,
저녁에야 곤양에 이른다고 말을 하네.
요대라 불리는 연못 있으니,

건곤을 지도리 삼아 흘러넘치네.
아침엔 물가에서 옥룡타를 마시고,
저녁엔 금아탕에 목욕을 한다.
……
청조가 날아와 알려주기를,
왕모께서 이제 곧 납신다 한다.
상서로운 무지개가 백은 궁궐 걸어가자,
서기 어린 햇빛은 황금 방에 부서지네.
요대의 향그런 꿈 깨어나서는
운모로 수놓은 커튼 젖히고,
세모꼴로 머리 장식 잡아매고서
칠보 꾸민 학창의를 갈아입고는,
얼룩 기린 수레 타고 바삐 달리니
머리 치든 채색 난새 곁에 탔구나.
빠른 수레 정돈하여 높이 내몰자,
나부끼는 운기(雲旗)는 근엄하구나.
갑자기 나부끼며 와서 멎더니,
옥수(玉手)를 높이 들어 절을 하누나.
살결은 얼음 눈과 견줄 만하고
그 모습 부용인 양 수줍어하네.
초승달 눈썹을 곱게 찌푸리고,
별 같은 눈동자를 반짝거린다.
너무나도 곱구나, 빼어난 자태,
아리따움 한데 모아 어여쁜 모양.

삼생의 묵은 인연이 있어,
만승(萬乘)도 수고로이 멀리 왔다고
……

안제(鴈帝)더러 과일 안주 올리게 하고
봉왕 시켜 먹을 것을 바치게 하네.
용고기 포 기이한 안주 받들어오고,
봉황 골수로 담근 술을 부어 따른다.
천 년 묵은 복숭아를 따서 내오고,
아홉 번 쪄낸 기장을 들라 권한다.
……

朝余發於岐都 夕云窮乎碣崐壤
瑤以名兮有池 乾坤樞而瀰漲
朝飮渚兮玉龍唾 暮浴汀兮金鴉盪
……

靑鳥翼乎來報 曰王母之將枉
祥霓霽兮白銀闕 瑞日耀兮黃金牓
破瑤臺之香夢 排雲母之綉帳
縮三角之鳳髻 御七寶之鶴氅
斑獜駕兮蹄疾 彩鸞驂兮頭昂
整颷車而高驅 儼雲旗之輕颺
忽翩躚而戻止 抗玉手而揖讓
肌氷雪之可比 貌芙蕖之羞況
月藏眉兮嬌睪 星入眸兮的朗
百嬋娟之秀態 千窈窕之嫩樣

曰三生之有緣 勞萬乘兮遠訪

　　……

　　俾鴈帝而薦果 命蜂王而司飼
　　奉龍脯之奇膳 酌鳳髓之靈釀
　　摘千年之桃實 進九蒸之杞醬

　　……

곤륜산 요지로 찾아가 옥룡타(玉龍唾)를 마시고 금아탕(金鴉盪)에서 목욕하며 노닐 때, 청조가 서왕모의 등장을 알린다. 황금방(黃金膀) 휘황한 백은궐(白銀闕)에 자리한 그녀의 화려한 침실과, 삼각봉계(三角鳳髻)와 칠보학창(七寶鶴氅)으로 꾸민 그녀의 어여쁜 모습에 대한 몽환적 묘사가 이어진다. 그녀는 아리따운 눈썹을 살짝 찌푸리며 별빛 같은 눈동자로 고운 자태를 지으며 나와 자신과 삼생의 숙연이 있음을 말하며, 용포선(龍脯膳)과 봉수양(鳳髓釀), 천년도(千年桃)와 구증기장(九蒸杞醬)의 화려한 잔치 자리를 펼친다. 이 아니 황홀한가? 다시 〈몽유〉의 한 단락을 보면,

　　열자의 산들바람 잡아타고서,
　　곤륜산 요지의 산마루에 멈춰 서니,
　　층층이 솟은 성을 곁에다 두고,
　　살진 지초 먹여 수명 늘린다.
　　마고는 기린의 육포를 내놓고,
　　서왕모는 시원한 반도를 권하네.
　　거문고를 당기어 줄을 고르고,

옥호의 용고주(龍膏酒)를 달게 마셨다.

御列子之泠風兮 止瑤琨之抄巓
傍層城之嵯峨兮 唊肉芝而引年
麻姑羞之麟脯兮 金母薦其氷桃
援雲和以朝徽兮 甘玉壺之龍膏

라 했다. 또 〈광한전부〉에서는 선계를

내 장차 나부끼며 둥실 떠 놀아,
삼생의 범골을 바꾸었노라.
마치도 나를 끌어 길을 열어주는 듯,
푸른 하늘 아득한 곳 가리키는데.
그곳엔 반짝이는 궁전이 있어,
드넓은 땅 위에 우뚝 서 있다.
태미(太微)의 드넓음을 품어안고서
하늘 문의 떨림을 누르고 있네.
백옥을 다듬어 기둥 만들고
얼음을 새겨서 문설주 세워,
성근 창은 이슬에 흐느히 젖고
각진 서까래엔 용봉이 난다.
구슬은 반짝반짝 조개는 흰데,
푸른 옥과 더불어 섞여 있네.
섬돌에는 계수나무 휘늘어졌고,
계단에는 기수(琪樹)가 반짝거린다.

> 將飄翻以浮遊 換三生之凡骨
>
> 若有銚予以啓路兮 指帝青之廖廓
>
> 爰有殿兮晶瑩 谿爽塏以儼凝
>
> 襲太微之弘敞兮 挹閶闔之凌兢
>
> 揉白玉以棟柱兮 雕清氷而店楔
>
> 濕沆瀣於疎欖兮 飛龍鳳於稜桷
>
> 明璣兮素貝 與靑琳兮錯落
>
> 香桂毿髟於砌阯兮 琪樹璀璨於軒城

와 같이 묘사하고 있다. 선궐(仙闕)은 정영(晶瑩)·백옥(白玉)·청빙(淸氷)·소패(素貝)·청림(靑琳) 등의 비유에서도 보이듯, 옥 모티프가 자주 나타나고, 빛깔은 흰빛과 푸른색이 빈번하게 등장한다. 이는 불변와 영원, 고결함과 지순함을 상징한다.

대개 유선사부의 선계 묘사는 허황하게 여겨질 만큼 현란하다.■ 이는 현세의 일그러진 부정적 형상과 겹쳐지면서 더욱 선명한 느낌을 준다. 어떤 갈등도 존재하지 않는 세계, 모든 것이 조화롭고 충만한 선계의 형상 속에서 인간은 티끌세상의 질곡과 갈등에서 통쾌하게 벗어나는 해방의 기쁨을 맛본다. 이런 선계에서의 낭만적 노닒은 현실의 억압이 역으로 투사된 결과다. 유선의 꿈은 원초적 상징들로 가득 차 있다. 이러한 상징들은 좌절된 본능적 충동을

■ **선계의 화려한 묘사** 이러한 묘사는 유선사부뿐 아니라 유선시, 심지어 고전 소설에서도 그대로 재현된다. 유선시의 선계 묘사는 앞절에서 상세히 정리한 바 있다. 또 고전 소설의 선계 묘사는 이종은·정민 외, 〈한국문학에 나타난 유토피아 의식 연구〉, 앞의 책, 4장 2절, '고전 소설에 나타난 유토피아' 가운데 '제선계(諸仙界) 공간 형상과 삼신산형 유토피아'에 설명이 자세하다.

실현하려는 욕구의 투사다.

선계에서의 깨달음

유선의 주체들은 선계에 진입해 으레 선인 또는 지인(至人)의 안내를 받고, 또한 이들에게서 받은 증여물을 통해 환골탈태하거나 생사의 미망에서 벗어나는 깨달음을 경험한다. 안내자는 옥황이나 삼황오제(三皇五帝) 또는 사명신(司命神)이나 기모(氣母) 같은 신적 존재이거나, 서왕모·부구선인(浮丘仙人)·마고(麻姑)·복비(宓妃)·부구우인(丹邱羽人) 같은 선적 존재들로 나타나거나, 대인 선생(大人先生)이나 약옹(藥翁)·이인(異人)과 우의(羽衣)처럼 깨달음에 도달한 지상의 존재들이 등장하는 경우도 있다. 특히 지상의 존재가 안내자로 등장하는 경우는 대개 의논(議論)의 성격이 강하게 나타나고, 도교의 제재를 차용하여 장자풍의 사유를 전달하는 작품들이 많아 흥미롭다. 이에 대해서는 뒤에서 상론하겠다.

이들 안내자들이 주는 증여물은 비결류와 선약류로 나눌 수 있다. 안내자가 지상의 존재일 경우에는 예외 없이 비결류로 나타난다. 선적 존재일 때도 비결류의 증여가 간혹 보인다. 〈대춘부〉의 '대춘지유(大椿之喩)'와 〈약호부〉의 '묘진결(玅眞訣)', 〈득지락부〉의 '일 비결(一秘訣)', 〈몽유〉의 '달통지의(達通之意)', 〈산목자구부〉의 '도화지설(逃禍之說)', 〈반도부〉의 '학선결(學仙訣)', 〈유가야산부〉의 '초세독립지가(超世獨立之歌)' 등이 비결류의 증여다. 선약류의 증여는 〈광한전부〉의 '자하상(紫霞觴)'과 〈대관부〉의 '현주구매(玄珠九枚)', 〈몽유연광정부〉의 '경액(瓊液)'과 '유하

하남성에서 출토된 화상석. 선계에 있다는 약목(若木)이다.

주(流霞酒)', 〈요지연부〉의 '용포(龍脯)·봉수(鳳髓)·반도(蟠桃)·기장(杞醬)' 등이다. 〈몽유청학동사〉에서처럼 '경장(瓊漿)'과 '선결(仙訣)'이 같이 나오기도 한다.

심의는 〈반도부〉에서 환골탈태의 과정을 이렇게 노래한다.

> 생사의 덧없음을 슬퍼하면서,
> 티끌세상 벗어나 먼 길 떠났네.
> 상계의 선부에 걸어 올라서
> 하토에 쌓인 먼지 굽어보았네.
> 요지를 지나선 돌아옴 잊었는데,
> 왕모는 나에게 길을 열어보이네.
> 한 알의 신령스런 복숭아를 주는데,
> 그 향기 너무나 짙었다오.
> 가만히 입에 넣고 씹노라니까,
> 어느 새 내 장차 진인으로 돌아가,
> 사뿐히 날아올라 들려져서
> 아득한 저편 동명 위를 넘놀았다네.
> 바다에는 약목이 빼곡 우거져,
> 부상의 그늘을 어둡게 하네.
> 　悲生死之浮休兮 超塵寰以遠徂
> 　跣上界之仙府兮 俯下土之積蘇
> 　過瑤池以悵忘歸兮 王母鈗余以啓途
> 　贐一顆之神核兮 芳酷烈其闐闐
> 　漠虛靜以咀嚼兮 忽乎吾將返眞

紛仙仙而岨嚼兮 違絶垠乎東溟
若木森蔚於海中兮 搏桑蔭其晦暝

라 했다. 그는 생사의 덧없음에 절망하다가 마침내 티끌세상을 떠나 선계로 오른다. 요지에서 서왕모를 만나 그녀가 준 한 알의 신핵(神核)을 먹고 환골반진(換骨返眞)하여 두둥실 구름을 타고 동해 바다 위를 만유(漫遊)한다. 이러한 변환은 〈득지락부〉 같은 작품에서는 의논적 성격을 띠고 다음과 같이 환치되어 수용된다.

> 내 인생의 어그러짐 탄식하면서
> 수레를 남으로 몰아 은빛 물가 항해했지.
> 사명신께 나아가 여쭈옵기를,
> "한 귀퉁이 태어나 마흔 해 동안
> 어찌 뜻만 크고 계획 성글어,
> 비방하여 떠드는 소리 시끄러우니
> 처음 먹은 그 뜻은 이미 글렀네.
> 주림과 추위에 마음은 심란한데
> 세상일은 날마다 얽히고 설킨다네.
> 단 하루 입을 열어 말함 없어도,
> 백 년의 근심 수고 생겨난다오.
> 마음에 맺혀 있어 풀리질 않고
> 가슴 속에 답답하게 근심하누나.
> 원컨대 신명께서 내게 오시어
> 지락의 그 문을 보여주소서."

사명신이 한 비결을 내게 주는데
지극히 귀하여 비할 바 없네.
"근심과 즐거움은 일정치 않아
곳에 따라 느닷없이 생겨난단다.
너의 한 치뿐인 마음으로도
하늘 위 노닒이 어렵지 않다.
어찌 괴롭게 몸 밖에서 구하여
붉은 얼굴 시들도록 분주한 게요."
그 말 듣자 갑자기 환히 깨달아
술에 어리 취한 듯 정신이 들어,
별빛에 수레를 돌리어와서
다시금 고향에 이르렀다오.

 嗟余生之不時 南余轅兮航銀渚
 就司命而陳詞
 余生一隅垂四十年兮 何志大而計踈
 聒簧口之嘈嘈兮 志已改於余初
 飢寒亂我心曲兮 世故逐日而繽紛
 無一日之開口兮 有百年之憂勤
 心絓結而不解兮 中憫瞀之忳忳
 願賴夫神明之結我兮 顧示至樂之門
 司命留一訣兮 至貴而無偶
 憂樂無方兮 隨處而有
 方寸之間兮 天游不苟
 苦何求之身外兮 彫朱顏於奔走

聞言忽悟兮 如醉而醒
星言回駕兮 復夫故鄉

앞서 〈반도부〉에서 서왕모가 건네준 신핵은 〈득지락부〉에서는 사명신이 일러준 '일결(一訣)'로 대치되고, 앞서 '반진(返眞)'의 신유(神遊)는 미망을 깨치는 '홀오(忽悟)'로 환치되었다. 이렇듯 유선사부에서 단약 등 외물을 섭취하여 환골탈태함으로써 장생구시(長生久視) 할 수 있다는 사유는, 도를 깨달아 생사의 번뇌를 훌훌 떨쳐버리는 깨달음을 환기하는 상징일 뿐이다.

내려다본 인간 세상

또한 작품에는 선계 진입 동기에서 암시했듯이 인간 세계에 대한 부정적인 인식이 강하게 드러나는 하계부감(下界俯瞰) 모티프가 자주 등장한다. 하계에 대한 인식을 보면, 이이의 〈공중루각부〉에서는

하계를 굽어보며 눈길을 주니,
어지러운 무리들로 가득하구나. ……
위에 올라 아래를 굽어보자니
한바탕 웃음거리도 되지 않누나
　俯下界而遊目 紛衆流之積億
　諒在上而辨下 曾不滿乎一哂

라 했고, 심의의 〈광한전부〉에서는 태청허공에 올라 하계를 조감

하는 감회를,

> 삼신산은 자라 머리보다 작고,
> 구주는 하루살이보다 미세하구나.
> 　三山渺於鰲頭兮 九州微於蟻蠛

라 했다. 〈반도부〉에서도 역시 생사의 부질없음을 슬퍼하며 티끌 세상을 벗어나 멀리 떠나온 내가 하계를 굽어보며,

> 삼산은 자라 머리 위로 은은히 비치는데,
> 구주는 터럭 끝과 같도다.
> 운장(雲將)과 마주 보고 서로 웃으며
> 동해를 굽어보니 술잔만 하네.
> 　三山隱映於鰲頭兮 九州同於毫末
> 　雲將相視而笑兮 俯東海如一勺

라고 묘사하여, 선계에 대비되는 하계의 일그러지고 하잘것없는 모습을 형상화한다. 허균은 〈훼벽사〉에서

> 하계는 급류이고, 온갖 잡귀가 질주하는 곳
> 　下界汩漂兮萬鬼駓駓

이라고 하여 극히 부정적인 인식을 반영하기도 했다. 뿐만 아니라, 선계에서는 인간 세상에서 중시하는 온갖 지식이나 제도 따위가

형편없이 속화되고 희화화되어 나타난다. 박상은 〈몽유〉에서 한바탕의 꿈을 깨고 난 뒤, 아득한 마음에 신군(神君)을 향해 외치니 신군은 그를 이렇게 달랜다.

> 혼돈이 처음 구멍 뚫릴 때부터,
> 지금까지 그 몇 겁 세월 지났더뇨.
> 그 사이 흥망치란의 어지러움은,
> 한바탕 허깨비 꿈에 지나지 않네.
> 그런즉 꿈 속의 뜨고 가라앉음은,
> 모두 조화의 거짓된 장난이라.
> 어찌하여 마음을 군목(君牧)에 매어놓고,
> 쓸쓸히 병들도록 그치지 않는 게요.
> 구구한 세상의 헐뜯고 기림은,
> 귓전을 지나가는 모기의 소릴레라.
> 그대 마땅히 세월 따라 길을 삼아,
> 애오라지 길이길이 소요할진저.
> 曰自混沌之初竅兮　迄至今其幾劫
> 其間興亡理亂之紛紛兮　不過爲一場之幻夢
> 然則夢中之浮沈兮　盡歸造化之假弄
> 胡攖心於君牧兮　蕭然疲疫之不止
> 區區世上之毀譽兮　驟若蚊雷之過耳
> 子宜緣時月而爲經兮　聊須盡以逍遙

신군의 말은 앞서 심의의 〈득지락부〉에서 사명신이 들려준 깨달음의 비결과 같은 의미를 지닌다. 이러한 비결류 증여 모티프에 나타나는 〈몽유〉의 '달통지의(達通之義)'나 〈산목자구부〉의 '도화지설(逃禍之說)', 또는 〈유가야산부〉의 '초세독립지가(超世獨立之歌)' 등은 모두 현실 삶의 갈등과 좌절에서 벗어나고자 하는 유선사부 일반의 주제를 일깨워준다.

    이윽고 붉은 난새 날개 치면서,
    노을 밖 패옥소리 이끌며 오네.
    오색 구름 어지러이 창 비추더니,
    야단스레 무지개 깃발 앞장 세웠다.
    좋은 자리 화려하게 펼치더니만,
    차고 단 경액을 가져 나오네.
    흰 이를 드러내며 소매를 펼쳐,
    요경으로 내려가자 말을 하누나.
    봉호의 옛 기약을 가리키면서,
    삼생의 묵은 인연 남았노라고.
    소요하며 노닐자 종용하면서,
    견우 직녀 이별 정을 하소하누나.
      俄紅鸞之拊翼兮 引霞外之璜珩
      五雲繚以爤櫺兮 紛前導以虹旌
      陳瑤席之旖旎兮 薦瓊液之芳泠
      啓玉齒以敷袵兮 云余降乎瑤京
      指蓬壺之舊期兮 餘宿緣於三生
      聊逍遙以慾涌兮 訴牛女之離情

허균의 〈몽유연광정부〉의 한 단락이다. 선계에 들었더니 요대의 선녀가 삼생의 숙연을 말하고 이별의 원망을 하소연하며, 길이 이곳에 머물며 함께 소요하자고 종용하더라는 이야기다. 이와 같이 유선사부에서는 유선 주체가 선계에 진입하는 과정에서 삼생의 인연을 들먹이며 선연(仙緣)을 환기하는 대목이 자주 보인다. 이는 스스로를 전생에 선계의 일원이었다고 생각하는, 이른바 적선 모티프의 변용이다. 이는 정철의 〈관동별곡〉에서도 익숙하게 만나는 것으로, 고전 소설에서도 매우 빈번하게 나타나는데, 이미 유선사부에서부터 양식화되고 있음을 확인할 수 있다.

다시 꿈을 깨어

서사 구조의 종결부에 해당하는 각몽 과정은 15편 가운데 7편에 나타난다. 각몽의 서사가 생략되었더라도 대부분의 작품에서 각몽은 암시된다. 허균의 〈몽유연광정부〉의 결미에서

> 즐거운 모임 다하지 않아,
> 갑자기 종소리 울려퍼지네.
> 놀라 일어나 길게 탄식하니,
> 기운 달은 서편 성에 반쯤 걸려 있네.
> 纔驩會之未央兮 忽譙鍾之喤喤
> 倏驚起以長嗟兮 斜月半兮西城

라 한 것처럼, 유선의 진진한 흥취가 채 다하기 전에 꿈에서 깨어나는 것으로 작품을 마무리하는 경우도 있다. 그러나 각몽만으로

끝나는 경우는 거의 없고, 유선의 체험을 통해 티끌세상의 갈등과 좌절을 훌훌 떨쳐버리는 깨달음의 기쁨을 구가하고 있다. 유선사부의 중간이나 끝 부분에 의논투의 내용이 삽입되어 이러한 주제의식을 드러낸다.

유선사부의 의미 구조

일찍이 조식(曹植)은 〈유선〉에서

> 사람 사는 것이 백 년이 못 되는데,
> 해마다 즐거운 일 줄어만 가네.
> 人生不滿百 歲歲少歡娛

라 노래한 바 있다. 생로병사의 질곡을 벗어날 수 없는 현세의 삶은 장생구시(長生久視)의 도를 깨달아 연년불사(延年不死)하는 선인에 대한 환상을 꿈꾸게 했다. 저《산해경》에서 말하는 '불사지국(不死之國)'이나《여씨춘추》의 '불사지향(不死之鄕)',《회남자》에서 말하는 '불사지야(不死之野)' 등은 모두 이런 꿈의 소산이다.[7] 이런 의미에서 유선 문학은 말하자면 장생불사의 꿈을 노래하는 문학이다.

굴원·장자풍의 수용과 그 의미

그런데 유선사부에서는 선계의 노닒을 통해 장생불사의 꿈을 노래하는 유선 문학의 관습적 주제를 확장시켜 장자풍(莊子風)의 도가적 깨달음의 세계를 논의하는 경우도 적지 않아 주목된다. 이러한 작품에서 특기할 점은 굴원의 '원유(遠遊)'에서 장자의 '소요유(逍遙遊)'의 경계로 넘어가는 통합의 양상을 보여준다는 점이다. 이는 갈등에서 시작하여 화합으로 끝나는 구조로 실현된다.

흔히 도교와 도가를 종교와 철학으로 구분지어 경계를 나누는데, 유선사부에서 도교와 도가는 경계 없이 드나든다. 특히 유선사부의 작가들은 굴원의 〈원유〉나 〈이소〉 등 《초사》 계열의 작품과, 사마상여(司馬相如)의 〈자허부(子虛賦)〉나 〈대인부(大人賦)〉 등의 한부(漢賦)의 작품 구조를 그대로 끌어오고 있다.[8] 여기에 《장자》〈산목〉편 등에 보이는 논변이 첨가되기도 한다. 그 대표적인 예가 바로 남효온의 〈득지락부〉·〈대춘부〉와, 심의의 〈산목자구부〉, 박상의 〈몽유〉이다. 〈약호부〉와 〈몽유청학동사〉처럼 간접적으로 도가적 사유의 일단을 피력하는 작품들도 있다.

앞서도 보았듯이 〈득지락부〉에서는 사명신이 등장한다. 일찍이 굴원이 《초사》〈구가(九歌)〉 가운데서 '대사명(大司命)'과 '소사명(小司命)'을 노래한 바 있으니, 여기에서 따온 것이다. 원유(遠遊)하여 지락의 소재를 찾아 헤매던 중 사명신을 만나게 된 '나'는 그에게 자신이 '지대계소(志大計疎)', 즉 뜻만 크고 꾀는 성글어 불우를 곱씹으며 세상에서 버림받게 된 사정을 털어놓고, 지락의 문이 어디에 있느냐고 묻는다. 그러자 사명은 일결(一訣)을 내놓으며, 근심과 즐거움은 어디에 간들 없는 곳이 없거늘 어찌 몸 밖에서 이를 구하는가 하는 촌철의 깨우침으로 나를 일깨워주었다.

이에 통쾌하게 깨달은 나는 다시금 고향, 즉 처음 떠나온 본래의 자리로 돌아와, 하나도 변한 것 없는, 그러나 모든 것이 변해버린 현실에서 지락의 즐거움을 한껏 누리며 무극과 더불어 살게 되었다는 이야기다. 이러한 결구는 굴원이 〈원유〉에서, 남풍을 타고 가다 남소(南巢)에 이르러 선인 왕자교(王子喬)를 만나 '일기지화덕(壹氣之和德)'에 대해 묻자 왕자교는 도란 말로 전할 수 없다 하며 허대(虛待)와 무위(無爲)의 법으로 일러주는 대목을 연상케 한다.

박상의 〈몽유〉는 구조 면에서 굴원의 〈원유〉와 가장 유사하다. 어느 겨울날 낮잠이 들었다가 문득 재명(滓溟)·홍몽(洪濛)의 땅으로 날아올라 간 나는 신마를 타고 기모(氣母)의 도읍을 찾아 나선다. 그리고는 삼황오제와 하·은·주 삼대의 성군과 춘추전국의 시대에서부터 당·송·원·명에 이르기까지 치란흥망의 역사를 유선과 논변을 섞어가며 장대하게 묘사한다. 그러다가 갑작스레 꿈에서 깨어나니 허망하고 기이하여 허공을 향해 외치다 신군을 찾아가 묻는다. 이에 신군은 소요의 뜻으로 미망에서 벗어날 것을 일깨워주니, 크게 깨달아《장자》〈소요유〉를 외우며 티끌세상을 훌훌 벗어나 붕새의 등 위에 올라타 푸른 하늘에 마음을 노닐게 했다는 것이다.

또 〈대춘부〉에서는, 꿈 속에 나비를 타고 은하수를 건너 제정(帝庭)을 향하던 길에 '나'는 대인 선생(大人先生)을 구소(九霄)에서 만나게 된다.■ 그는 가르침을 청하는 나의 청에 《장자》〈소요유〉

■ 대인선생은 사마상여의 〈대인부(大人賦)〉에서 따온 것으로, 《주역》 건괘에 "九二, 見龍在田, 利見大人."이라 한 말에서 연유한 것이다. 〈대춘부(大椿賦)〉에서는 '깨달은 사람'의 의미로 쓰였다. 이산해의 〈만초손부(滿招損賦)〉에서도 대인 선생이 작중 화자에게 탐욕에서 벗어나는 이치를 깨우쳐주는 존재로 등장하는 것을 볼 수 있다.

에 나오는, 8천 년으로 봄을 삼고 다시 8천 년으로 가을을 삼는다는 대춘이란 나무 이야기를 해준다. 이 나무는 광막한 들에서 나고 자라 껍질은 서리 맞아 벗겨졌고, 줄기 또한 보잘것없다. 백 아름이나 되는 뿌리에는 개미가 온통 구멍을 뚫었고, 만 길 위의 잎새에는 난새가 깃들어 있다. 이 나무는 1만 6천 년을 춘추로 삼고, 842개월을 조석으로 삼는다. 그러니 봄에 났다가 여름에 죽는 혜고(蟪蛄)나, 저녁에 났다가 아침에 시드는 조균(朝菌)이 어찌 이 대춘의 경지를 헤아리겠는가.

이런 대인 선생의 장광설에 내가 이의를 제기하자, 선생은 다시 예의 장자의 논법을 빌려와 나를 일깨운다. 이에 활연히 깨우친 나는 대인 선생께 두 번 절하며 사례하고 물러난다.

그런가 하면 〈산목자구부〉에서는 유선의 공간이 처음부터 천상 선계가 아닌 산림의 사이로 그려진다. 나를 그곳으로 인도한 이인은 내게 도화지설(逃禍之說)을 들려준다. 산목 또한, 《장자》〈산목〉에 나오는 소재를 끌어다 쓴 것이다. 옹이가 많아 재목으로는 아무짝에도 쓸 수 없어 제 아무리 키가 크고 아름이 굵어도 나무꾼이 거들떠보지도 않는 나무가 바로 산목이다. 다른 나무는 가늘면 가는 대로, 굵으면 굵은 대로 쓸모가 있어 사람들의 손을 타 꺾이고 베어진다. 쓸모를 지닌 다른 나무가 그로 인해 생명을 잃고 마는 데 비해, 산목은 쓸모 없어서 오히려 생명을 구가한다. 사람도 이와 같으니 충의와 도덕에 얽매여 스스로를 해치지 말고, 광막한 들판을 방황하며 황홀의 경계에 노닐고, 천지에 버려진 일 산인(散人)이 되어 지낸다면 재앙과 근심이 미칠 까닭이 없다는 것이다. 이런 일련의 논설들은 마치 《장자》의 〈해당〉편을 확대 부연해놓은 듯한 느낌이 들 만큼 친절하다.

또 유선사부 가운데 특이하게 외단(外丹)과 내단(內丹) 수련에 대해 언급하고 있는 작품으로 남효온의 〈약호부〉가 있다. 한나라 때 비장방(費長房)이 저자에서 약을 파는 늙은이가 장사를 마치면 문득 가게 머리에 놓아둔 호리병 속으로 들어가는 것을 보았다. 기이하게 여겨, 늙은이에게 간청하여 호리병 속에 함께 들어갔는데, 그 속에서 선계의 화려한 경관을 보고 나왔다는 고사를 인용해 부연한 작품이다.

작품에서 처음 비장방은 동도(東都)의 비바람, 즉 현실의 고초를 실컷 겪고 비술을 배우려는 뜻을 품어, 항해를 마시고 정양(正陽)의 정액(精液)으로 양치하며 단약을 먹고 진경을 외워 장차 신선의 반열에 들 만했는데, 우연히 약옹을 만나 호리건곤(壺裏乾坤)에 안내받아 가니 황홀한 경관이 바로 우인(羽人)의 단구(丹丘)였다. 이에 놀라 엎드려 가르침을 청하자 약옹은 눈물을 흘리며, 자신은 천제의 신하로 제를 곁에서 모시다가 《황정경》 한 글자를 잘못 읽어 하계로 귀양 온 신세임을 말하고, 세상 선비들이 오석(五石)을 연조(鍊造)하여 신선이 되려 하나, 옥설(玉屑)과 주사(朱砂)는 뼈에 독이 되고 정기(鼎器)는 닳고 약물은 말라버려 마침내 요사(夭死)에 이르게 할 뿐이니, 금단에 종사하다가 곡신(谷神)을 잃어서는 안 된다고 한다. 이어 도의 참됨은 마음에 있을 뿐이니 사지를 괴롭히지 말고 무위로 안정시켜, 연홍(鉛汞)이 체내에 서로 얽혀 육기(六氣)를 삼전(三田)에 돌림으로써 자연으로 돌아간다면, 태초와 이웃하고 무극과 벗을 하여 인간을 초월할 수 있으리라 했다. 이에 몸이 곧 화로와 솥이며 마음이 단약인 줄을 크게

깨달아 내단의 비방을 깨쳤다는 내용이다.■

사명의 비결이나 신군의 달통지의, 대인 선생의 가르침이나 이인의 도화지설과 약옹의 비방 등은 모두 '나'에게 깨달음을 가져다 즉어 나의 본질적 변화와 각성을 촉구한다. 이는 앞서 서왕모가 준 천 년 반도를 먹고 범골(凡骨)을 바꿔 신선의 반열에 오르는 유선사부의 일반 모식의 한 변용일 뿐이다. 즉 서왕모의 신핵을 통한 환골성선이 도교의 상상을 통한 외단적 발상이라면, 대인 선생 또는 이인과 약옹의 비결을 통한 반본위진(返本爲眞)은 도가의 사유를 빌린 내단적 전환인 셈이다.

이와 같이 유선사부에서 도교와 도가의 인식 세계는 뚜렷한 경계가 없이 넘나들고 있다. 이들을 이어주는 공통점이 있는가? 있다. 그것은 다름 아닌 '초월과 자유를 향한 인간의 끝없는 추구'다. 이런 추구는 현실의 질곡이 강하면 강할수록 더욱 강렬해진다. 선계를 향한 꿈은 그러므로 '깨달음'과 '초월'을 향한 꿈이다. 혹 유선 문학이 현실의 새로운 비전을 제시하지 못한다 하여 퇴영 도피의 문학으로 배격하기도 하지만, 실용이나 실현의 유무만으로 인간의 초월을 향한 꿈을 배격할 수는 없지 않은가.

■ **내단학과 남효온** 남효온(南孝溫) 당대에는 내단학에 대한 관심이 확산되어 해동 단학파의 성립을 운위하기에 이른다. 남효온은 조선 단학파의 비조로 일컫는 김시습에게서 〈천둔검법(天遁劍法)〉과 〈연마진결(鍊魔眞訣)〉 등의 비결을 전수했다고 하는 도류 홍유손 등과 함께 강좌 7현(江左七賢)의 결사를 맺어, 소요건(逍遙巾)을 쓰고 도소주(屠蘇酒)를 마시며 방외의 모임을 갖기도 했던 만큼, 〈약조부〉에서 보이듯 내단학에 일가견을 지녔던 것은 지극히 자연스럽다. 〈약조부〉는 조선 전기 단학파들의 외단과 내단에 대한 인식을 구체적으로 보여주고 있어 흥미롭다. 조선 전기 단학파의 내단학에 대한 관심을 그들의 시문을 통해 본 구체적 양상은 손찬식, 《조선조 도사의 시문학 연구》(국학자료원, 1995) 참조.

현인실지(賢人失志)의 문학 전통과 작가의식

유선사부는 의미 지향이나 제재, 수사의 측면에서 낭만적 색채가 농후한 문학 양식이다. 유선사부의 작가는 사화와 당쟁이 빈발하던 15, 16세기에 활동했던 인물들이 중심을 이룬다. 이들은 다시 크게 두 부류로 나누어진다. 먼저 김종직의 문하로 사림의 일원이었던 유호인이나 남효온, 〈대관재몽유록〉을 비롯하여 당나라 때 여도사인 사자연(謝自然)과의 몽중 만남을 서술한 〈몽사자연지(夢謝自然志)〉·〈속하경조유선시(續何敬祖遊仙詩)〉 등 유선 제재의 작품을 유난히 많이 남긴 심의, 신진 사류로 훈구과 남곤 등의 배척을 받았던 박상 등은 대개 훈구 벌열이 득세하던 현실에서 사림으로 방외적 위치에 있던 인물들이라는 공통 자질을 갖고 있다.

또 세대를 달리하여, 선조 때 낭만풍의 점고와 더불어 이이를 비롯하여, 유난히 도교에 대한 관심이 깊어 도류들과 활발히 교유했고 그 체험을 살려 〈남궁선생전〉과 같은 도교 수련소설을 지었으며, 여러 편의 유선시를 남긴 바 있는 허균과, 뒷날 그 허균의 옥사에 연루되어 벼슬에서 쫓겨났던 조희일 등은 방외적 일탈보다는 문예적 취향이 강한 작품을 남겼다.[9] 특히 앞 시기 작가의 작품에서 도가적 사유나 굴원·장자풍의 일탈이 시도되고 있는 데 비해, 선조조 작가의 작품에서는 심각한 주제의식보다 낭만성에의 경사가 강한 것은 작가의식의 차별성에 말미암은 것으로 보인다.

유선사부의 작가들은 극도의 상상을 발휘하여 이역기인(異域奇人)의 신선 고사나, 현란하고 심오한 내용의 우언 양식 등을 자유자재로 활용한다. 또한 〈약호부〉의 비장방을 비롯하여 여러 작품에 등장하는 서왕모·부구선인·단구우인·복비·최치원의 예에서 보이듯 다양한 신선 전설 제재들을 작품 곳곳에 원용했다. 즉 유선사부는 《초사》와 《장자》의 문학 전통과 한부(漢賦)의 초현실적 이상 추구를 결합한 낭만적 지향으로, 기이하고도 환상적인 의경을 창출하는 데 성공하고 있다. 그들의 상상력은 매우 풍부하고, 표현은 화려하다. 서사의 차례가 정연하고, 영물의 묘사는 영롱하며 현란하다. 환상의 유력(游歷)인데도 마치 눈 앞에 역력히 펼쳐 보이듯 섬세한 필치를 뽐내었다.

수사 면에서 유선사부는 과장법을 즐겨 쓴다. 백(百)·천(千)·만(萬)·억(億)·거(巨)·대(大)·고(高)·원(遠)·심(深)·광(廣)·굉(宏)·활(闊)·다(多)·무(無)·만(滿) 등의 표현은 이루 예를 들기 힘들 정도이며, 공간의 광대함을 표현하기 위해 무극(無極)·무궁(無窮)·무한(無限) 등의 과장이나, 시간의 장구함을 표현하는 만세(萬歲)·만대(萬代)·억년(億年) 등의 표현이 빈번하게 쓰인다. 또한 〈광한전부〉에서 보이듯, 백옥으로 기둥을 만들고 얼음으로 문설주를 세우며, 구슬과 조개로 장식한 서까래, 푸른 옥으로 꾸민 장식, 황금과 백은으로 만든 궁전의 화려한 묘사나, 〈요지연부〉 등에 보이는 기린이나 용의 육포로 만든 안주, 봉황의 골수로 담근 술, 한 알만 먹으면 천 년을 산다는 반도, 안기생의 대추, 아홉 번 쪄낸 기장 등의 묘사는 상상력의 극치를 보여준다. 또한 선계의 여러 의궤와 온갖 종류의 선금선수의 화려한 치장, 신선들의 화려한 복식 등에 대한 묘사 또한, 단순한 상상의 차원을 넘어서는 정연한 질서와 통일성을 유지하고 있다. 이는 이들 유선사부의 작가들이 상식 수준을 넘어 도교에 대한 해박한 지식을 지녔음을 짐작케 한다.

또 유선사부 작가들은 오유자(烏有子)·대인 선생·약옹·이인·신군 등 가공의 인물을 통해 도가의 철리를 피력케 하여, 허(虛)로써 실(實)을 드러내는 한부(漢賦)의 문학 전통을 충실히 계승했다. 〈대춘부〉의 대인 선생은 사마상여의 〈대인부〉에 바탕을 두고 있고, 〈몽유청학동사〉에서 스스로 오유자로 일컫는 부분 또한 사마상여의 〈자허부〉에 나오는 오유 선생(烏有先生)에게서 이름을 취한 것이다. 이들 작품의 주제가 당대 현실에 대한 암유의 의미를 지닌다 할 때, 가공 인물을 통해 주제를 드러냄은 낭만주의에 현실주의를 결합시키는 성과를 이루었다는 평가도 가능하리라 본다. 한나라 장형(張衡)의 〈촉루부(髑髏賦)〉에 천지간을 소요하다가 장자의 해골과 만나 상호 문답하며 세상 이치를 논하는 내용이 있는데, 이러한 한부의 구성 방식은 〈대춘부〉·〈약호부〉·〈산목자구부〉 등에서 수용하고 있다.[10]

유선사부의 작가들은 엄혹한 현실의 좌절 앞에서 절망하는 대신 유선의 모식을 빌려 현실을 초탈하는 낙관적 전망을 획득하고 있다. 이것은 현실에 대한 최면적 도피와 어떻게 구분되는가? 이들은 현실의 갈등과 좌절에 분노하는 대신, 초월의 공간 속에 몸과 정신을 맡김으로써 일종의 담박무욕(淡泊無欲)의 경지를 발견해 냈다. 또 그들은 외물의 구속에서 벗어나 내면의 자유를 만끽하는 무위제물(無爲齊物)의 자유 정신을 추구했다.

그러나 이들의 무위제물은 상아물화(喪我物化)의 허망에 빠지는 대신, 존성체도(存性體道)하는 안빈락도의 정신을 체현하고 있다. 이들이 유자이면서도 도교를 끌어오는 것은 문학적 차원을 넘어서는 의미를 가진다. 이런 면에서 우리는 한나라 때 성행한 '현인실지지부(賢人失志之賦)'와의 정신사적 연관에 주목하게 된다.[11]

유선사부의 작가들이 도교의 상상 세계를 꿈꾸고 있었음에도 불구하고, 한편으로는 유자의 자의식을 완전히 놓지 않았던 것은 새삼스런 일이 아니다. 유자라는 자의식은 사회적 존재로서의 자아의 존재 의의를 확인해주고, 능공성선의 초월 의지는 인격적 존재로서의 자아 완성을 상징한다. 그러므로 이 두 가지 지향은 동전의 양면과 같다. 이들은 낭만적 초월을 꿈꾸면서도 자의식의 한 켠에선 자신이 엄연히 현실에 발을 붙이고 있는 유자라는 사실을 잊지 않는다.

일장의 환상 여행은 언제나 각몽과 함께 끝나게 마련이고, 눈앞의 현실은 늘 갈등과 좌절을 강요한다. 갈등이 없고 좌절이 없었더라면 선계의 여행은 애초에 꿈꾸지도 않았을 것이다. 남효온이 〈대춘부〉에서

> 방외의 설을 물었다가
> 학문하는 큰 방법을 얻어 들었네.
> 작은 것을 들었고 큰 것을 들었으며,
> 또 성인이 보통 사람과 다름을 들었도다.
> 問以方外之說 得聞爲學之方
> 聞小聞大 又聞聖人之異於尋常也

라 하여, 방외를 기웃거리다가도 어느 새 학문하는 본래 자리로 돌아오고 있는 것이나, 심의가 〈광한전부〉의 끝에서

> 어찌하면 인간의 광한을 얻어,
> 이 꿈이 헛되지 않음을 증명할거나
> 安得登人間之廣寒 遂此夢之非虛也

라 하여 벼슬길의 꿈을 놓지 않고 있는 것은, 유선의 심리가 반드시 유자의 삶의 길을 등지는 데서 나타나는 것은 아님을 말해준다.

유선사부의 작가들은 유교의 권위가 절대적으로 위세를 떨치고 있던 조선 전기와 중기에 활동했던 문인들이다. 그들은 왜 이 같은 작품을 남겼을까? 그를 창작하면서 무슨 생각을 했을까? 그리고 이런 작품들은 왜 일과성에 그치지 않고 양식으로 자리잡아 반복·창작되었을까? 왜 조선 전기에서 중기에 이르는 시기에만 주로 나타나는 것일까? 이것은 창작 주체들의 세계관과 무슨 상관이 있을까? 이 글의 작성 과정에서 계속 지녔던 의문들이다.

유선사부는 '중세적 꿈꾸기'의 산물이다. 이러한 '꿈꾸기'는 허망한 몽상이나 환상이 아니다.

문학이 있다는 것만으로도 사회는 꿈을 꿀 수가 있다. 문학이 다만 실천의 도구일 때, 사회는 꿈을 꿀 자리를 잃어버린다. 꿈이 없을 때 사회 개조는 있을 수가 없다.

김현의 이 말은 바로 유선사부에서의 '중세적 꿈꾸기'가 갖는 의미를 매우 상징적으로 드러내 보여준다.

유선사부에 대한 관심은 그간 활발히 연구된 몽유록계 소설의 미학을 이해하는 데 많은 시사점을 제공한다. 유선사부는 유선 문학의 구도 안에서만 유효한 것이 아니라, 고전 소설사를 에워싼 주변의 양식으로서도 그 가치를 새롭게 천착하지 않으면 안 된다.

■ 5장의 주석

1) 남효온은 〈육신전(六臣傳)〉을, 심의는 〈대관재기몽(大觀齋記夢)〉을 남겼다. 또 허균은 〈주흘옹몽기(酒吃翁夢記)〉를 남겼다.
2) 윤주필, 〈초사(楚辭) 수용의 문학적 전개와 비판적 역사의식〉, 《한국한문학연구》 제9·10 합집(한국한문학연구회, 1987), 423~475쪽.
3) 최근 간행된 김성수, 《한국 사부(辭賦)의 이해》(국학자료원, 1996)은 한국 사부 문학에 대한 최초의 전서(專書)이다. 고려 시대에서 조선 중기에 이르는 사부 문학의 여러 자료들을 개관하고 있다.
4) 이하 본문에서 작품을 인용할 경우 원 출전은 따로 밝히지 않는다.
5) 이 밖에도 이 글에서는 미처 논의하지 않았지만, 도교 주제를 다루고 있는 비슷한 시기에 지어진 사부작품은 적지 않다. 남효온의 〈애인생부(哀人生賦)〉, 심의의 〈소관부(小觀賦)〉·〈의월부(擬月賦)〉·〈달관부(達觀賦)〉, 나세찬의 〈어풍부(御風賦)〉, 양사언의 〈단사부(丹沙賦)〉, 조희일의 〈우의조정영부(羽衣朝延英賦)〉, 박상의 〈애대조(哀大鳥)〉, 김의정의 〈승로반사(承露盤辭)〉 및 어세겸의 〈초자진사(招子晋辭)〉, 정온의 〈설자후선궁(設坐侯仙官)〉, 허균의 〈몽귀부(夢歸賦)〉 등이 이러한 예에 속한다.
6) 〈몽유청학동사〉·〈반도부〉·〈유가야산부〉·〈몽유연광정부〉 등이 그러한 예에 속한다.
7) 李乃龍, 〈論仙與游仙詩〉, 《西北大學學報》 제25권 (哲學社會科學版, 1995. 2), 3~8쪽 참조.
8) 이들 작품이 그려보이는 서사 공간이 지닌 바 방외적 공간의 의미는 윤주필, 〈방외인 문학의 전통(2)〉, 《연민학지(淵民學志)》 제4집(연민학회, 1996), 101~114쪽 참조.
9) 도교에 대한 이들의 관심과 허균의 도류와의 교류 등에 대한 자세한 내용은 앞절에서 이미 살핀 바 있다.
10) 章滄授, 〈漢賦的 浪漫主義 特色〉, 《文史哲》 1987년 제2기, 47~52쪽 참조.
11) 李生龍, 〈論兩漢的 "賢人失志之賦"〉, 《中國文學研究》 1987년 제3기, 98~104쪽 참

조. 조선 전기 사부 문학 가운데 '현인실지(賢人失志)'의 주제를 다루고 있는 작품도 적지 않다. 이와 관련된 내용은 윤주필, 〈초사(楚辭)수용의 문학적 전개와 비판적 역사의식〉; 김성수, 《한국사부의 이해》, 118~202쪽 참조.

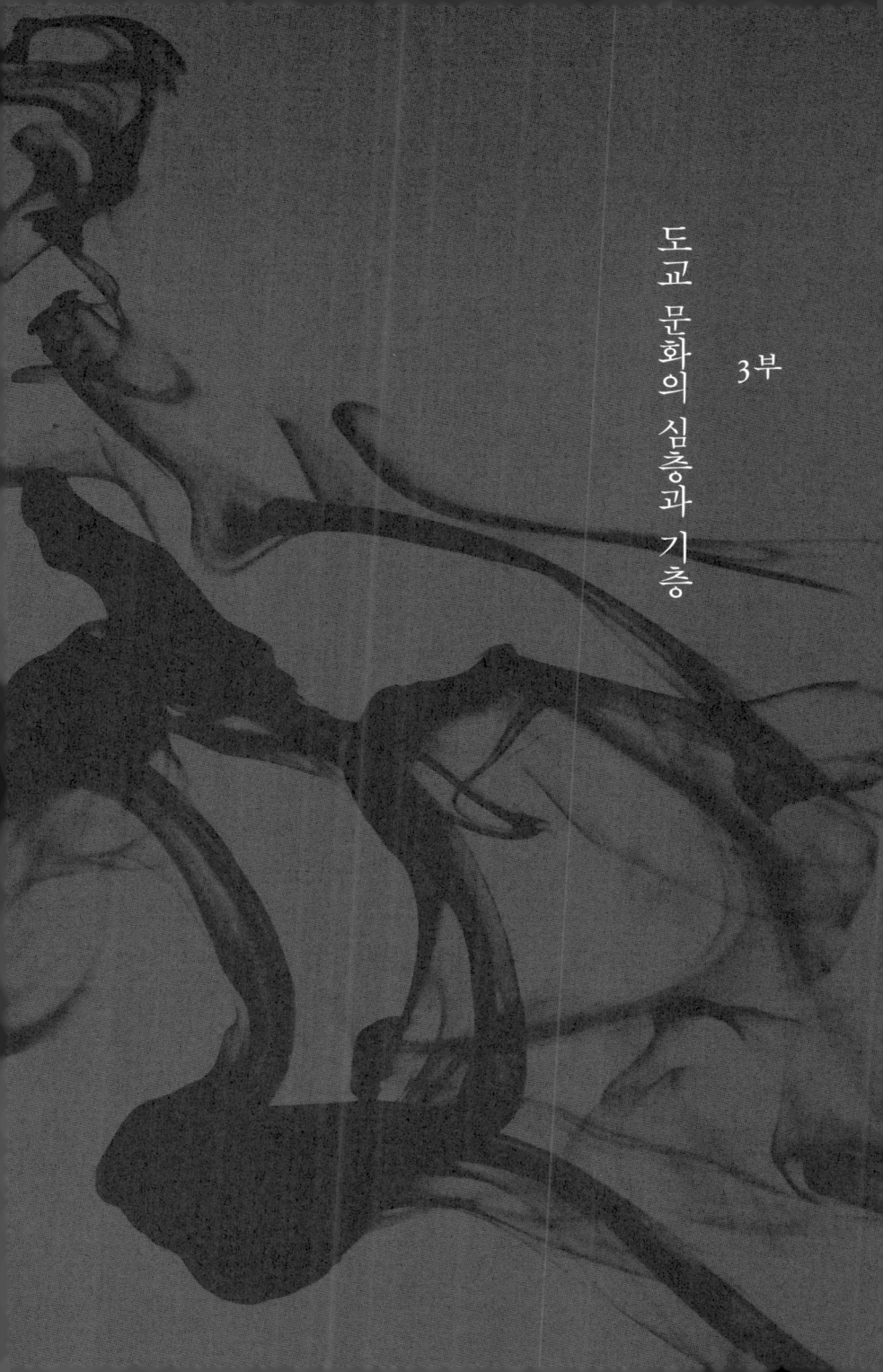

3부

도교 문화의 심층과 기층

6장

비기(秘記)의 문화사, 허균의 동국명산동천주해기

  허균의 《동국명산동천주해기(東國名山洞天註解記)》는 한국정신문화연구원에서 간행한, 장서각 소장의 《와유록(臥遊錄)》에 처음 보인다. 《와유록》이란 '누워 유람하는 책'이란 뜻이다. 이는 역대 문인들이 쓴 산수유람 기행문을 한 자리에 엮어놓은 방대한 자료집이다. 이 책에 호를 진실 거사(眞實居士)라고 하는, 평안도 상원군(祥原郡) 아전 조현(趙玄)이 정덕(正德) 을해년(1515, 중종 10)에 쓴 〈동국명산동천주해기서(東國名山洞天註解記序)〉와, 승려 지광(智光)이 가정(嘉靖) 을축년(1565, 명종 20)에 쓴 〈제명산동천지해후(題名山洞天誌解後)〉란 글이 나란히 실려 있다.[1] 조현과 승려 지광의 이름은 다른 문헌에서는 확인할 수 없었고, 이 책의 존재 또한 지금까지 전혀 알려지지 않았다.

  그 내용은 우리 나라 각 지역에 있는, 도교에서 말하는 신선들의 거주처인 동천복지(洞天福地)에 대해 자세히 소개하고, 각 동천복지의 속명과 위치, 각처를 관장하는 진인선관(眞人仙官)들의 이름을 정리해놓은 것이다. 현재 이 책의 실물은 전하지 않으나, 《와유록》에 실린 두 편의 글만으로도 대체적 내용을 이해하기에 충분하다. 이 자료는 조선 전기 이래로 독자적인 발전을 모색해온 조선 도교의 자주화 노력을 보여주는 한 뚜렷한 증거가 된다.

이 자료에 흥미를 갖고 있던 중 필자는 우연히 조선 후기 남극관(南克寬, 1689~1714)의 《몽예집(夢囈集)》에서 이 책과 관련된 또 한 편의 짧은 글과 만나게 되었다. 〈제동국명산동천지(題東國名山洞天志)〉란 글이다. 이 글에서는 《동국명산동천주해기》의 저자를 허균으로 명확히 지목하면서, 이 책은 허균이 가짜로 지은 책이고, 앞서 말한 조현과 승려 지광 또한 그가 만들어낸 가공 인물이라는 놀라운 내용이 실려 있었다.

남극관의 이 말을 신뢰할 때, 우리는 꼬리를 물고 일어나는 의문들과 만나게 된다. 허균은 왜 이 책을 지었을까? 지은 후에는 어째서 정작 자신을 감추고 가공 인물을 동원해 그럴듯한 신비적 색채를 덧씌워 일반에 유포했을까? 선조조를 전후해서 성행하는 신선 전설, 나아가 도교 문화의 확산과 연관해 이 책은 어떤 시사를 주는가? 《조선왕조실록》에서 그의 역모 사건과 관련되어 언급되고 있는 《산수비기(山水秘記)》와 이 책은 혹 무슨 연관이 없는 걸까? 남극관은 또 어떤 근거로 이 책의 저자를 허균으로 단정할 수 있었을까? 이러한 의문들이 잇달아 제기되는데, 이 글은 바로 이런 의문에 대해 해답을 찾아가는 과정이 될 것이다.■

《동국명산동천주해기》는 어떤 책인가?

《동국명산동천주해기》는 정작 실물이 전하지 않는다. 이 책에 대한 내용은 전적으로 《와유록》에 수록된 두 편의 글과 남극관의

■ **이글을쓸당시의정황** 당초 《와유록》의 영인을 이종묵 교수에게 요청한 것은 나였다. 그때는 그 속에 《동국명산동천주해기》와 관련된 기록이 있는 줄은 몰랐다. 이종묵 교수는 이 책의 해제를 쓰면서 이 자료의 존재를 주목하면서 흥미를 표명했다. 나는 그의 안내에 따라 이 자료를 다시 보고 강한 흥미를 느꼈다.
이때 마침 나는 대만에 1년간 교환 교수로 나가게 되었다. 나는 뭔가 소용이 닿을 것 같은 느낌이 들어 얼마 안 되는 짐 속에 이 책을 넣어가지고 갔다. 대만에서 이메일로 석사 논문을 지도하고 있었다. 그때 지도하던 학생이 정조 때 문인 남극관을 주제로 학위논문을 준비하고 있었다. 논문 지도 때문에 남극관의 《몽예집》을 들춰보다가 거기서 또 《동국명산동천주해기》와 관련된 글 한 편을 만났다. 전혀 예상치 못한 일이었다. 게다가 놀랍게도 거기에는 이 책이 허균의 위작이라고 못박고 있었다. 그는 숙종 때 영의정을 지낸 남구만의 손자로, 20대의 젊은 나이로 요절한 천재적인 문인이었다. 아마도 각기병을 앓았던 듯, 바깥 출입을 못 한 채 두문불출 집에서 책만 읽었다. 그는 책 주름만 아홉 명을 갈아뉘였다는 전언이 있을 만큼 독서광이었다. 그는 무슨 근거로 이런 말을 남겼을까? 그는 자료의 실물을 보았음이 분명했다. 이상한 기분이 들었다.
남극관의 기록과 만나는 순간, 나는 직감적으로 이 자료가 지닌 가치가 심상치 않음을 눈치챘다. 교환 교수로 머물던 대만 정치대학교는 타이베이시 외곽에 있는데 학교 뒷산은 온통 차 밭이었다. 산에는 지남궁(指南宮)이라고 하는, 대만에서 몇 손 안에 드는 큰 도교사원이 있었다. 나는 아침마다 천 개도 넘는 계단을 올라가야만 하는 그곳으로 산책을 다녔다. 사원에 도달하면 입구에서 본전에 이르는 긴 회랑이 있었는데, 그곳에는 도교의 기본 교리와 술어를 설명해놓았다. 늘 무심히 지나치던 곳인데, 그날 따라 동천복지(洞天福地)에 대해 설명한 부분이 눈에 들어왔다. 거기에는 중국 역대 도교 경전에 나오는 동천복지와 관련된 문헌이 쭉 실려 있었다. 동천복지라니, 그것은 필연코 허균의 그 책 내용과 연관이 있을 터였다. 필기구를 지니지 않았으므로, 이튿날 다시 그곳에 가서 그것을 베껴왔다.
이런 일련의 우연들은 마치 이 자료가 내게 자신의 존재를 여러 경로로 알리려고 신호를 보내는 듯한 느낌으로 다가왔다. 더 이상 미뤄둘 수가 없었다. 나는 그날로 대학 도서관을 찾아가 거기에 적힌 도교 경전들을 찾아 뒤지기 시작했다. 그리고 《와유록》과 남극관의 기록을 꼼꼼히 분석하며 대조했다. 허균은 왜 이 책을 지었을까? 애써 지어놓고 또 그것을 남의 이름으로 발표했을까? 그의 역모 사건과 이 책은 전혀 무관한 것일까? 마치 비밀의 코드에 접근하는 듯한 긴장을 논문을 쓰는 내내 느꼈다.

〈제동국명산동천지〉에 의존할 수밖에 없다.

조현이 지은 서문

먼저 자료 제시를 겸하여, 장황하지만 진실 거사 조현이 지었다는 서문을 읽어보기로 하자.

우리 조선은 치우친 땅이라 예부터 변방으로 보아왔다. 우리나라 사람 또한 스스로 그 비루함을 고수하여 오랑캐라 낮추 보며 그 지경 안에 신산영경(神山靈境)으로 진인(眞人)과 선관(仙官)이 다스리는 바가 있음을 알지 못한다. 그러나 도첩(圖牒)이 전하지 않으니 탄식을 금할 수 있겠는가! 내가 젊은 시절에 산에 노닒을 좋아했으나, 가난하여 멀리 갈 수 없었다. 단지 본도의 큰 산과 깊은 뫼를 두루 다녀, 사람의 발길이 능히 이르지 못할 곳도 거의 다 다녀보았다. 벼랑이나 끊긴 길은 다리를 놓고 구덩이를 파서라도 가보고야 말았다.

병진년(1496, 연산군 2) 여름, 봉천대에 올랐는데 반야봉이란 산이 가장 높았다. 덩굴을 더위잡고 절벽에 기대어 천신만고 끝에 가까스로 꼭대기에 올랐다. 문득 큰 절이 있는데 아름다운 빛깔이 휘황하게 비쳤다. 문에 들어서자 승려의 무리가 모여들며 사람이 온 것을 괴이하게 여겼다.

붉은 옷을 입은 천인(天人)이 전각 위에 앉아 있다가 불러 말했다.

"네가 인연이 있어 이곳에 이르렀으니 의아해하지 마라. 너는 전신이 임정(琳庭)을 주관하던 자로서 죄를 지어 귀양 내려와 이곳에 있는 것이다. 나는 바로 동국총리명산동천진관(東國總理名山洞天眞官)이니, 이곳은 해동에 으뜸가는 복지니라. 지난번 상제께서 동왕공(東王公)의 시자 나홍우(羅弘祐) 진인에게 명하사, 와서 삼한의 땅을 살피게 하여, 3대주(三大洲)·5대신악(五大神嶽)·9보동천(九輔洞天)·43부(四十三府)·27도(二十七島)·35동(三十五洞)·141산(一百四十一山)·99천(九十九川)으로 구분하고, 각각 선관을 나누어 그 임무를 맡기셨다. 나는 곧 가한 장인(可韓丈人)으로 동원제육보관(東垣第六輔官)이니라. 상제의 명을 받들어 동국의 일을 총괄하여 다스리고 있나니, 선덕(宣德) 신해년(1431, 세종 13)부터 이곳에 머물고 있노라. 파갈왕보살(婆竭王菩薩)이 이 산을 맡아 절을 크게 열고 내게 맡기어 다스려주기를 청하므로, 선당(禪堂) 한 곳을 빌려 진인이 조회하는 곳으로 삼고 있다. 동인이 신선 진인의 자취를 알지 못하므로 내가 이를 위해 책으로 기록하여 엮어 세상에 전하고자 한다. 이제 지의(智顗) 현감 노사(玄鑑老師)가 묘향산 광제사(廣濟寺)에 있는데, 능히 나의 글자를 읽을 줄 아니 네가 이를 전할 수 있으리라."

소매에서 책 한 권을 꺼내주는데, 글자의 획이 범자(梵字)도 아니요 전서도 아니었다. 또 말했다.

"네가 능히 찾아가 지의 대사에게서 이 책을 받을 수 있게 되면, 팔도를 두루 다녀 주해를 하도록 하라. 이 또한 하늘에서 내리는 뜻이니 어길진대 견책이 있으리라."

내가 삼가 받들어 땅에 엎드려 예를 올리고 머리를 들어보니, 그 절은 간데없고, 단지 황량하고 자욱한 잡초 우거진 땅일 뿐이었다.

　구슬피 내려와 묘향산에 이르러 광제사를 찾아갔다. 승려가 십여 명인데 이른바 지의 대사란 이는 없었다. 때문에 그곳에 머물면서 그를 찾기 위해 백 일이 지나도록 단 하루도 게을리하지 않았다. 부엌 가운데 늙은 스님이 있어 남루하여 불을 끼고 땅바닥에 앉아 덜덜 떨면서 말도 하지 못하였다. 마음으로 불쌍히 여겨 따뜻한 국물을 주니, 스님이 다 마시더니 말했다.

　"가한 장인의 지지(地誌)는 어디에 있느냐?"

　내가 급히 내려가 절을 올리고 책을 가져다가 바쳤다. 스님이 이를 가지고 가면서 말했다.

　"그대는 내년 바로 오늘에 고야산 관음사(觀音寺)로 나를 찾아올 수 있겠는가?"

　말을 마치고는 나는 듯이 떠나가는데, 좇았으나 능히 따라갈 수 없었다.

　내가 (일 년 뒤) 약속대로 가보니 그 스님은 없었다. 하루 종일 기다렸지만 오지 않았다. 문득 전각의 동쪽 벽 위를 올려다보니 누런 보자기 하나가 걸려 있었다. 가져다 살펴보매 바로 그 지지를 번역한 것을 글로 쓴 것이었다. 급히 소매 속에 넣고서 밤중에 절로 가서 그 산악동부(山嶽洞府)의 이름 붙인 것을 두루 읽어보았으나, 모두 속명과는 같지 않은데다, 주관하는 자의 벼슬과 이름도 또한 전에 들어본 것이 아닌지라 마음으로 몹시 기이하게 여겼다.

　마침내 평안도에서부터 강원도 아래 충청·경상·전라 세 도를 거쳐 다시 황해도에 이르고, 압록강에서 마쳤다. 지지에 의

거하여 그 땅이 있는지 없는지를 찾아보느라 험한 곳을 건너고 물결을 무릅써 아무리 깊은 곳도 가보지 않은 곳이 없었다. 무릇 18년이 지나고서야 그 경계를 다 섭렵할 수가 있었다.

한가한 날에 광제사 동쪽 방에 나아가 주머니를 열고서 자세히 살펴보았다. 지지 아래에 속명을 주 달아놓은 것이 이미 가득했다. 그래서 바로 책으로 엮어, 나누어 네 권으로 만들고 이름을《동국명산동천주해기(東國名山洞天註解記)》라 하고는, 약사여래 대좌 밑에 간직해두었다. 안목 있는 인사가 이를 취하여 만대의 뒤에 믿게 함을 기다려 영악신산(靈嶽神山)으로 하여금 기이한 자취를 드러내게 하려 함이었다. 혹 임금이 높여 존숭하여 제사 지내고 봉선(封禪)한다면 동국 백성이 복을 받는 때일 것이다.

정덕(正德) 을해(1515, 중종 10) 10월 초 1일.[2)]

그 내용은 다음과 같이 간추릴 수 있다. 우리 나라에도 신산영경이 있어 진인과 선관이 다스리고 있는데, 사람들은 이러한 사실을 잘 모른다. 그러나 이를 설명해놓은 도첩이 전해지지 않으니 모르는 것은 안타깝지만 또 어쩔 수가 없다.

그가 이러한 사실을 안 것은 젊은 시절부터 비롯된 탐승벽 때문이었다. 1496년 여름, 묘향산 봉천대 뒤편 인적이 미칠 수 없는 반야봉 정상을 천신만고 끝에 올라보니, 놀랍게도 거기에는 휘황찬란한 큰 절과 수많은 중들이 살고 있었다. 그래서 그는 그곳에서 자신의 신분을 동국총리명산동천진관(東國總理名山洞天眞官) 동원제육보관(東垣第六輔官)이라고 밝힌 가한 장인(可韓丈人)이란 천인(天人)과 만나게 된다. 그 천인은 그에게 이곳이 해동에 으뜸가는 복지라고 알려주며, 옥황상제가 동왕공(東王公)의 시자 나홍우(羅弘祐) 진인에게 명하여 삼한의 땅을 살펴, 3대주·5대신악·9보동천·43부·27도·35동·141산·99천으로 나누고, 각처에 선관을 파견하여 관장케 했는데, 자신은 이들을 모두 총괄하여 다스리는 직분을 맡고 있음을 밝혔다. 본래 이곳은 파갈왕보살이 맡았던 곳으로 절을 크게 열어 자신에게 맡기므로, 선당 한 구석을 빌려 진인들을 조회하는 장소로 사용하고 있다는 것이다.

이어 가한 장인은 동국 사람이 신선과 진인의 자취에 대해 전혀 무지한 것을 안타까이 여겨 동국의 명산동천과 그곳을 관장하는 신선 진인에 대한 내용을 자세히 기록하여 세상에 전하려 하는데, 묘향산 광제사에 있는 지의(智顗) 현감 노사(玄鑑老師)만이 자신의 문자를 읽을 줄 아니 그를 찾아가 책을 풀이하고, 그후에는 직접 팔도를 답사하여 각처를 속명에 따라 주해하여 모든 사람들이 알 수 있도록 하라는 명을 내린다.

문득 돌아보니 절은 간데없었다. 이에 그는 책을 들고 광제사로 가 지의 대사를 애타게 찾았으나 찾지 못하였다. 시종 애를 태우다가, 부엌에서 불을 쬐며 덜덜 떨고 있던 늙은 중을 불쌍히 여겨 따뜻한 국물을 주니 그가 바로 지의 대사였다. 지의 대사는 1년 뒤 고야산 관음사로 찾아오라는 말을 남긴 후 사라지고, 1년 뒤 그는 관음사 동쪽 벽 위에 걸린 보자기에서 지의 대사가 번역한 지지(地誌)를 찾아 읽게 된다. 그러나 거기에 적힌 산악동부(山嶽洞府)의 이름은 속명과 같은 것이 하나도 없고, 주관하는 자의 벼슬과 이름도 모두 처음 듣는 것인지라, 몹시 기이하게 여겼다.

그후 그는 18년간 평안도에서 충청·경상·전라도를 거쳐 황해도와 함경도를 지나 압록강까지 전국을 샅샅이 답사하여 지지에 따라 실제의 위치를 비정하여 마침내 가한 장인이 준《동국명산동천기》를 속명에 의거하여 상세히 주해하는 일을 완성할 수 있었다. 이에 이를 네 책으로 엮어《동국명산동천주해기》라 이름짓고 약사여래 대좌 아래 간직해두어, 훗날 안목 있는 자가 이를 읽고 영악신산으로 하여금 그 기이한 자취를 드러내게 하고, 임금이 높여 존숭하고 제사 지내게 하여 동국 백성으로 하여금 복을 받게 하고자 했다고 한다.

요컨대《동국명산동천주해기》란 상제의 명을 받아 나홍우 진인이 삼한의 땅을 살펴 그 경계에 따라 구분한 3대주·5대신악·9보동천·43부·27도·35동·141산·99천의 실재 지리상의 위치와, 각 처소를 관장하는 진인(眞人) 선관(仙官)의 명칭을 기록한 것을 속명에 따라 주해한 책이다. 그런데 3대주와 5대신악 등 각각의 처소가 구체적으로 어느 곳을 지칭하는지는 현재 원본이 전해오지 않으므로 전혀 알 수가 없다. 즉 동국의 명산동천을 대주(大洲)·신악(神嶽)·동천(洞天)·부(府)·도(島)·동(洞)·산(山)·천(川) 등 여덟 가지 범주로 구분한 뒤, 이를 다시 362개소로 세분한 것인데, 비중에 따라 순서를 배열한 듯하나 각 숫자가 지시하는 의미와, 각 범주상의 차별은 서문만으로는 짐작하기 어렵다.

옥황상제의 명에 따라 나홍우 진인이 동국 명산동천을 분류했고, 다시 이곳을 총괄하는 가한 장인이 천상의 문자로 지은《동국명산동천기》를 지의 대사가 인간의 문자로 옮겨놓았는데, 이를 진실 거사(眞實居士)란 이가 직접 18년간 팔도를 누비며 답사하여

주해를 달아놓은 책이 바로 이《동국명산동천주해기》인 셈이다. 말하자면 천상의 비기(秘記)가 여러 경로를 거쳐 인간 앞에 모습을 드러낸 것인데, 도교적으로 윤색된 농후한 설화의 색채를 언뜻 보고도 느낄 수 있다.

지광이 쓴 제후(題後)

다음에 읽을 글은 가정 을축년(1565)에 지광(智光)이란 승려가 성불사 방장에서 지었다는〈제명산동천지해후〉란 글이다. 여기서는 책 이름을《동국명산동천주해기》를 줄여《명산동천지해(名山洞天誌解)》라 약칭했다.

이 책을 지은 것은 지의 대사(智顗大師)라고 하나, 지의의 이름은 선림(禪林)에 전하지 않으니 나 또한 능히 믿을 수가 없다. 진실 거사(眞實居士)라는 사람은 상원군의 아전인 조현(趙玄)인데 삼정일자(三丁一子), 즉 아들 셋에 하나는 면제해주는 법에 따라 관역(官役)을 면했다. 일찍이 부모를 여의었으나 그 형이 우애롭지 못한지라, 마침내 거사가 되어 보살계를 몹시 열심히 지키면서 개천 고야산 관음사에 숨어 살았다. 평생 문자를 알지 못했는데, 좌선한 지 18년 만에 활연히 깨달아 붓을 잡아 글을 지으니 매우 훌륭했다. 장난으로 박천(博川) 향시에 나가 삼장(三場)을 잇달아 급제하고는 바로 떠나가 다시 숨었다.

가정 무신년(1548, 명종 3)에 내가 보현사(普賢寺) 주지로 있을 때 조현이 찾아와 여러 날을 함께 묵었다. 시를 지어 내게 주었는데, 이러하였다.

법문 중에 크나큰 자비가 있어,
천 리라 묘향산서 스님 만났네.
여래의 그 소식을 묻고자 하니,
반산의 밝은 달이 깊은 못에 들었네.
　　法門中有大慈悲　千里香山幸遇師
　　欲問如來消息未　半山明月入深池

내가 그를 위해 붓을 던지고서 화답하지 않았으니, 대개 이미 불이문(不二門)에 든 사람이었다. 떠나며 편지를 남겼는데, 이렇게 말했다.

"이것은 내가 선사(仙師)의 명을 받들어 번역한 것입니다. 세상에 전하고자 하니 대사께서 이를 베풀어 뒷날을 기약하소서."

그후 15년이 지나 임술년(1562, 명종 17)에 사미 법련(法蓮)이 그를 덕천(德川)에서 만났는데, 얼굴 모습이 평소와 같았다 하니 과연 이인이라 하겠다. 그 뒤로도 간절히 만나고자 했으나 만날 수가 없었다. 어찌 신성의 자취로써 세상에 오래도록 뒤섞이기를 즐기겠는가? 한가한 날에 이 책을 상자 속에서 꺼내 읽어보니 더더욱 기이한지라, 책 말미에 되는 대로 제했다.

가정 을축년(1565) 가을 8월 24일에 지광 노석(智光老釋)은 성불사(成佛寺) 방장에서 쓰노라.[3]

이 글에서 지광은 가한 장인의 지지를 옮긴 지의 대사의 이름을 선림에서 들어본 적이 없다 하여 그의 존재에 신비성을 부여한 후, 이를 주해한 진실 거사는 평안도 상원군의 아전인 조현이라 했다.

그는 어려서 부모를 여의고 형과 우애가 좋지 않아 집을 나와 거사가 되어 개천 고야산 관음사에 숨어 살며 보살계를 열심히 지켰다. 좌선한 지 18년 만에 활연히 문자를 깨쳐, 장난 삼아 박천군의 향시에 나아가 삼장을 잇달아 급제하고는 다시 숨었다고 했다. 앞에서 그의 신분을 군리(郡吏)라고 한 것은 급제 후 그가 잠시 박천에서 아전 노릇을 했던 것을 암시하는 듯하다.

그후 지광이 묘향산 보현사 주지로 있을 때, 조현이 찾아와 시를 주는데 이미 깨달음의 경지에 든 듯했다. 그가 문득 소매에서 자신이 가한 장인의 명을 받들어 주해한 《동국명산동천주해기》를 꺼내어 세상에 전해줄 것을 부탁했고, 15년 후에 그를 덕천에서 만났으나 얼굴이 조금도 변하지 않았더란 이야기, 그후로는 아무리 만나려 해도 만날 수 없었다는 이야기를 덧붙였다. 그래서 조현이 자신에게 그 책을 전해준 지 17년 후인 1565년 가을에, 책 말미에 이 제사(題詞)를 달아 세상에 전하게 되었노라고 했다.

그러니까 진실 거사 조현이 가한 장인한테서 이 책을 받은 것은 1496년이었고, 주해를 완성한 것은 그로부터 19년 뒤인 1515년이며, 이 책이 지광에 의해 세상에 알려진 것은 다시 50년 후인 1565년이 된다. 지광의 말에 따르면 그는 어려서 조실부모했다 하였고, 가출하여 18년간 관음사에서 거사 생활을 했으며, 그후 박천 향시에 급제하여 한동안 아전 노릇을 했다고 하였으니, 그가 실제 가한 장인을 만났을 때는 빨라도 30세를 넘긴 나이였을 터다. 그렇다면 지광의 사미 법련이 1562년에 그를 덕천에서 만났을 때는 이미 근 백 세에 가까운 노인이었다는 계산이 나오는데, 지광은 그의 모습이 평소와 조금도 다름없었다고 했다. 더욱이 그가 지었다는 한 편의 시까지 적어놓고, 만난 해와 글을 쓴 날짜까지 정확히 밝혀 기록한 내용에 신뢰를 주려고 애쓴 흔적이 역력하다.

그 내용의 신뢰 여부와 무관하게, 이상 살펴본 두 편의 글을 통해 우리는《동국명산동천주해기》란 책이 세상에 출현하게 된 배경과 그에 얽힌 이야기를 짐작할 수 있다. 그리고 그 책의 체제는 먼저 조선 팔도에 산재한 명산동천을 각 처소에 따라 대별하고, 각 처소를 주관하는 진인 선관의 명칭이 명기된 비교적 간단한 본문과, 그 본문 아래 본문의 명칭을 세속의 실재 지명으로 알아볼 수 있도록 상세히 부연한 조현의 주해가 덧붙여진 형태로 구성되었을 것으로 짐작된다. 전부 4책이라 했으니, 전체 분량은 결코 만만치 않다. 그 자세한 형식에 대해서는 다시 후술키로 한다.

허균과《동국명산동천주해기》

위의 두 글을 사실로 받아들인다면, 사실 이 글은 작성될 수 없었을 것이다. 그런데 다음에 읽을 남극관의《몽예집》에 실린 짤막한 한 편의 글은, 이 책과 관련된 문제를 완전히 다른 차원으로 돌려놓고 만다.

남극관이 쓴 문제의 글

먼저 남극관이 그의 문집에 남긴 〈제동국명산동천지〉란 글을 읽어보자.

허균이 《도장(道藏)》의 여러 책을 취하여 흉내내고 꾸며 엮어 이 글을 이루었다. 고위걸(高位杰)이나 을지천(乙支舛)은 은근히 동명왕 고주몽(高朱蒙)과 을지문덕을 가리키며, 천걸(舛杰)이란 또 양사공(梁四公)의 이름이기도 하다. 나머지도 모두 이와 마찬가지다. 서발(序跋)이 모두 거짓이니, 지광이며 조현의 무리는 만들어낸 사람이다.[4]

짧은 글 속에 이 책과 관계된 많은 내용이 거론되고 있다. 요컨대 《동국명산동천주해기》(그는 책 이름을 《동국명산동천지》라 적었다)란 책은 허균이 가짜로 지어낸 책으로, 《도장》의 여러 책에서 이리저리 베껴 그럴듯하게 꾸민 것이다. 서발(序跋)도 모두 허균이 지은 것이며, 지광이니 조현 같은 무리는 실제로 존재하지 않았던 허구가공의 인물이라는 것이다.

이 글은 이 책의 내용과 관련된 정보를 한 가지 더 담고 있다. 여기에는 각처를 주관하는 진인 선관의 이름으로 고위걸(高位杰)이나 을지천(乙支舛) 같은 구체적인 명칭이 나오는데, 남극관은 이들 또한 은근히 고주몽과 을지문덕 같은 인물들을 암시하고 있음을 밝혔다. 말하자면 앞서 조현이 서문에서

주관하는 자의 벼슬과 이름도 또한 전에 들어본 것이 아닌지라 마음으로 몹시 기이하게 여겼다.

는 대목의 구체적 실례를 들어보이고 있는 것이다. 그는 주관하는 자의 벼슬 이름과 사람 이름이 우리 나라 역대로 우뚝한 자취를 남

긴 선인들의 이름을, 언뜻 보아서는 알 수 없도록 암호로 만든 것에 지나지 않는다고 보았다.

이 글로 인해《동국명산동천주해기》와 관련된 문제는 다시 완전히 원점으로 되돌아오게 된다. 이제는 조현이나 지광의 문제가 아니라, 난데없이 허균이 전면에 떠오르게 되는 것이다. 또 남극관은 허균이 가짜로 만든 이 책의 체제가 도교 경전을 집대성한《도장(道藏)》여러 책과 유사하다고 말했다.

그렇다면 남극관은 어떻게《동국명산동천주해기》가 허균의 두찬(杜撰)이란 사실을 대번에 알아차렸을까? 근거로 삼을 만한 명확한 증거 없이 그가 이토록 단호한 어조로 말할 수는 없었을 것이다. 남극관은 숙종 때의 소론의 거두 남구만(南九萬)의 손자로, 어려서부터 각기병을 앓아 두문불출 집에서 책만 읽다가 25세의 젊은 나이로 요절한 천재적인 문인이었다. 그는 책 주름을 아홉 번이나 갈아치웠다는 전문이 있을 만큼 독서광이었다. 그럴진대 그가《동국명산동천주해기》를 구해 읽고, 그 두찬자를 허균으로 지목했을 때는 단서가 될 만한 증거들이 분명히 있었을 터이나, 위에서 그가 쓴 짧은 글이나 그밖에 그의 문집을 통해서는 전혀 짐작할 길이 없다.

그렇다고 논자의 입장에서, 덮어놓고 그의 이 말만 믿고 이 책의 실제 저자를 허균으로 단정하여 이 책이 지닌 의미를 천착해 나갈 수는 없는 노릇이다. 이제 하는 수 없이 허균의《성소부부고》를 통해 직접 두찬의 증거를 찾아나설밖에 도리가 없다.

사실 가짜일지 모른다는 색안경을 끼고서 이들 자료를 살펴보면 미심쩍은 대목이 한두 군데가 아니다. 우선 조현의 별호를 '진실 거사'라고 한 것부터가 미심쩍다. 굳이 '진실'을 앞세운 것은 곧 진실하지 않은 데서 오는 자의식의 발로일 뿐이다. 평안도 상원군의 일개 아전이, 그것도 18년간 보살계만 열심히 닦은 거사에 불과했던 그가 어느 날 갑자기 문리를 깨쳐 향시에 연이어 급제했다는 것도 믿을 수 없다. 더욱이 그가 직접 견문했다는 많은 일들은 전형적인 도교 선경 설화의 구조를 그대로 따르고 있다.[5] 발문을 쓴 지광은 묘향산 보현사의 주지를 지냈고, 조현이 굳이 그를 찾아갈 만큼 신분과 도력이 높았음에도 불구하고 불교사에서 그의 존재는 전혀 보이지 않는다. 문체 면에서도 두 글은 큰 차이를 보이지 않으니, 대개 이런 정황만으로도 이 책이 진실을 바탕으로 지은 것이 아님은 어렵지 않게 짐작할 수 있다.

문제는 이 책을 지은 사람이 다름 아닌 허균이라는 점이다. 실제 허균의 《성소부부고》를 《동국명산동천기》의 관점에서 꼼꼼히 읽어보면 우리는 뜻밖에 그와 연관된 정보를 많이 얻을 수 있다. 이제 그것을 구체적으로 거론해, 앞서 남극관의 주장이 지닌 신뢰성을 확인해보기로 하자.

허균이 지었다는 증거들

먼저 진실 거사 조현과 관계된 문제이다. 《성소부부고》 권6에는 〈상원군왕총기(祥原郡王塚記)〉란 글 한 편이 실려 있다.[6] 상원군이란 알려진 대로 진실 거사 조현이 아전 노릇을 했던 바로 그곳이다. 이 글의 내용은 평안도 상원군 북쪽 15리쯤의 왕산촌(王山村)이란 곳에 왕총이 하나 있었는데, 1607년 7월에 큰비로 무덤이 무너져 내렸다. 그때 마을 사람 조벽(趙璧)은 어려서 중이 되어 글을 조금 이해했다. 그가 마을 사람들을 이끌고 가서 광중에서 여러 유물들을 목격했다. 무덤 안에 있던 돌종 위에 '신명대왕묘(神明大王墓)'란 다섯 글자가 크게 씌어 있었다. 조벽이 마을 사람들과 함께 흙으로 이를 다시 덮자, 그날 밤 꿈에 붉은 옷을 입고 금띠를 두른 신인이 나타나 감사의 뜻을 전하고, 이후 3년 동안 풍년으로 보답하더라는 이야기다. 허균은 이 말을 조벽에게서 직접 들었다고 했다.

이 글에 나오는 조벽은 상원군 사람이고, 어려서 중이 되었으며 글을 조금 이해한다는 점에서 앞서 본 조현을 금세 떠올리게 한다. 조벽은 실존 인물이고 〈상원군왕총기〉는 실제로 일어난 일을 기록한 것이다. 우리는 여기에서 허균이 조벽을 떠올려 조현이란 허구의 인물을 만들어냈을 가능성을 미루어 짐작할 수 있다. 특히 앞서 고주몽을 고위걸이라 하여 '고씨 가운데 지위가 우뚝한 인물'로 암호화하는 예에서도 보이듯, 진실 거사란 별호와 더불어 현허(玄虛)·현묘(玄妙) 등의 말에서 알 수 있듯, '조현(趙玄)'의 '현(玄)' 또한 그가 가공의 인물임을 진하게 암시하고 있다.

지광(智光)이란 이름은 또 〈상원군왕총기〉 바로 앞에 실린 〈원주법천사기(原州法泉寺記)〉의 고려 승려 지광의 탑비(塔碑) 이야기에 보인다. 우연치고는 묘한 우연이다. 이 글에 나오는 지광은 고려 문종 때의 국사다. 허균은 이를 슬쩍 빌려와 《동국명산동천주해기》의 발문을 쓴 조선 중기 묘향산 보현사 주지를 지낸 승려 지광으로 둔갑시킨 것이다.

또 《성소부부고》 권7에 실려 있는 〈사계정사기(沙溪精舍記)〉란 글은 허균과 《동국명산동천주해기》의 관련을 반증하는 더욱 구체적인 심증을 준다. 그 글의 일부를 추려 읽어보기로 하자.

남원은 옛 대방국(帶方國)으로 옛날에 이르던 방장(方丈) 삼한(三韓)이었다. 진나라 시절부터 방사들은 삼신산이 동해 가운데 있으며 거기에 신선과 불사약이 있다 했는데, 군주치고 이 말을 달갑게 여기지 않은 이가 없었다. 내가 일찍이 《오악진형도(五嶽眞形圖)》및《동명기(洞冥記)》와《십주기(十洲記)》를 얻어 고찰해보니, 삼신산이 동해에 있다고 했다. 우리 나라를 빼고는 이 산이 있을 곳이 없으며, 이른바 방장에 있다는 것은 이미 대방에 있으니, 영주(瀛洲)·봉래(蓬萊)도 역시 금강산과 묘향산의 밖에서 벗어나지 않을 것이 분명하다. 만약 그렇다면 그곳은 신령스럽고 아득한 구역이어서 사람은 능히 올라갈 수 없는 곳일 것이다. 반드시 위에 진짜 상진(上眞)·천선(天仙)이 있어 복지(福地)를 장악하고 동천(洞天)을 맡아서 그 일을 다스릴 텐데 세상에 이를 아는 자가 없다. 이 어찌 진선(眞仙)의 무리들이 혼탁한 것을 싫어하여 손을 가로저으며 만나려 하지 않음이 아니겠는가? 아니면 사람이 스스로 인연이 없어 도달하지 못하는 것인가? 이는 모를 일일 따름이다.[7]

허균은 이 글에서《오악진형도》·《동명기》·《십주기》등의 중국 옛 기록을 얻어 읽어보았다고 했다. 이 가운데《십주기》·《동명기》등은《도장》가운데 실려 있다. 그는 중국 옛 기록에서 말한 삼신산이 우리 나라에 있다고 단정하고, 방장은 지리산을, 영주는 묘향산을, 봉래는 금강산을 가리킨다고 보았다. 또 그 꼭대기 인적이 미칠 수 없는 곳에는 신령스럽고 아득한 구역이 있어서 상진·천선이 복지동천을 맡아 다스리는데, 세상 사람들은 아무도 이를 아는 자가 없다고 했다. 그런데 이 대목은 조현이 쓴 〈동국명산동천주해기서〉의 내용과 큰 차이가 없다. 말하자면 《동국명산동천주해기》는 허균이 〈사계정사기〉의 윗 대목을 문맥만 달리하여 고쳐 쓴 것이다.

이밖에도 《동국명산동천주해기》를 허균과 연관짓게 하는 결정적인 자료가 하나 더 있다. 도교 수련소설이라 할 수 있을 정도로 도사의 내단 수련 과정을 상세히 묘사하고 있는 〈남궁 선생전〉이 바로 그것이다.

간통한 첩과 간부를 죽이고 살인범이 되어 호송되다가 도망친 남궁두가 태백산으로 가는 길에 의령에 있는 암자에 묵어 자게 되었다. 거기서 그는 관상만 보고 자신의 모든 일을 알아맞히는 이승(異僧)을 만난다. 놀라 가르침을 청하자, 그는 무주 치상산(雉裳山)에 있는 자신의 스승을 찾아가볼 것을 권한다. 이에 남궁두는 방향을 돌려 치상산에 도착하여 1년이 넘도록 온 산을 뒤지며 수십 곳의 절을 찾아다녔으나 이승의 스승을 만나지 못했다. 이 대목은 흡사 조현이 가한 장인의 지지를 들고서 지의 대사를 찾아 헤매는 광경을 연상케 한다.

어렵게 선사(仙師) 장로(長老)를 만난 남궁두는 온갖 어려움을 극복하고 내단 수련에 들어가 큰 깨달음을 이룬다. 하지만 마지막 단계에서 욕념이 끓어올라 니환(泥丸)이 타오르는 바람에 마침내 신태(神胎)를 이루지 못하고 지선(地仙)의 경지에 머물고 만다. 남궁두가 뒤에 장로에게 그 출처를 묻자, 선사는 자신이 태사 권행

(權幸)의 증손자로 희녕(熙寧) 2년(1069)에 태어났으며, 14살에 나병에 걸려 버려졌다가, 범굴 속에서 초라(草羅)란 풀을 먹고 나병이 절로 나았다는 이야기를 들려주었다.

그후 그는 태백산 꼭대기의 선방(禪房)을 찾아가, 늙고 병든 중한테서 그 스승의 비결서를 전해 받게 된다. 그 책은 신라 의상 대사가 중국의 정양 진인(正陽眞人)한테서 받았다는 비결로,《황제음부경(黃帝陰符經)》·《김벽용호경(金碧龍虎經)》·《참동계(參同契)》·《황정내외경(黃庭內外經)》·《최공입약경(崔公入藥經)》·《태식심인(太息心印)》·《통고정관(通古定觀)》·《대통청정(大通淸淨)》등의 경전이었다. 다시 11년의 수련 끝에 마침내 신태를 이루어 상선(上仙)이 되어 천상에 올라가려 했으나, 상제가 동국 삼도 제신(三道諸神)을 거느리라는 명령을 내리므로 이곳에 5백여 년을 머물고 있다고 했다. 이 대목은 또한 조현이 반야봉을 천신만고 끝에 올라, 가한 장인한테서 비결서인《동국명산동천지》를 받으면서, 가한 장인의 출처를 듣는 대목과 거의 비슷하다.

가장 흥미로운 것은 장로가 삼도제신의 조회를 받는 장면이다. 산골 가득 수천 수만의 꽃등불이 대낮처럼 걸리더니, 기이하고 괴상한 모습의 온갖 짐승 수백 수천 마리가 나타나고, 지휘 깃발을 든 금동옥녀(金童玉女) 수백 명과 기치창검을 든 군대 천여 명이 뻥 둘러선 가운데, 제신들이 차례로 화려한 복장을 하고 도착한다. 제신들의 조회 차례와 명칭을 정리하면 다음과 같다.

3대신군(三大神君) : 동방극호림(東方極好林) · 광하(廣霞) · 홍영산(紅暎山)

5주진관(五洲眞官) : 봉호(蓬壺) · 방장(方丈) · 도교(圖嶠) · 조주(祖洲) · 영해(瀛海)
10도여관(十島女官) : 동남서해(東南西海) 장리(長離) · 광야(廣野) · 옥초(沃焦) · 현롱(玄隴) · 지폐(地肺) · 총진(摠眞) · 여궤(女几) · 동화(東華) · 선원(仙源) · 림소(琳宵)
7도사명신장(七道司命神將) : 천인(天印) · 자개(紫盖) · 금마(金馬) · 단릉(丹陵) · 천량(天梁) · 남루(南壘) · 목주(穆洲)
5대신장(五大神將) : 단산(丹山) · 현림(玄林) · 창병(蒼兵) · 소천(素泉) · 자야(赭野)
5신소통산림수택영독성황제귀백귀모(五神所統山林藪澤嶺瀆城隍諸鬼伯鬼母) : 5백여 명

말하자면 이들은 동국 3도제신(三道諸神)의 명칭이다. 일반적으로 신선들의 사회는 철저한 관료제로서 위계가 엄격한 집단이다. 3대신군 · 5주진관 · 10도여관 · 7도사명신장 · 5대신장과 5대신장 관할 하에 있는 산림수택영독성황제귀백귀모들 사이에는 엄연한 차등이 존재한다. 3대신군의 경우, 장로가 일어서서 손을 모아쥐자 3대신이 두 번 읍하고 물러나며, 5주진관의 경우, 장로는 일어서기만 하고 신들은 두 번 절하고 물러난다. 그러나 10도여관은 앉아서 절을 받고, 7도사명신장은 읍만 하고 절하지 않고 물러가며, 나머지 5대신장과 귀백귀모들은 줄을 지어 서서 네 번 절하고 물러난다. 명칭으로 볼 때 신군(神君)이 가장 높고, 진군(眞君)과 여관(女官)이 그 다음이며, 그밖에 신장(神將)과 귀백귀모(鬼伯鬼母)들은 가장 하층의 품계에 해당한다.

그런데 〈남궁 선생전〉에 보이는 3도제신들의 품계와 명칭이 앞서 《동국명산동천주해기》에 보이는 3대주(三大洲)·5대신악(五大神嶽)·9보동천(九輔洞天)·43부(四十三府)·27도(二十七島)·35동(三十五洞)·141산(一百四十一山)·99천(九十九川)의 체계와 아주 유사한 점이 많다는 사실이 관심을 끈다. 〈남궁 선생전〉에 비춰볼 때, 3대주의 경우 마땅히 3주진관(三洲眞官)이 있을 터이고, 5대신악에는 응당 5대신군(五大神君)이 있어야 할 터이다. 또 9보동천과 43부에는 다시 각각의 신장이 있겠고, 27도에는 여관이, 그밖에 동(洞)과 산천에는 으레 산림수택영독성황제귀백귀모들이 역할을 분담하여 관할하고 있는 내용이 《동국명산동천주해기》에 상세히 적혀 있을 것이다.

이렇게 본다면 《동국명산동천주해기》의 실제 저자를 허균으로 단정한 남극관의 주장이 아무 근거 없이 나온 것이 아님이 더욱 분명해진다. 구체적으로 확인할 수는 없지만, 남극관은 이런 것 외에 이 책의 두찬자를 허균으로 단정할 수 있는 근거를 더 가지고 있었을 것이다.■ 결국 《동국명산동천주해기》는 허균이 가공의 인물을

■ **허균과 남극관** 남극관은 허균에 대해 관심이 많았다. 그의 문집인 《몽예집》 곤권, 장32에서, "공주 사람 아전이 전하는 이야기에, 허균이 공주 목사로 있을 때 매일 관아 일이 파하면 섬돌 위에서 신을 신고 손을 뒷짐진 채 시를 읊곤 했는데, 그 소리와 가락이 맑고도 씩씩해서 마치 옥이 울리는 것 같았다. 이를 바라보던 자들이 하늘 나라의 사람이라고 했다(公州人吏傳說, 許筠爲牧, 每衙罷, 躧履階除, 負手長詠, 聲調淸遒, 若憂哀玉, 望之者謂天人也)."는 기록을 전하고 있다. 앞서 제시한 글들 외에도 예를 들어 《성소부부고》 권14에 수록되어 있는 〈대령산신찬(大嶺山神贊)〉과 같은 글은, 대관령의 산신으로 추앙받는 대장군 김유신을 명주 부사(溟州府司)에서 제사 지내자 영험을 드러내보인 일을 적고 있다. 여기에 보이는 김유신의 경우도 앞서 고주몽이나 을지문덕의 경우처럼 이름을 달리하여 《동국명산동천주해기》 속에 높은 품계의 진관(眞官)으로 실려 있었을 것이다.

내세워 지은 것이 거의 확실해진 셈이다.

허균은 왜 이 책을 지었을까?

이제 남는 문제는 허균이 왜 이 책을 지었을까 하는 것이다. 또 굳이 힘들여 책을 저술해놓고서, 왜 가공의 인물을 내세워 그럴듯하게 포장하여 세상에 퍼트리려고 했을까 하는 점이다. 이것은 《동국명산동천주해기》의 창작 목적을 헤아리는 일과 관계가 있다. 이를 알아보려면 먼저 허균이 이 책을 생애의 어느 시기에 지었는가를 살펴볼 필요가 있다.

앞서 조현의 모델이 되었을 법한 인물인 조벽이 〈상원군왕총기〉에 나오고, 그밖에 〈사계정사기〉와 〈남궁 선생전〉이 모두 《동국명산동천주해기》의 내용과 관련 있다고 볼 때, 《동국명산동천주해기》가 이들 작품보다 뒤에 지어졌을 것으로 판단하는 것은 상식에 속한다. 상원군에서 어려서부터 중 노릇 하던 조벽을 직접 만나 〈상원군왕총기〉를 짓기 전에, 우연히 똑같이 상원군 사람으로 어려서 절에 들어가 거사가 되어 18년 만에 문자를 깨친 조현이란 인물을 상정할 수는 없을 것이기 때문이다. 상원군에서 왕총이 무너진 것은 1607년(선조 40) 7월이었고, 그후 3년을 연달아 풍년이 들었다고 했으며, 조벽이 허균을 찾은 것은 그후니까 적어도 〈상원군왕총기〉는 1609년(광해 1) 이후에 지어진 것이다.

또 〈사계정사기〉는 허균이 과거 시험에 조카를 부정 합격시킨 혐의로 함열 땅에 귀양 가 있던 시기에 지은 작품인데, 그가 함열로 귀양 간 것이 1610년 12월이니, 이 글 또한 그 후에 지어진 것이 분명하고, 〈남궁 선생전〉은 공주에서 파직당한 후 부안에 살고 있을 때인 1608년 남궁두를 만나 들은 이야기를 나중에 정리한 것이다.■ 이렇게 볼 때 허균이 《동국명산동천주해기》를 지은 시기는 아무리 낮춰 잡아도 1610년 이후임이 틀림없다. 게다가 4권에 달하는 방대한 분량의 저술은 창작에 상당한 시일이 걸렸을 것이 분명하다. 그렇다면 이 책은 적어도 1610년에서 한두 해가 더 지난 뒤에야 완성됐을 것으로 판단된다.

좀더 구체적으로 살핀다면, 허균은 1610년 12월 함열에 유배 간 이후 1611년 11월에 유배에서 풀려나 서울에 잠깐 들렀다가 곧바로 전북 부안으로 내려가는데, 이후 1613년 12월까지 부안에 머물거나 호남 지방을 여행하며 지냈다. 이후 허균은 1614년 2월 호조 참의를 제수받고, 직후 천추사로 중국에 다녀온 이후 1615년 8월에도 진주 부사(陳奏副使)로 중국에 가는 등, 바쁜 벼슬길에 치여 더 이상 한가로이 이런 종류의 집필에 몰두할 형편이 아니었다. 그렇다면 《동국명산동천주해기》는 1610년 12월에서 1613년 12월 사이, 주로 그의 함열 유배와 부안 체류 시절에 이루어진 것임이 자명해진다.

아울러 창작 심리의 과정을 유추해보면, 〈사계정사기〉를 쓰면서 느꼈던 문제 의식과 〈남궁 선생전〉을 창작하면서 관심을 갖게 된 진인 선관(眞人仙官)의 세계에 대한 흥미가 함께 작용하면서, 〈상원군왕총기〉를 쓰게 된 계기를 마련해준 조벽 등의 인물을 허구화

■ **허균의 〈남궁 선생전〉** 사실 〈남궁 선생전〉도 《동국명산동천주해기》에 비추어볼 때 허균이 가감 없이 남궁두의 전문(傳聞)을 그대로 옮긴 것일 수는 없다고 본다. 비록 남궁두가 실존 인물이라고는 해도, 허균은 여기에 자신이 알고 있던 신선 고사와 내단 수련에 관한 지식을 총동원해 소설적 과장과 윤색을 거쳐 이 작품을 창작한 것으로 보인다.

하여 한 편의 체계를 갖춘 전작의 비결서를 창작하려는 욕구로까지 발전하게 되었던 것으로 보인다.

허균은 잘 알려진 대로 1618년(광해 10)에 역모를 꾀하다 역적으로 몰려 참형당했다. 《동국명산동천주해기》가 적어도 1611년에서 한두 해가 지난 뒤에야 완성될 수 있었다는 추론이 가능하다면, 이 책은 그의 생애 후반부에 씌어진 것이다. 그는 왜 이 책을 지었을까? 애써 지은 후 왜 익명으로 유포했을까? 그가 이를 통해 얻고자 한 것은 무엇이었을까? 단순히 조현의 서문에서 가한 장인의 입을 빌려 말하고 있듯이, 동국 백성이 스스로 오랑캐라 여기며 그 지경 안 신산영경(神山靈境)에 진인과 선관이 다스리는 바가 있음을 알지 못하는 것을 안타깝게 여겨서였을까? 아니면 〈남궁 선생전〉에서 펼쳐보였던 신선들의 세계를 좀더 확장해 체계화하고픈 창작 욕망 때문이었을까? 앞의 이유 때문이었다면 없는 사실을 날조까지 해가면서 창작에 몰두할 만한 적극적인 이유가 되지 못하고, 뒤의 이유 때문이라면 자신의 이름을 굳이 감춘 까닭을 설명하기가 어렵다.

그런데 앞서 조현이 서문 끝에서 "영악신산(靈嶽神山)으로 하여금 기이한 자취를 드러내게 하여, 혹 임금이 높여 존숭하여 제사 지내고 봉선(封禪)한다면 동국 백성이 복을 받는 때일 것"이라고 한 주장이 우리의 주목을 끈다. 논자는 이 대목에서 그의 역모와 죽음을 둘러싼 자리에서 자주 등장하는 《산수비기(山水秘記)》의 존재에 대해서 관심을 갖게 되었다.

《조선왕조실록》 광해 4년(1612) 9월 14일자의 기록을 보면, 지리학 교수인 인의(引儀) 이의신(李懿信)이 도읍지의 기운이 쇠했으므로 교하(交河)로 천도해야 한다는 상소를 올린 일이 실려 있다. 그는 같은 해 11월 15일에 다시 상소하여 도성의 왕기가 이미 쇠했으므로 교하현에 도성을 세워야 함을 여러 참위서와 방술의 기록에 빙자하여 강력히 주장했다.[8] 광해 5년 1월 1일과 2월 23일의 실록 기사에 따르면 일개 술관(術官)에 지나지 않던 이의신이 이런 상소를 올릴 수 있었던 것은 광해군의 은밀한 지시를 받아 이루어진 것임이 드러난다.

이후 이의신을 죄 주어야 한다는 상소와 건의가 수백 차례에 이르도록 빗발쳤어도 광해군은 끝내 이의신을 두둔하며 그에게 어떠한 벌도 내리지 않았다. 도리어 실직(實職)을 내리고, 중요한 일을 결정할 때 참여케 할 만큼 그에 대한 신망이 깊었다. 광해 8년(1616) 3월 24일 기사에도 미친 중 성지(性智)가 지리에 대한 방서(方書)를 잘 이해한다면서 인왕산 아래로 왕궁터를 잡아야 한다고 주장한 일이 실려 있다.

실록을 통해 볼 때, 광해군은 창덕궁이 단종과 연산군이 폐치되는 변고가 있었던 곳이라 궁궐을 옮기려는 생각이 진작부터 있었고, 역모 사건이 연이어 터지고 왕실을 둘러싼 잡음이 그치지 않아 민심이 크게 동요하자 천도를 심각하게 고려하고 있었다. 이러한 틈을 타서 산수비기나 도참서들이 횡행했는데, 이의신의 상소와 그를 둘러싼 논란들은 저간의 사정을 짐작케 하기에 충분하다.

허균 또한 역모와 관련된 모종의 거사에서 이 천도설에 깊이 관여하고 있었다. 광해 9년(1617) 12월 24일자 실록 기사에는 허균을 탄핵하는 기준격의 상소가 실려 있는데, 그 가운데 허균은 김제남과 공모하면서 서울을 옮기자는 논의를 주장했습니다. 참서의 본문에 없는 말을 더 써 넣어 '첫째는 한(漢), 둘째는 하(河), 셋째는 강(江), 넷째는 해(海)다.'고 했는데 '하(河)'라고 한 것은 교하를 말하는 것이었습니다.

탄 대목이 보인다. 또 광해 10년 2월 9일에는 유학 문의남이 기준격과 기자헌을 복주(伏誅)하기를 청하면서,

기자헌이 방서를 많이 모으고 날마다 술사를 맞고 있는데, 도선(道詵)의 연기(煉記)가 나덕수의 집에 있다는 말을 듣고는 잡아오도록 계청(啓請)하여 그 연서를 얻은 뒤에야 그만두었으며……

운운하는 내용과, 같은 해 8월 18일 허균의 공초(供招)에서, 기자헌이 경주의 사산(蛇山)이 천 년의 왕기를 지닌 땅인데 자헌이 첩을 도장(盜葬)하여 뒷날 제왕의 복을 누리려 도모했다고 한 내용이 있는 사실 등으로 보아, 당시에 이러한 산수비기류의 도참서들이 왕실뿐 아니라 지식인 집단 내부에서도 크게 성행하고 있었던 사정을 알 수 있다.

허균은 8월 18일의 공초에서 앞서 기준격의 고변에 대해

세상에 전해지는 《산수비기》는 세상에 떠돌아다닌 지 이미 오래되었습니다. 참서를 집에 보관하는 것은 율법에 큰 죄가 되므로 신은 보고도 그냥 지나쳤을 뿐입니다. 천도(遷都)의 설은

임자년에 한창 나왔는데 수십 년 전에 신이 어떻게 미리 알아서 첨가했겠습니까?

하고 발뺌했다. 그러나 8월 22일, 홍문관 관원들의 차자에서는

> 하늘이 낸 괴물인 허균이 2백 년의 종사(宗祠)에 화를 전가하려고 한 전후의 흉악하고 비밀스런 상황에 대해서, 사람마다 모두 마음 속으로 통탄해 하고 있었으나 입으로 말하지 못했을 따름입니다. ……허균이 평생 동안 한 짓은 온갖 악행을 다 갖추고 있는데, 상도를 어지럽히는 패려 궂은 행실은 다시 사람의 도리를 기대할 수 없을 정도였습니다. 상 중에 창기를 데리고 있어서 인류에 버림을 받았고, 요망한 짓을 하고 참언을 조작하는 것은 곧 그의 장기이며, 화란(禍亂)을 탐하고 즐겨 오히려 미치지 못할까 근심하는 듯했습니다.

라는 격렬한 비난을 받고, 결국은 비기에 의탁해서 참언을 지어내 몰래 천도의 설을 퍼뜨리고, 흉격과 흉서를 내붙여 역모를 꾀한 역적의 우두머리로 지목되어 8월 24일에 능지처참에 처해지고 만다.

그를 죽음으로 몰고 갔던 역모 사건은 여러 가지 복합적인 내용이 뒤섞여 있고, 당시 정치 현실의 복잡미묘한 정황과 개인적인 은원 관계까지 얽히고 설켜 일어난 일이었기에 이 글에서 본격적으로 다룰 문제가 아니지만, 허균의 죄목 안에 적어도 《산수비기》에 의탁하여 천도할 것을 주장했고, 비기의 내용을 일부 가필까지 했다는 사실이 여러 차례 언급되고 있는 점은 흥미를 끈다.

그렇다면 그가 가필까지 했다는 《산수비기》는 과연 《동국명산동천주해기》와 아무런 연관이 없는 걸까? 《성소부부고》 부록 2에 실려 있는, 기준격의 상소에 대한 반박 상소에서 허균이 "이 참설은 20여 년 전 선조 때부터 있던 것으로 전해 내려온 지가 이미 오래"[9]라고 한 것을 보면, 이 《산수비기》가 곧 《동국명산동천주해기》를 말하는 것으로는 보이지 않는다. 그러나 광해 4년(1612)부터 일어나 여러 해 동안 온 나라를 떠들썩하게 했던 천도설의 와중에서 《동국명산동천주해기》가 허균에 의해 지어진 사실을 환기한다면, 이 두 책 사이에는 암암리에 보이지 않는 맥락이 닿아 있다고 보아도 무리가 없을 듯하다. 《동국명산동천주해기》의 실물이 없는 현재 상황에서 단정할순 없지만, 이 책에 실려 있는 동천복지의 설명 속에 이러한 천도설을 부추기고, 특정 장소를 암시하는 내용이 포함되었을 개연성은 충분하다고 본다.

어쨌든 《동국명산동천주해기》의 두찬과 관련하여 허균은 어떤 의도를 지녔음이 분명하다. 창작 시기는 전후 사정을 살피건대, 천도설이 뜨거운 쟁점이 되었던 광해 5년(1613)을 전후한 시기였을 것으로 판단한다. 다만, 허균이 《동국명산동천주해기》를 지은 것이 순수하게 우리 나라 도교의 자주적 역량을 과시하기 위한 의도에서 나온 것인지, 역모와 관련된 불순한 목적에서 나온 것인지를 명확하게 갈라 판단하는 일은, 이 책의 실물이 전하지 않는 현재로서는 논자의 역량 밖에 있다.

《동국명산동천주해기》의 도교 문화사적 의미

그렇다면 허균의 두찬으로 판명된 《동국명산동천주해기》는 한낱 위서에 지나지 않는 가치 없는 자료인가? 전혀 그렇지 않다. 허균의 두찬임이 밝혀짐으로 해서 오히려 이 자료는 한국 도교 문화사에서 비로소 시민권을 획득할 수 있었다고 본다. 그렇다면 이 시기 도교는 어떤 양상을 보이고 있었던가?

조선 중기 도교의 제반 양상

선초 이래 지속적인 발전을 거듭해오던 조선 도교는 선조 때에 이르면 문화 전면에 드러나 자못 다양하고 활발한 양상을 보인다. 그것은 몇 갈래로 설명될 수 있다.

첫째는 내단 사상(內丹思想)의 확대다. 홍유손(洪裕孫)·정희량(鄭希良, 1469~?)·정렴(鄭磏, 1506~1549)·박지화(朴枝華, 1513~1592)·정작(鄭碏, 1533~1604)·정지승(鄭之升, 1550~1589) 등이 이 시기에 활약했던 인물들이다. 정렴은 《북창비결(北窓秘訣)》을 남겨 매월당의 〈용호결(龍虎訣)〉을 이어 내단학의 정심(精深)한 이론을 정리했고, 허균은 앞서 보았듯 〈남궁 선생전〉을 지어, 당시 성행한 내단학의 수련 과정을 실존 인물 남궁두의 생애에 얹어 설명했다.

그밖에 유형진(柳亨進)이니 송천옹(宋天翁)이니 하는, 실제 수련에 힘쓴 도사들의 존재가 당시 문인들의 문집에 심심찮게 거론되고 있다. 권극중(權克中)은 〈금단음(金丹吟)〉과 같은 연작시를 통해 내단학의 수련 과정을 시로 설명하는 한편, 《주역참동계연설(周易參同契演說)》과 같은 주해서도 남기고 있다. 이들은 조선 단학파로 불린다. 이런 집단의 존재는 내단학이 특정 개인의 일시적 관심사가 아니라 일종의 사상적 경향까지 보이고 있음을 뜻한다. 《동의보감》편찬에 정작 등이 매우 중요한 역할을 했고, 그 철학적 바탕을 도교에 두고 있는 것도 음미할 만한 대목이다.

둘째, 도교 문학의 융성을 꼽는다. 이 시기에 이르러 갑자기 수많은 유선시가 쏟아져 나온다. 그 구체적 내용은 이미 앞절에서 상세히 언급했으므로 재론하지 않겠다. 허난설헌(許蘭雪軒, 1563~1589)의 〈유선사〉 87수, 이춘영(李春英, 1563~1606)의 〈독신선전(讀神仙傳)〉 53수, 이수광(李睟光, 1563~1628)의 〈유선사〉 15수 등은 이 시기에 지어진 대표적 작품이다. 이들은 수많은 도교 경전과 신선 전설에 대한 해박한 섭렵을 바탕으로 이런 작품들을 제작했다. 또 앞서 본 허균의 〈남궁 선생전〉과 〈장생전〉을 비롯하여 이수광의 《지봉유설》, 유몽인의 《어우야담》 등에는 이인 설화가 빈번하게 등장한다. 선계와 이인에 대한 깊은 관심은 이 시기 지식인들의 현실 대응 태도를 암시한다.

셋째, 이 시기에 이르러 노장(老莊)에 대한 독자적 해석이 시도되었다. 경전 해석의 변화는 세계관의 변모를 전제로 한다. 우리의 경우, 경전에 대한 독자적 해석이 널리 시도된 적은 별로 없다. 특히 이단의 서적이라 할 도교 경전은 읽는 것 자체를 금기했던 만큼, 이 시기에 이에 대한 독자적 해석 노력이 나타나는 것은 아주 흥미롭다. 이이(李珥, 1536~1584)는 《노자》를 새롭게 읽어 《순언(醇言)》을 지었고, 박세당(朴世堂, 1629~1703)은 《신주도덕경(新

註道德經)》과 《신주남화경(新註南華經)》을 저술했다. 이런 성과는 해석의 유효성 여부를 떠나 철학사의 차원에서 큰 의의를 지닌다. 이들 외에 이 시기 개방적 지식인들 가운데는 노장의 사유를 적극적으로 수용한 사람들이 많았다. 신흠(申欽, 1566~1627)·장유(張維, 1587~1638)·정두경(鄭斗卿, 1597~1673)·김만중(金萬重, 1637~1692)·김창흡(金昌翕, 1653~1722) 등이 그들이다.

넷째, 우리 나라 도교사의 체계를 세우려는 노력이 겉으로 드러나고 있다는 사실이다. 조여적(趙汝籍)의 《청학집(靑鶴集)》(1588)과 《오계집(梧溪集)》, 그리고 한무외(韓無畏, 1517~1610)의 《해동전도록(海東傳道錄)》(1610) 같은 저작들은 해동 선가의 도맥이 어떻게 흘러내려왔는지를 정리하고 있다. 홍만종(洪萬宗, 1643~1725)은 도류들의 행적을 조사하여 《해동이적(海東異蹟)》(1666)을 남기고 있다. 당시 도교와 관련 있는 담론은 정리할 필요가 있을 만큼 축적되어 있었던 것이다. 이는 일반의 전폭적인 호응과 기대 수준이 뒷받침되지 않고는 결코 가능한 일이 아니다.

이런 정황을 고려할 때, 허균의 《동국명산동천주해기》는 도교의 동천복지설에 대한 폭넓은 이해를 바탕으로, 중국과 대등한 입장에서 우리 나라에도 그와 같은 동천복지가 각처에 있어 진인 선관이 통치하고 있는 복된 터전임을 대내외에 과시하려 한 의도로 읽힌다. 이렇게 본다면 이 책은 한국 도교의 문화 역량이 극대화된 시점에서 나타난 도가(道家)의 자주화·토착화 노력의 하나로 그 의미를 부여할 수 있다.

동천복지설과 《동국명산동천주해기》의 체제

앞서 남극관이

> 허균이 《도장》의 여러 책을 취하여 흉내내고 꾸며 엮어 이 글을 이루었다.

고 한 언급과 관련해 도교 전래의 동천복지설에 대해 간략히 살펴보기로 하자. 허균이 이 책을 저술하면서 참고했을 법한 《도장》제서의 체제를 통해 역으로 《동국명산동천주해기》의 구체적 형식을 추론해보고자 한다.

동천복지란 명산 승지의 깊은 곳에 자리잡고 있는, 신선들이 거주한다는 별세계를 말한다.[10] 당나라 때 상청파(上淸派)의 천사(天師)였던 사마승정(司馬承禎, 647~735)은 그의 《천지궁부도(天地宮府圖)》에서 각처에 산재해 있는 10대동천(十大洞天)과 36소동천(三十六小洞天), 72복지(七十二福地)를 소개하면서, 서문에서

> 도는 본래 텅 비어 인할 바가 없는데, 황홀히 물기(物氣)가 가득 참이 있어, 비로소 기운의 조화를 타고서 형상이 나누어진다. 정밀한 형상이 현묘히 드러나매 청경(淸景)에 궁궐이 늘어서고, 유질(幽質)이 그윽히 엉기어 명산에 동부(洞府)가 열린다.

동천문도.

아름다운 경치 속에 문득 문이 열리고 새로운 세상이 나타난다. 36동천 속의 선계가 다 그렇다.

고 하면서, 정성스런 뜻으로 부지런히 도를 닦으면 신선도 감응하여 영접할 수 있고, 수련을 이루게 되면 용과 학을 타고 올라가 하늘 나라까지 이를 수 있다고 했다.[11] 이어 10대동천은

> 대지 명산의 사이에 있는데, 이곳은 상천(上天)에서 군선(群仙)을 파견해 통치하는 곳.

이라 했고, 36소동천은

> 여러 명산 가운데 있는데, 또한 상선(上仙)이 통치하는 곳"이라 했으며, 72복지는 그 다음 가는 곳으로, "대지 명산의 사이에 있어 상제께서 진인에게 명하여 다스리게 하는데, 그 사이에는 득도하는 곳이 많다.

고 했다.[12]

이후 36동천, 72복지의 설이 구체적 지명과 함께 여러 문헌에서 논의되었는데, 당나라 말 오대(五代)의 도사 두광정(杜光庭, 850~933)이 지은 《동천복지악독명산기(洞天福地嶽瀆名山記)》는 그 대표적인 저술의 하나다. 그는 이 책에서 사마승정의 《천지궁부도》를 더 확대해 천상옥청(天上玉淸) 위 대라천(大羅天) 아래의 현도(玄都) 옥경산(玉京山)을 비롯한 여러 산과, 3경지산(三境之山), 그리고 10주3도5악(十洲三島五嶽), 중국5악(中國五嶽), 10대동천(十大洞天), 5진해독(五鎭海瀆), 36정려(三十六靖廬), 36동천(三十六洞天), 72복지(七十二福地), 영화24(靈化二十四) 등으로

상세히 부연하여, 그 범위를 지상뿐 아니라 천상과 해상으로까지 확장했다.[13)]

　허균이 《동국명산동천주해기》를 지으면서 주로 참고한 것은 바로 사마승정의 《천지궁부도》와 두광정의 《동천복지악독명산기》였던 것으로 보인다. 이밖에 《도장》에 실려 있는 동방삭의 《십주기(十洲記)》와 《동명기(洞冥記)》, 두광정의 《녹이기(錄異記)》, 그리고 북송의 도사 이사총(李思聰)의 《동연집(洞淵集)》에 실려 있는 복지동천과 관련된 기록 등도 주요한 참고 자료가 되었을 것이다.[14)] 특히 〈남궁선생전〉에 보이는 3대신군(三大神君)의 관할 아래 있는 광하산(廣霞山)과 홍영산(紅映山)은 다른 곳에는 보이지 않고 두광정의 《동천복지악독명산기》에 천상의 옥청(玉淸) 위 대라천(大羅天) 아래에 자리 잡은 여러 산 가운데 하나로 소개되고 있는 것으로 보아, 특별히 이 책은 〈남궁 선생전〉의 창작에도 활용되었음이 분명하다.

　그밖에 《동천복지악독명산기》에서 10주3도5악 가운데 여러 산으로 소개되고 있는 방호(方壺)·옥초(沃焦)·봉래(蓬萊)·원교(員嶠)·목주(穆洲)·지폐(地肺)·조주(祖洲)·장리(長离)·광야(廣野)·금화(金華)·자공(紫空)·현주(玄洲) 등의 명칭은 〈남궁선생전〉에서 봉호(蓬壺)·방장(方丈)·옥초(沃焦)·도교(圖嶠)·목주(穆洲)·지폐(地肺)·조주(祖洲)·장리(長離)·광야(廣野)·동화(東華)·자개(紫盖)·현롱(玄隴) 등과 같이 그대로, 혹은 한 글자만 바꿔서 나오고 있다. 물론 여기에는 중국 쪽 문헌에 보이지 않는 지명도 적지 않다. 앞서 《도장》 제서를 취해 꾸며 엮었다는 남극관의 지적을 환기할 때, 《동국명산동천주해기》에 나오는 여러 지명의 명명 방식도 여기서 크게 벗어나지 않을 것으로 논자는 확신한다.

이들 책에서 각처의 지명을 소개하는 방식을 참고해보자.

(1) 영주(瀛洲)는 동해 가운데 있는데 땅이 사방 4천 리이다. 대저 회계(會稽)와 마주하고 있다. 서쪽 기슭에서 70만 리를 가면 위에 신지(神芝)와 선초(仙草)가 자란다. 또 옥돌이 있는데 높이가 천 길이나 된다. 샘이 솟는데 술처럼 맛이 달아 이름하여 옥례천(玉醴泉)이라 한다. 이를 몇 되만 마시면 문득 취하며, 사람을 장생하게 한다. 영주의 위에는 선가(仙家)가 많다. 풍속은 오나라 사람과 비슷하고, 산천은 중국과 같다.[15]

(2) 동악(東嶽) 태산(泰山)은 악신(嶽神)이 천제왕(天齊王)이니 선관과 옥녀 9만 명을 거느린다. 산은 둘레가 2천 리인데, 곤주(袞州) 봉부현(奉符縣)에 있다. 나부산(羅浮山)과 괄창산(括蒼山)을 좌명(佐命)으로 삼고, 몽산(蒙山)과 동산(東山)을 좌리(佐理)로 삼는다.[16]

(3) 제일(第一) 지폐산(地肺山). 강녕부(康寧府)와 구용현(句容縣)의 경계에 있다. 옛날 도은거(陶隱居)가 숨어 살던 곳이다. 진인(眞人) 사윤(謝允)이 이를 다스린다.[17]

(1)은 《십주기》의 인용인데, 여기에는 주관하는 선관 진인의 이름은 없이 그냥 위치와 규모, 특산과 경치에 대해 묘사했다. (2)와

(3)은《동천복지악독명산기》와《천지궁부도》에서 각각 하나씩 임의로 골라본 것이다. 역시 위치를 비정(批定)했고, 여기서는 주관하는 악신(嶽神)과 선관의 이름을 밝혀놓았다. 앞서 남극관의 언급을 통해 볼 때,《동국명산동천주해기》의 서술 체제는 (2)와 (3)의 방식을 취하되, 분량이 4권에 달하는 것으로 보아 본문 설명이 좀더 자세하고, 본문과는 별도로 주해의 형식을 빌려 실제 지명을 비정한 내용이 비교적 상세하게 적혀 있을 것으로 판단된다. 그리고 그 주해의 내용은《동국여지승람》등 제서를 참고한 위에 약간의 신비적 색채를 더한 것이었을 터다.

사실 우리 나라에서 동천복지를 찾아가는 선경구심(仙境求尋) 설화가 문헌으로 처음 확인되는 것은 고려 중엽 이인로의《파한집》에 보이는 청학동 이야기에서부터다. 그후 이런 동천복지와 관련된 설화는 한동안 보이지 않다가, 조선 중기 선조조를 전후한 시기에 와서 다시 등장하는데, 이번에는 일과적인 데 그치지 않고 매우 다양한 양상으로 형상화되었다.《동국명산동천주해기》의 서문과 발문이 실려 있는《와유록》에만 해도 이와 관련된 기록들이 꽤 여럿 보이고, 이후 여러 문헌 설화에도 이러한 동천복지 설화는 지속적으로 나타난다.■ 이러한 동천복지 설화에 나타난 유토피아 의식에 대해서는 이미 다른 글에서 검토한 바 있으므로 여기서는 재

■ **이종묵 교수의《와유록》해제** 이종묵 교수는《와유록》의 해제에서, 작자 미상의〈유금강산서(遊金剛山序)〉를 비롯하여 성혼의〈잡기〉두 편, 유몽인의〈고향산기문(古香山記聞)〉,〈회산동기(檜山洞記)〉, 양사언의〈명몽록(冥夢錄)〉등을 피세의 장소를 제시한 유기류로 분류하여 언급하고 있다. 이 가운데 필자가 보건대〈고향산기문〉은《동국명산동천주해기》와도 연관되는 부분이 있다. 이밖에 조선 후기 문헌 설화에 나타나는 동천복지에 관한 논의는 이종은·정민 외,〈한국문학에 나타난 유토피아 의식 연구〉,《한국학논집》(한양대 한국학연구소, 1996) 참조.

론하지 않기로 한다.

어쨌든 이 시기에 명산 승지에 진인 선관이 통치하는 별세계가 있어, 인간의 길흉화복을 주관한다는 신앙이 민간에 널리 퍼져 가고 있었던 것만은 분명한 사실이다. 《동국명산동천주해기》는 바로 이런 의식이 집대성되어 나타난 결과물이다. 설사 순수하지 않은 목적으로 창작된 위서라 할지라도, 문화사의 시각에서 볼 때 이 책은 당대 민간에 뿌리내린 도교 신앙의 영향력이 얼마나 강했는가를 증명해주는 유력한 증거다. 실제로 《도장》에 실려 있는 복지동천에 관한 저술들도 황당하고 허무맹랑하기로는 《동국명산동천주해기》와 조금도 다를 바가 없다.

《와유록》에 실려 있는 작자 미상의 〈유금강산서(遊金剛山序)〉는 1525년(중종 20)에 지어진 산수유기인데, 여기에는 이종묵 교수가 해제에서 설명하고 있는 대로, 《10주기(十洲記)》·《신선전(神仙傳)》·《신이경(神異經)》·《술이기(述異記)》·《도서복지기(道書福地記)》·《동명기(洞冥記)》·《하도괄지(河圖括地)》·《집선전(集仙傳)》·《태청기(太淸記)》·《신선결록(神仙訣錄)》 등 거의 백 종이 넘는 도교와 불교 관계 전적들이 총망라되어 인용되어 읽는 이의 이목을 압도한다. 대개 이런 기록의 존재는 《동국명산동천주해기》 이전부터 복지동천을 추구하는 의식이 지속적으로 있어왔고, 당시 지식인들의 도서(道書) 독서의 범위가 오늘날 우리의 일반적 예상을 훨씬 넘는 광범위한 것이었음을 분명하게 확인시켜준다. 이런 자료에 나타난 복지동천에 대한 인식은 깊이 있게 검토할 필요가 있기에 별도의 글로 미루거니와, 여기서는 그 가운데 한 단락만을 소개해보기로 한다.

장차 81복지를 찾고 36동천을 구하여, 무생(無生)의 경계에 들고 불사의 뜨락에 올라 요양관(廖陽館)에 살며 예주궁(蘂珠宮)에 누워, 봄에는 조하(朝霞)를 먹고 여름엔 항해(沆瀣)를 먹으며, 솔잎과 잣을 먹고 영지와 출초(朮草)를 먹으며, 호마(胡麻)로 밥 지어 먹고 인삼을 삶아 먹으며, 운아(雲牙)로 양치질하고 옥지(玉池)를 삼켜 단조(丹竈)를 닦아 황금을 단련하며, 청낭명(青囊銘)을 열어《황정경(黃庭經)》을 외우고, 자정(紫庭)의 진고(眞誥)를 읽어보고 벽전(碧篆)의 글을 살피려 함은, 곧《중황경(中皇經)》에서 "원화(元和)를 먹고 오곡을 끊으면 반드시 요천(廖天)에 참획(參劃)하여 진결을 얻는다."고 한 것 때문이다. 흰 사슴과 푸른 소에 올라타 우인(羽人)과 금의학(金衣鶴)을 불러다가 태상옥진군(太上玉宸君)을 뵈옴은, 곧《신선결록(神仙訣錄)》에서 "천선(天仙)과 지선(地仙)이 있는데, 지선이 공행을 많이 쌓으면 마침내 천선으로 올라가게 된다."고 한 것 때문이다.[18]

전체 49면에 달하는 방대한 산수유기 전편이 온통 이와 같은 방식의 도가 문자로 가득 채워져 있어, 언뜻 보기에는 한 편의 산수유기라기보다는 도가의 비결서를 한 자리에 모아놓은 듯이 보일 정도다. 여기에도 이미 81복지와 36동천의 이야기가 등장하고 있다.

또 하나의 자료, 남사고의《동국분야기》

여기서 당시 도교 문화의 주체화 노력과 관련해 소개하지 않으면 안 될 자료가 또 하나 있다. 남사고(南師古)의 《동국분야기(東國分野記)》란 책이 그것이다. 남사고는 선조 때의 술사로, 일찍이 전쟁이나 천재지변이 일어나도 안심하고 살 수 있다는 10승지(十勝地)를 지목하여 '남사고산수십승보길지지(南師古山水十勝保吉之地)'를 설명한 《남사고비결(南師古秘訣)》을 지은 인물이기도 하다.[19] 남사고는 최근까지도 1960년대 이후에 만들어진 《격암유록》이란 위서의 저자로 지목되어 예언가로서 명성을 날리고 있다. 《동국분야기》 또한 아직 학계에 전혀 알려지지 않은 자료인데, 이것은 분야설(分野說)에 입각하여 우리 나라 각 지역을 별자리의 위치로 환산하여 비정한 책이다.

이 책은 서유본(徐有本, 1762~1799)의 《좌소산인집(左蘇山人集)》에 실려 있는 〈여김생영서(與金生泳書)〉에 그 이름이 처음 보인다. 해당 부분만 보면 다음과 같다.

《동국분야기》는 약속대로 베껴서 보내오. 세상에서 전하기를, 이것은 남사고가 지은 것이라고 합니다. 대저 분야의 주장은 《주례(周禮)》에 실려 있는데, 《성경(星經)》이 이미 없어지고 보니, 지금에 와서 근거로 할 만한 것은 반고(班固)의 《한지(漢志)》와 정강성(鄭康成)의 《예주(禮註)》 및 위태사령(魏太史令) 진탁(陳卓)이 지은 《군국소직숙도(郡國所直宿度)》에 그칠 뿐입니다. 그러나 후세의 선비가 믿는 자와 의심하는 자가 반반입니다. 그러나 우리 나라에 이르러서는 땅이 중국의 지경과 서로 맞닿아 있는 까닭에 아울러 기미(箕尾)의 분야에 속합니다. 이제 또 우리 나라 콩알만한 땅을 가지고 나누고 갈라 28수로 분류하여, 아무 고을은 아무 별자리에 해당하고, 아무 고장은 아무 별자리에 해당한다고 한다면 이는 참으로 우물 안 개구리가 하늘을 엿보는 것이라 하겠으니, 그 주장은 마치 허공을 천착하고, 있지도 않은 것을 만들어내는 것과 같은가 의심되어 실용에 쓸 수는 없을 듯합니다.

그러나 지구라는 하나의 점은 천체의 큰 둘레 가운데 있어, 단지 큰 못에 있는 작은 구멍에 지나지 않을 뿐입니다. 중국에서 별자리로 분야를 나누는 것은 제각기 각 사람의 눈이 보는바 방향과 향하는바의 대개를 나누어 소속시킨 것일 뿐입니다. 예컨대 양주(揚州)는 성기(星紀)에 속하고, 옹주(雍州)는 순수(鶉首)에 속하게 되니, 어찌 성기의 차례가 양주에 임하여 그치고, 순수의 차례가 다만 옹주에만 해당하겠습니까? 진실로 이와 같다면 온 하늘 360도로 중국의 12주를 다하게 되니, 바다 밖 만국은 아울러 크나큰 우주에 참여하지 못할 터인데, 이 어찌 이치에 합당타 하겠습니까?

그런 까닭에 중국으로 볼 때는 중국의 분야가 있는 것이고, 동국으로 볼 때는 또한 동국의 분야가 있는 것이니, 제가끔 그 방위의 경계에 따라서 각기 그 재상휴구(災祥休咎)를 점치는 것은 또한 그 이치가 속일 수 없는 것이라 하겠습니다. 남사고의 재상점(災祥占)은 백에 한 번도 맞추지 못함이 없으니, 세상에서는 우리 나라의 소강절(邵康節)이라고들 일컫지요. 그 술법을 오로지 별자리의 모양으로 추측한다면 지은바 별자리의 분야를 기록한 《동국분야기》란 것은 반드시 자연의 법상(法象)이 갖추어져 있을 터이니, 결단코 제멋대로 황당무계한 말을 지어낸 것은 아닐 겁니다. 그러나 《동국분야기》에는 각 고을에 해당하는 별자리의 도수가 나누어져 있지 않으니 반드시 글이 빠진 것인가 합니다. 그대가 한가한 날에 여도(輿圖)를 시험 삼아 점검하여 1도를 2백 리로 기준 삼아, 예를 들어 호남 12고을을 모두 각수(角宿)에 소속시킨다면 전주 등 고을은 몇 도가 되고 담양 등 고을은 몇 도가 됨을 얻을 것이니, 하나하나 나누어 각 고을의 아래에 써서 앞 사람이 마치지 못한 작업을 궁구한다면 이 또한 한 가지 일일 것입니다. 유념해서 이를 도모해준다면 다행이겠소.[20]

이 편지를 받은 김영(金泳)은 정조대의 천재적인 천문학자로, 기하학에 조예가 깊었다. 《중성기(中星記)》를 비롯하여 《역상계몽(易象啓蒙)》·《도교전의(道教全議)》 등 수많은 천문학과 역학 및 도교 관계 저술을 남겼던 인물이다.[21] 위 편지에 보이는 분야설(分野說)이란 고대 점성술에서 나온 개념이다. 고대인들은 천상(天象)의 변화가 지상에 어떤 사건을 일으키거나, 반대로 지상의 어떤 사건이 천상의 별자리에 반영된다고 믿었는데, 천상의 별자리 위치에 따라 지상의 지역을 나누어, 그 별자리의 변화가 곧 그 지역에서 발생하는 어떤 변고의 예징이 된다고 믿은 고대 신앙의 한 가지다.[22]

서유본의 편지 내용을 간추리면 이렇다. '중국의 분야만을 따른다면 우리 나라는 동북방에 있어서 기미(箕尾)의 분야에 속하는데, 별자리의 방향이란 어디를 중심으로 보느냐에 따라 분야가 달라지게 되므로, 중국에는 중국의 분야가 있고, 우리 나라에는 우리 나라의 분야가 있어야 함은 당연한 이치다. 남사고가 펴냈다고 전해지는《동국분야기》는 그런 점에서 볼 때 매우 뜻깊은 책이다. 그런데 이 책에는 각 고을에 해당하는 별자리의 도수가 정확하게 나누어져 있지 않으니, 그대의 해박한 천문학 지식을 동원, 여도(輿圖)를 점검하여 1도를 2백 리로 기준 삼아, 각 고을별로 그 분야를 정확히 표시하는 작업을 맡아주면 어떻겠느냐.'는 것이었다.

말하자면《동국분야기》는 성격만 다를 뿐 그 의식 면에서는《동국명산동천주해기》와 거의 같은 궤선 상에 놓이는 저작이다. 그 저술 시기도 둘 사이에 그다지 큰 차이는 없어보인다. 이 모두가 주체적 문화 역량의 제고에 따른 자기화의 욕구를 반영하고 있다. 또한《동국분야기》는 일반적으로 참위서나 예언서의 기능에 비중을 두었던 것으로 위 편지는 암시하고 있어, 도교의 성수 신앙(星宿信仰)의 요소를 확인할 수 있다. 실제로 북송의 도사 이사총(李思聰)이《도장》에 수록한 그의《동연집(洞淵集)》에서 36동천을 설명하면서 동천의 위치 설명에 분야설을 삽입하고 있는 것은 그런 연관을 확인해주는 좋은 예라 할 수 있다.[23]

이상 살펴본 여러 사실들을 종합해볼 때,《동국명산동천주해기》는 원래 허균의 찬술 의도와는 관계 없이 우리 도교 문화사에서 특별한 의미를 지니는 저작임에 분명하다. 그리고 그 바탕에는 어느 천재 문인의 재기 넘치는 상상력만이 아닌, 전대에서부터 누적된 도교의 문화 체험에서 오는 저력이 깔려 있음을 기억해야 할 것이다.

선조·광해 연간은 임진왜란의 전쟁 체험으로 땅에 떨어진 민족 의식의 주체적 각성이 고조되던 시기였다. 또한 전 시기부터 지속적으로 전해오던 수련 도교가 문화 전면에 돌출하면서, 도교 문화에 대한 일반의 인식이 높아지고, 이에 따라 다양한 저작들이 활발히 제출되었다. 이러한 가운데 이 글에서 지금까지 전혀 알려지지 않았던 《동국명산동천주해기》나 《동국분야기》 같은 책의 존재를 확인하고, 그 내용과 체제, 그리고 도교 문화사적 의미를 천착해본 것은, 그들이 이 시기에 활성화된 도교의 주체적 문화 역량을 가늠해보는 한 잣대가 될 수 있다는 점에서 의미가 적지 않다고 본다.

《동국명산동천주해기》에서 보이는 이런 동천복지에 대한 의식은 조선 후기에 이르면 《정감록(鄭鑑錄)》의 〈삼한산림비기(三韓山林秘記)〉나, 10승지설에서 보이는 것과 같은 예언서 성격으로 변하면서 동학이나 최근의 신흥 종교에서까지도 후천개벽 신앙과 관련된 전승으로 이어지고 있다. 이를 포함하여 전후 시기에 여러 문헌에 전해지는 동천복지와 관련된 선경구심(仙境求尋), 또는 선경유력(仙境遊歷) 설화를 집중적으로 분석하고, 동천복지설의 우리나라 전래 양상과 거기에 나타난 심리 기저를 헤아려보는 일은 계속해야 할 작업으로 남는다. 이러한 논의의 반복과 심화를 통해 한국 도교 문화사를 거시적으로 전망할 수 있기를 희망한다.

■ 6장의 주석

1) 《와유록》은 한국정신문화연구원에서 《한국학자료총서》 11로 1997년에 영인·간행했고, 이종묵 교수의 해제가 실려 있다. 해제에서 이 교수는 이 자료를 도가 계열의 산수 유기 자료로 특별히 주목하여, 이 글을 쓰게 된 계기를 마련해주었다.

2) 《와유록》(《한국학자료총서》 11, (한국정신문화연구원, 1997) 295쪽 : 吾朝鮮僻壤也, 自古視以荒裔, 故我人亦自守其陋, 千萬年來, 邈班夷貊, 不知封內, 有神山靈境, 眞人仚官所治者. 圖牒不傳, 可勝嘆哉! 僕少日喜遊山, 以貧不得遠行, 只踏本道大山深嶽, 人足不能到處, 殆遍焉. 鳥道斷蹊, 杠塹以達. 丙辰夏, 登奉天臺, 山有般若峰, 最高. 攀蘿附壁, 萬苦千辛, 方陟其巓, 忽有大刹, 金碧照輝. 入門則僧徒坌集, 怪其人來. 有紅衣天人坐殿上, 招問曰, "爾有緣到此, 不訝也. 爾前身是琳庭主者, 謫降在此. 吾乃東國總理名山洞天眞官, 此爲海東第一幅地也. 頃者, 上帝命東王公侍者羅弘祐眞人, 來相三韓之地, 分爲三大洲, 五大神嶽, 九輔洞天, 四十三府, 二十七島, 三十五洞, 一百四十一山, 九十九川, 各以仙官分領其任. 而吾卽可韓丈人東垣第六輔官, 承帝命, 總治東國之事. 自宣德辛亥住此. 娑竭王菩薩主此山, 大修祇林, 請我寄治, 故借禪堂一區, 爲朝眞所. 東人不識仙眞之迹, 吾纂爲誌書, 欲傳于世. 今有智顗玄鑑老師, 在妙香山廣濟寺, 能辨我字, 爾可傳之也." 自袖出一卷以付, 則字畫非梵非篆. 且曰, "爾能參方, 可受此書於顗師, 遍遊八道. 爲註解也, 亦天授, 負則有譴." 余奉持作禮以地, 擧頭則失其刹, 只荒烟蔓草之地. 而下, 到香山, 尋廣濟寺, 則僧徒十餘, 無所謂顗者. 因留物色, 過十朔, 不懈一日. 廚中有老僧, 襤縷擁火地坐, 凜慄不語. 意憐之, 遺以煖湯. 僧飮訖, 曰, "可韓丈人地誌, 安在?" 余遽下拜, 取書以獻, 僧攜之以去, 曰, "君可於明年今日, 訪我於姑射山觀音寺也?" 言訖其去如飛, 追不能及. 余依約而至, 則無其僧, 終日待之, 不來. 忽仰見殿東壁上, 掛一黃袱, 取視之, 乃譯其誌, 而以文書之. 亟納袖中, 夜就方丈, 讀遍其山嶽洞府立名安號, 皆與俗名不同. 而主者官爵姓名, 亦非前聞, 心甚異之. 遂自永安道, 達江原下三道, 還至黃海道, 終于鴨江. 据誌書而探其地之有無, 躋險冒波, 無幽不到. 凡歷十八寒暑, 乃得盡涉其境. 暇日就廣濟東房, 發橐詳考, 則俗名之註于誌下, 已滿.

312 | 초월의 상상

即登于冊, 分爲四卷, 名曰東國名山洞天註解記, 藏于藥師座下, 以俟知音之士取, 而篤信萬代之下, 俾靈嶽神山, 得現異迹, 倘有世主崇敬祠封, 則東民受賜之秋也. 正德乙亥十月初一日.

3) 《와유록》295쪽 : 此書之撰, 云自智顗, 顗之名, 禪林不傳, 吾亦未能信也. 眞實居士者, 祥原郡吏趙玄, 以三丁一子, 免官役. 早喪父母, 其兄不友, 遂爲居士. 持菩薩戒甚苦, 隱于价川姑射山觀音寺. 平生不知文字, 坐禪十八年, 脫然而悟, 操筆爲文, 甚善, 戱赴博川鄕試, 貫三場中式, 卽去還隱. 嘉靖戊申年, 余住持普賢寺, 玄來訪, 累日同宿. 作詩贈我, 曰, "法門中有大慈悲, 千里香山幸遇師. 欲問如來消息未, 半山明月入深池." 余爲之投筆不和, 蓋已入不二門者也. 臨行以書留之, 曰, "此吾奉介師之命, 譯之者. 欲傳于世, 師其布之, 約以後日." 此後十五年壬戌, 沙彌法蓮, 逢於德川, 顔貌如常, 果異人也, 厥後切欲逢之, 不得遇焉. 豈神聖之迹, 不肯久混於世上耶? 暇日, 發此書於篋中, 讀而尤異之, 謾題于尾云. 嘉靖乙丑秋八月二十四日, 智光老釋, 書于成佛寺方丈.

4) 남극관, 《몽예집》건권, 장25a : 許筠取道藏諸書, 蹈襲粧撰, 以成此書, 如高位杰乙支端暗影東明文德, 而端杰又梁四公之名也. 餘皆類此, 序跋並僞, 智光趙玄之輩, 烏有也.

5) 출발―역정―회귀의 구조로 이루어진 유력 선경 전설에 관해서는 李豊楙, 〈六朝仙境傳說與道敎之關係〉, 《誤入與謫降 : 六朝隋唐道敎文學論集》, (臺灣 學生書局, 1996)과, 같은 책에 수록된〈道敎洞天說與遊歷仙境小說〉등의 논문 참조.

6) 《국역 성소부부고》(민족문화추진회, 1989), Ⅱ책, 88쪽 참조.

7) 《국역 성소부부고》Ⅱ책, 115쪽 참조.

8) 이하 실록에 관한 내용은 서울 시스템의 국역본 시디롬《조선왕조실록》을 따른 것이며, 별도의 각주는 달지 않는다.

9) 《국역 성소부부고》3책, 314쪽 참조.

10) 동천복지설에 관한 논의는 三浦國雄, 〈洞天福地小論〉, 《道敎學探索》제6호(臺灣 國立成功大學 歷史系 道敎硏究室, 1992), 233~278쪽 ; 李豊楙, 《誤入與謫降―六朝隋唐道敎

文學論集》(臺灣 學生書局, 1996) 가운데 〈六朝道教洞天說與遊歷仙境小說〉과 〈六朝仙境傳說與道教之關係〉, 그리고 趙有聲 외 공저, 《生死・享樂・自由》(臺灣 云龍出版社, 1991) 가운데 제6장, 〈神仙境界與凡人企羨〉가 좋은 참고가 된다.

11) 司馬承禎, 《洞天福地天地宮府圖》(《雲笈七籤》 권27, 《正統道藏》 제37책, 太玄部〔臺灣 新文豊出版社, 1987〕) : 夫道本虛無因, 恍惚而有物氣元沖, 始乘運化而分形. 精象玄著, 列宮闕於清景; 幽質潛凝, 開洞府於名山……誠志攸勤, 則神仙應而可接; 修鍊克著, 則龍鶴乘而有期至於天洞.

이러한 청경명산(清景名山)에 연화(運化)를 타고서 홀연히 열리는 궁궐동부(宮闕洞府)는 늘 변환하는 가운데 있어, 인연 있는 자 앞에서만 잠시 잠깐 그 모습을 드러낸다. 앞서 조현이 가한 장인에게서 지지를 받고 나서 절하고 고개를 들자 절은 간데없고 잡초만 우거져 있을 뿐이었다고 한 언급이나, 그밖에 수많은 선경 설화에서 한번 그곳을 나온 후 다시는 찾을 수 없었다고 한 언급은 모두 이러한 의식의 반영이다.

12) 사마승정, 위의 책 : 太上曰, 十大洞天者, 處大地名山之間, 是上天遣群仙統治之所. 其次三十六小洞天, 在諸名山之中, 亦上仙所統治之處也. 其次七十二福地, 在大地名山之間, 上帝命眞人治之, 其間多得道之所.

여기서 10대동천과 36소동천을 관장하는 상선(上仙)은 신선 중 최고의 경지인 천선(天仙)을, 72복지를 다스리는 진인(眞人)은 지선(地仙)을 각각 가리켜, 동천과 복지 사이에도 엄연한 위계가 있음을 보여주고 있다.

13) 杜光庭, 《洞天福地嶽瀆名山記》(《정통도장》 제18책, 洞玄部, 記傳類)에 수록되어 있다. 이러한 이유 때문에 《사고제요(四庫提要)》의 〈자부도가류존목(子部道家類存目)〉에서는 이 책에 대해 "皆神仙幻窅之言, 故雖紀山川, 亦不隸之於地理類."라 하여 아예 지리류의 범주에서 배제하기까지 하였다.

14) 사마승정의 《천지궁부도》는 《도장》 37책, 태현부(太玄部)에 실린 장군방(張君房)의 《운급칠첨(雲笈七籤)》 가운데 수록되어 있고, 동방삭의 《십주기(十洲記)》는 위의 책과 《도장》 18책 동현부(洞玄部)에 실려 있다. 두광정의 《동천복지악독명산기》와 《녹이기》 또한 《도장》 제18책, 동천부에 실려 있고, 이사충의 《동연집》에도 복지동천에

관한 상세한 기록이 나오는데, 이는 《도장》 40책, 태현부에 수록되어 있다. 이밖에 《도장》 37책, 태현부에 실린 도홍경(陶弘景)의 《진고(眞誥)》 등이 복지동천과 관련된 주요한 저술들이다.

15) 동방삭, 《십주기》(《도장》 18책, 동현부 기전류, 457쪽) : 瀛洲在東海中, 地方四千里. 大抵是對會稽. 去西岸七十萬里, 上生神芝仙草, 又有玉石, 高且千丈. 出泉如酒味甘, 名之爲玉醴泉. 飮之數升, 輒醉, 令人長生. 上多仙家, 風俗似吳人, 山川如中國也.

16) 두광정, 〈중국5악〉, 《동천복지악독명산기》: 東嶽泰山, 嶽神天齊王, 領仙官玉女九萬人. 山周廻二千里. 在兗州奉符縣. 羅浮山括蒼山爲佐命, 蒙山東山爲佐理.

17) 사마승정, 〈72복지〉, 《천지궁부도》: 第一地肺山. 在江寧府句容縣界, 昔陶隱居幽棲之處. 眞人謝允治之.

18) 〈유금강산서(遊金剛山序)〉, 《외유록》, 39쪽 : 將尋八十一福地, 求三十六洞天, 入無生之界, 登不死之庭, 處廖陽之館, 臥蘂珠之宮, 春食朝霞, 夏食沆瀣, 啖松食栢, 茹芝服朮, 飯胡麻煮人蔘, 漱雲牙嚥玉池, 修丹竈鍊黃金, 披靑囊銘, 誦黃庭偈, 閱紫庭之誥, 揩碧篆之文, 卽《中皇經》, "服元和除五穀, 必獲廖天, 得眞訣"者也. 跨白鹿騎靑牛, 招羽人金衣鶴, 謁太上玉宸君, 卽《神仙訣錄》, "有天仙地仙, 由地仙積累功行, 遂昇天仙"者.

19) 허균도 《성웅지소록》 하(《성소부부고》 Ⅲ책, 184쪽)에서 남사고의 술법과 예언에 관계된 일화를 전하고 있다.

20) 서유본, 〈여김생영서〉, 《좌소산인문집》 권3, 장40 : 東國分野記, 依約謄去. 世傳此是南師古所作. 夫大分野之說, 載在周禮, 而星經旣亡, 今所據者, 止班固漢志·鄭康成禮註, 及魏太史令陳卓所著郡國所直宿度. 然後儒疑信者相半, 而至於東國, 則地與燕境相接 故倂屬之箕尾分. 今又就東土彈丸之地, 割裂分繫於二十八宿, 曰某州直某стоб, 某邑當某宿, 是眞井蛙之窺天也, 其說疑若鑿空杜撰, 不可措諸實用. 然地球一點, 在天界大圜中, 不翅礨空之於大澤. 中國星野之分, 各以其人目所見方位, 所向大槪, 分屬而已. 如揚州屬星紀, 雍州屬鶉首, 豈星紀之次, 止臨於揚, 鶉首之次, 獨配於雍也? 苟如是則周天三百六十度, 盡於中國十二州, 而海外萬國亞 無與於大圜之天界也, 此豈理也哉? 故自中國而視之, 則有中國之分野, 自東國而視之, 則亦有東國之分野, 各隨其方位界限, 而各占其災祥休咎, 亦其理之不可誣者也. 南師古災祥之占, 百不一爽, 世稱我東之康節. 而其術專以星象推測, 則所著星

野之記, 必有自然之法象, 而決非臆撰無稽之言也. 然記不分各州所直宿度, 必是闕文也. 尊於暇日, 試檢輿圖, 以一度二百里爲據, 如湖南十二邑, 皆屬角宿, 則全州等邑得幾度, 潭陽等邑得幾度, 逐一分書於各州之下, 以究前人未卒之業, 則亦一事也. 幸留意圖之.

21) 김영에 관한 사실은 필자의 〈천문학자 김영 이야기〉,《신동아》1999년 2월호, 550~556쪽에서 소개한 바 있다.

22) 陳遵嬀,《중국천문학사》제2책, 星象編 (대만 명문서국, 1985), 177~184쪽 참조.

22) 예를 들어, "第三十六天金華山, 高一千丈, 洞周廻五百里. 名金華洞元之天. 卽黃初平眞人, 遇赤松子, 叱石爲羊, 得道處. 在婺州金華縣, 上應婺女星故曰金華山."과 같이, 먼저 제36동천인 금화산의 경계를 설명하고, 이와 관련된 선인의 사적을 덧붙인 후, 천상의 별자리와 대응시키는 방식으로 기술하고 있다.

7장

삼시설과 수경신 신앙

    도교와 관련되어 전파된 민간 신앙 가운데 수경신(守庚申) 신앙이 있다. 이 수경신 신앙은 삼시설(三尸說)에 바탕을 둔 사과 신앙(司過信仰)의 한 형태이다. 삼시는 삼팽(三彭) 또는 삼충(三蟲)이라고도 부른다. 삼시는 사람의 몸 속에 있으면서 그 사람의 죄상을 낱낱이 기록했다가 두 달마다 한 번씩 돌아오는 경신일 밤에 하늘로 올라가 옥황상제께 그 사이에 인간이 지은 죄를 빠짐없이 고해바쳐 그 죄과만큼 수명을 감하게 한다는 신적 존재다. 그런데 이 삼시는 반드시 사람이 잠든 뒤라야 몸을 빠져 나갈 수 있으므로 아예 삼시가 하늘에 올라가 죄과를 보고하는 것을 원천봉쇄하기 위해 경신일 밤을 뜬눈으로 새우는 수경신의 습속이 널리 행해졌다.■

    이 수경신 신앙에 대한 민속 방면의 연구는, 과문의 탓이겠으나 아직 접하지 못했다. 문헌 기록만 보아도 이 수경신 신앙은 고려 이래로 조선조까지 왕실에서 민간에 걸쳐 널리 행해졌던 민속 신앙의 한 형태였음이 분명하다.[1] 이 글은 삼시설, 또는 수경신 신앙의 연원과 삼시의 실체, 이에 대한 옛 사람들의 인식을 문헌 자료를 통해 살펴보고, 이어 우리 나라와 일본에서 행해진 수경신 신앙의 구체적 모습을 역사 자료와 문집 자료를 통해 검토하는 데 목적을 둔다. 이를 통해 그간 잘 알려지지 않았던 수경신 신앙의 존재 양태를 파악하고, 나아가 성립 도교가 존재하지 않았던 한국 도교사의 전개상에서 민간 도교의 잠재적 영향력을 가늠해볼 바탕이 되기를 기대한다.

삼시설의 유래와 수경신 신앙

삼시의 존재에 대해 언급한 옛 기록은 아주 많다. 그리고 그 내용은 조금씩 다르다. 이제 이 기록들을 차례로 검토하여 삼시설의

■ **밤을 뜬 눈으로 새우는 습속** 어린 시절 누구나 섣달 그믐날 잠을 자면 아침에 눈썹이 하얗게 센다는 말을 듣고 자랐다. 눈썹이 하얗게 센다는 것은 늙어 나이가 들었다는 표징이다. 그믐날 잠을 자면 나이가 든다는 이야기인데, 왜 이런 습속이 생겼을까? 섣달 그믐에 부뚜막에 조왕신(竈王神)을 그려놓고, 그 입에 엿을 붙여놓는 습속이 있었다. 그믐날 밤이 되면 조왕신이 사람들이 잠든 틈을 타서 하늘에 올라가, 지난 일 년간 그 집 식구들이 지은 죄를 죄다 일러바친다고 사람들은 생각했다. 그러면 지은 죄만큼 수명이 줄어드는데, 지은 죄가 많으면 많을수록 수명은 그만큼 단축된다. 조왕신의 입에 엿을 붙이는 것은 하늘에 올라가더라도 꿀먹은 벙어리처럼 아무 말 하지 말라는 뜻이 담겨 있다. 눈썹이 세면 죽을 날이 그만큼 가까왔다는 말이니, 수명이 단축된다는 말을 이렇게 표현했던 셈이다. 수경신 신앙도 이와 비슷한 의식을 담고 있다. 조왕신의 입에 엿을 붙이거나 꿀을 바르는 것은 우리 나라만이 아니라 중국과 일본에서도 똑같이 볼 수 있는 민간 신앙의 한 형태다.

유래와 수경신 신앙이 갖는 의미를 살펴보기로 하자.

삼시란 무엇인가?

후한 갈홍(葛洪)의 《포박자(抱朴子)》에 이런 기록이 보인다.

> 어떤 이가 물었다.
> "감히 묻습니다. 장생의 도를 닦고자 한다면 금해야 할 것이 무엇입니까?"
> 포박자가 말했다.
> "금해야 할 것 가운데 지극히 급히 할 것은 손상하지 않는 데 있을 뿐이다. 《역내계(易內戒)》와 《적송자경(赤松子經)》 및 《하도기명부(河圖記命符)》에 모두 말하기를, 천지에는 인간의 허물을 관장하는 사과신(司過神)이 있는데, 사람이 범하는 잘못의 가볍고 무거움에 따라 그 산(算)을 빼앗는다. 그 산이 줄어들면 사람은 가난해지고 질병에 걸려 자주 우환과 만나고, 산이 다하면 죽는다. 산을 빼앗는 것과 관계된 일은 수백 가지가 있으므로 일일이 이야기할 수는 없다.
> 또 말하기를, 몸 가운데는 삼시가 있는데 삼시라고 하는 것은 비록 형체는 없으나 사실은 영혼이나 귀신의 부류다. 사람을 일찍 죽게 하려는 것은, 이 삼시가 그래야만 마땅히 귀신이 되어 스스로 제멋대로 돌아다니면서 사람이 제사 지내는 것을 흠향할 수 있기 때문이다. 이런 까닭에 매번 경신일이 되면 문득 하늘에 올라 사명(司命)에게 아뢰어 사람이 행한바 과실을 말한다. 또 그믐밤에는 부뚜막신[竈神] 또한 하늘에 올라가 사람의

죄상을 아뢴다. 큰 것은 기(紀)를 빼앗는데, 기는 3백 일이다. 작은 것은 산(算)을 빼앗는데, 산은 3일이다. 나 또한 이 일이 있는지 없는지는 능히 알지 못한다."[2]

위의 인용을 통해 볼 때, 삼시는 귀신의 부류로서 사람의 몸 속에 깃들어 산다. 그런데 사람이 죽어야만 비로소 사람의 몸을 떠나 자유로이 돌아다닐 수 있기 때문에 그 사람이 빨리 죽기를 바라서 그 허물을 사명(司命)에게 고자질해 수명을 단축케 한다는 것이다. 또한 삼시에 관한 언급이 《역내계》나 《적송자경》, 《하도기명부》 등 초기 도교 경전 속에 이미 보인다는 사실을 확인할 수 있다. 갈홍이 언급했듯, 한나라 때는 인간이 지은 죄상을 감찰하며, 그 경중에 따라 수명을 단축시키고 질병과 우환을 가져오는 사과신(司過神)의 존재를 믿는 사과신앙이 형성되어 있었고, 인간과 사과신의 중간에 삼시와 조신(竈神), 즉 부뚜막신 등이 있어 그 과실이 드러나게 작용을 한다고 믿었다.[3]

갈홍이 인용했던 《하도기명부》의 언급을 보자.

삼시라는 것은 실제로는 혼백이나 귀신의 무리다. 사람을 일찍 죽게 하려는 것은, 그래야만 이 삼시가 마땅히 귀신이 되어 스스로 제멋대로 돌아다니면서 사람이 제사 지내는 것을 받아먹을 수 있기 때문이다. 매번 육갑(六甲)이 다하는 날에는 문득 하늘로 올라가 사명에게 사람의 죄과를 여쭌다. 허물이 큰 것은 사람의 기(紀)를 빼앗고, 허물이 작은 것은 사람의 산(算)을 빼앗는다. 그런 까닭에 신선 되기를 구하는 사람은 먼저 삼시를 제거하고 담백함을 즐기며 욕심을 없애고, 정신은 고요하고 마음은 밝게 하여 많은 선행을 쌓고 나서, 이에 약을 복용하면 효과가 있어 신선이 된다.[4]

신선이 되기 위한 선행 조건으로 삼시의 제거가 인식되었음을 알 수 있다. 삼시를 없애려면 먼저 마음을 담백하게 하고 욕심을 덜어 없애며, 정신은 고요하고 마음은 밝게 해야 한다고 했다. 또 많은 선행을 행하여 적선입공(積善立功)한 뒤에 마지막으로 단약을 먹어야 비로소 효과가 생겨 삼시가 몸에서 제거되고, 마침내 신선이 될 수 있다고 했다. 《하도기명부》의 이런 언급은 삼시에 대한 초기 인식을 반영한다. 이는 후대의 경전에서 더 상세하게 부연된다. 북송의 장군방(張君房)이 엮은 《운급칠첨(雲笈七籤)》에도 삼시에 관련한 기록이 있다.

> 항상 경신일에 밤새 잠자지 않으면 하시(下尸)가 서로 맞서 죽여서 돌아오지 않고, 그 다음 경신일에 밤새 자지 않으면 중시(中尸)가 서로 맞서 죽여서 돌아오지 않으며, 그 다음 경신일에 밤새 잠자지 않으면 상시(上尸)가 서로 맞서 죽여서 돌아오지 않는다. 삼시가 모두 없어지면 사명은 사적(死籍)에서 이름을 지우고 장생록(長生錄)에 올려, 올라가 천인과 더불어 노닐게 된다.[5]

수경신을 세 번 거듭하면 그때마다 각각 하시와 중시 그리고 상시가 서로 싸워 죽여서 마침내 삼시가 박멸되고, 이에 따라 사람은 사적에서 이름이 지워져 장생록에 오르게 된다고 했다. 그리하여 마침내 천인과 더불어 노니는 신선의 경계에 진입할 수 있다고 보았다. 또 그 원주에는

> 6월과 8월에는 경신일이 특히 아름다우므로 마땅히 하루 종일 저녁이 끝날 때까지 지켜야 한다. 세 번 수경신을 하면 삼시가 없어지고, 일곱 번 수경신을 하면 삼시는 영구히 사라진다.[6]

고 조금 달리 적고 있다.

이런 착종된 언급은 무엇을 의미할까? 일 년이면 두 달에 한 번씩 여섯 차례나 꼬박꼬박 돌아오는 경신일마다 밤을 새우기는 실제로 어려움이 적지 않았다. 수경신을 줄곧 하다가도 어느 날 한 번 이를 지키지 못하면 그간의 모든 죄과가 한꺼번에 사명에게 보고될 것이라는 강박 관념도 큰 압박을 주었던 듯하다. 이에 따라 삼시를 영구 박멸해야 한다는 관념이 생겨나, 세 번을 거듭하거나 일곱 번을 거듭하면 삼시를 영구히 제거할 수 있다는 의식이 일반화되어간 사정을 위 기록은 말해준다.

삼시의 역할과 경신일의 의미

그렇다면 삼시는 왜 경신일 밤에만 활동하는가? 위 《하도기명부》에서는 삼시가 단순히 '육갑궁일(六甲窮日)'에 활동한다고 했는데, 양나라 때 도홍경(陶弘景)은 《진고(眞誥)》에서,

> 무릇 경신일에는 시귀(尸鬼)가 마침내 난동을 부려 정신이

산란하고 깨끗하지 못한 날이다. 마땅히 깨끗이 재계하고 그날을 경계해 대비하며 여러 욕심부릴 만한 일들을 멀리해야 한다.[7]

고 했다. 즉 경신일 밤은 육갑이 끝나는 날이면서 삼시의 활동이 가장 활발해져, 이에 따라 정신이 산란스럽게 되는 날이라는 것이다. 뒤에 볼 조선 후기 신범(辛汎)의 〈수경신설(守庚申說)〉에서는 술가(術家)의 말을 빌려

경(庚)이란 것은 '경(更)'이요, 신(申)이란 것은 '신(伸)'이니, 때문에 이날이 되면 온갖 귀신들이 하늘에 조회한다.[8]

고 적고 있다. 이는 다른 문헌에서는 찾아볼 수 없는 특이한 언급인데, 경신(庚申)을 '경신(更伸)'의 뜻으로 읽어, 경신일은 온갖 귀신들이 천상에 올라가 '다시금 펼' 힘을 얻는 날이라고 풀었다.

《운급칠첨》에서는 삼시를 다시 상시와 중시 그리고 하시로 나누었는데, 이러한 구분에 따른 명칭이나, 기능 및 역할에 따른 구분도 여러 기록에서 보인다. 《옥추경주(玉樞經注)》에서는 상시의 이름을 청고(靑姑)라 하고, 중시는 백고(白姑), 하시는 혈고(血姑)라 하여 다른 이름으로 부른다. 그 위치에 대해서도 《중황경(中黃經)》에서는 상시는 뇌궁(腦宮)에, 중시는 명당(明堂)에, 하시는 복위(腹胃)에 있다고 하여 《운급칠첨》과는 조금 다르게 적고 있다.[9] 《태상삼시중경(太上三尸中經)》에서는 또 이렇게 적었다.

상시는 이름이 평거(彭倨)인데 보물을 좋아하고, 사람의 머릿속에 있다. 중시는 이름이 팽질(彭質)인데 오미(五味)를 좋아하며 사람의 뱃속에 있다. 하시는 이름이 팽교(彭矯)인데 색욕(色慾)을 좋아하며 사람의 발 속에 있다.[10]

또《역대신선통감(歷代神仙通鑑)》에서는,

삼시라는 것은 첫째는 청고(青姑)라고 한다. 사람의 눈을 가로막아 사람으로 하여금 눈이 어두워지고 얼굴에 주름이 생기며 입에서 냄새가 나고 이가 빠지게 만든다. 둘째는 백고(白姑)라 한다. 사람의 오장을 해쳐서 사람으로 하여금 마음에 의심이 생기게 하고 기운을 위축케 하며 잘 잊어버리고 근심에 빠지게 만든다. 셋째는 혈시(血尸)라 한다. 사람의 위장을 해쳐서 사람으로 하여금 뱃속을 더부룩하게 만들고 뼈가 마르고 살이 타게 하여, 의지를 솟아나지 않게 하고 생각하는 바를 얻지 못하게끔 만든다.

고 했다. 또《태청옥책(太清玉冊)》에서는 위의 언급들을 종합하여 이렇게 적고 있다.

상시인 팽거는 이름이 청고인데 사람의 눈을 가로막아, 사람의 머리에 살면서 사람으로 하여금 욕심을 많게 하여 수레와 말을 좋아하게 만든다. 중시인 팽질은 이름이 백고이니, 사람의 오장을 해쳐 사람의 뱃속에 살면서 사람으로 하여금 먹는 것을

삼시도.
삼시에 형상을 부여한 그림.

좋아하게 만들고 가벼이 성내고 분노하게 한다. 하시인 팽교는 이름이 혈고인데, 사람의 위장과 수명을 가로막아, 사람으로 하여금 색을 좋아하고 살생을 기뻐하게 만든다.[11]

이로 보면 삼시는 단순히 인간의 죄과를 기록할 뿐 아니라, 인체의 특정한 부위에 자리잡고 있으면서, 물욕과 식욕 그리고 색욕 등을 부추겨서 죄과를 짓게끔 만드는 마물(魔物)이다. 이러한 삼시의 기능과 성격에 대한 논의는 후대로 내려올수록 활발해져, 도사의 수행에서 삼시의 구제(驅除) 박멸이 중요한 과제의 하나로까지 인식되었다. 이에 따라 앞서 수경신을 세 번 혹은 일곱 번 거듭하면 삼시를 영구히 제거할 수 있다는 생각 외에도 삼시를 영구 박멸하기 위한 여러 방안이 모색되었다. 그들은 삼시가 사람 몸 속의 곡기(穀氣)에 의지해서 살고 있으므로, 만약 사람이 오곡을 먹지 않고 곡기를 끊게 되면 삼시는 살아남을 방법이 없게 되어 마침내 삼시를 없앨 수 있다고 믿었다. 실제 도교 수련에서 불에 익힌 오곡을 먹지 않는 벽곡(辟穀)이 장생을 위한 중요한 수련의 하나로 권장되었는데, 이 또한 삼시의 구제와 관련이 있다.■ 또《태청중황진경(太淸中黃眞經)》에는 "언제나 담박함을 지킨다면 삼시는 절로 없어진다."[12]고 한 언급도 있어 욕망의 제거만으로도 삼시의

■《태상삼시중경》에서는 사람이 부모의 포태(胞胎)에서 형체를 부치어 오곡(五穀)의 정기를 먹고 태어나므로 사람의 뱃속에는 삼시구충(三尸九虫)이 있다 했다. 이 삼시가 경신일 밤이 되면 천제께 사람이 지은 죄를 낱낱이 고해 바쳐, 사람의 생적(生籍)을 끊어 그 수명을 줄어들게 하여 사람을 일찍 죽게 한다고 했다. 관련 원문은 다음과 같다. 人之生也, 皆寄形于父母胞胎, 飽味于五穀精氣. 是以人之腹中, 各有三尸九虫, 爲人大害. 常以庚申之夜上告天帝, 以記人之造罪, 分毫錄奏, 欲絶人生籍, 減人祿命, 令人速死.

구제가 가능하다고 본 견해도 있다. 이밖에 갈홍의 《포박자》에는 삼시를 박멸할 수 있는 단약의 구체적인 제조 방법이 나온다. 송대 섭몽득(葉夢得)의 《피서록화(避暑錄話)》에도 복약의 방법으로 삼시를 죽여 없앤다는 언급이 보인다.[13]

 이렇듯 삼시에 대한 언급은 초기 도교 경전에서부터 기록되어 후대에 이르기까지 지속적으로 보인다. 이것은 당시 수경신 신앙이 얼마나 폭넓게 숭신되었는지를 단적으로 보여준다. 수경신 신앙은 한대의 참위 신앙(讖緯思想)이 신선 사상과 결합해 사명(司命)과 사과(司過)의 개념이 도교에 전입되면서 생겨난 관념이다.[14] 이른바 화와 복은 내가 짓고 내가 받는다는 감응(感應) 의식과 사과 신앙이 보편화되면서 권선의 목적을 바탕에 깔고 신앙 의례로 자리잡았다. 수경신 신앙은 특히 당·송대에 이르면 도사나 승려, 유자는 물론, 민간에까지 폭넓게 유행했다. 한편으로 수경신의 의식이 일반화되면서 점차 유락화(遊樂化)의 경향까지 나타나는데, 이에 따른 경제적 손실뿐 아니라 정신적 폐해도 적지 않았다. 섭몽득의 《피서록화》에는 다음과 같은 이야기가 실려 있다.

> 당나라 말에 조정의 인사들이 종남산 태극관(太極觀)에 모여 수경신하는 것을 보고 정자소(程紫霄)가 웃으며 말했다.
> "이것은 내 스승께서 이를 빌려 나쁜 짓 하는 자를 두렵게 하려 한 것일 뿐이다."
> 침상에 걸터앉아 베개를 달라고 하며 시를 지어 대중에게 보여주고는 붓을 던지고 우레와 같이 코를 골았다.[15]

도사 정자소의 이러한 일화는 당나라 말 수경신 신앙이 얼마나 일반화되었는지를 잘 보여준다. 일부 도사 계층에서조차 이에 대해 반감을 가질 정도였던 것이다. 정자소가 대중에게 주었다는 시는 다음과 같다.

> 수경신 하찮아도 또한 의심 없음은
> 이 마음 항상 도에 의지하기 때문이라.
> 옥황상제 하마 벌써 내 행동 아시거니,
> 네깟 삼팽 마음대로 시비를 말하려무나.
> 不守庚申亦不疑 此心常與道相依
> 玉皇已自知行止 任汝三彭說是非

옥황상제야 굳이 삼시의 고자질이 없다 하더라도 인간의 일거수 일투족을 낱낱이 꿰뚫어보고 있으니, 내가 내 삶의 자리를 지켜 도와 더불어 하나 되는 삶을 살아간다면 그까짓 삼시쯤이야 걱정할 것이 무엇이냐는 것이다.

이 수경신의 습속은 초기에는 도교의 도사들 사이에서만 비밀스레 행해지던 것이, 당·송대에 이르러 민간에까지 널리 확산되기에 이르렀다. 또한 권선의 효과도 있었으므로 불교에서도 이를 받아들여 수경신회(守庚申會)를 조직하는 등 폭넓게 행해졌다.[16] 당나라 유종원(柳宗元)이 〈삼시충을 나무라는 글(罵尸蟲文)〉에서, 보이지 않는 데서 허물을 살펴 사람을 해치는 삼시의 잘못을 신랄하게 비판하면서, 음험한 음모로 뜻있는 선비를 해치는 교활한 무리들을 교묘하게 풍자하고 있는 것은 삼시설이 당시 일반에까지 확산되어간 형편을 잘 말해주는 예다.

삼시설의 전래와 수경신 신앙의 성행

삼시설에 따른 수경신 신앙의 확산은 우리 나라와 일본에서 폭넓게 확인된다. 특히 일본의 경우, 불교나 신도(神道)와 습합(習合)되면서 민간 신앙의 중요한 형태로 현재까지 활발하게 존속되고 있다. 일본의 경우에 대해서는 후술하겠다.

역대 왕실의 수경신 신앙

우리 나라의 경우, 수경신 신앙은 언제 전래되었을까? 삼국 시대에 이미 도교가 전래되었으므로 수경신 신앙 또한 삼국 시대에 전래했을 가능성이 높지만, 문헌 근거로는 확인할 길이 없다. 다만 기록을 통해 볼 때, 고려 예종조를 전후하여 도교가 국가 차원에서 널리 장려되면서 본격적으로 수경신 신앙이 일반에까지 널리 보급되기 시작한 것으로 보인다. 당시 수경신 신앙의 성행은 《고려사》 권26, 원종 7년(1266) 4월 경신일조의 기사를 통해 보다 분명하게 포착된다.

> 태자가 안경공(安慶公)을 맞다가 연회를 열고 음악을 연주하면서 새벽까지 밤을 새웠는데, 그때 나라의 풍속에 도가의 말에 의하여 매년 이날이 되면 반드시 모여서 밤새껏 술을 마시며 잠을 자지 않았다. 이것이 이른바 수경신이란 것이다. 태자도

역시 당시의 풍속을 따라 그렇게 한 것인데 당시 여론이 이를 비난했다.[17]

이 기사는 이미 고려 중기에는 왕실뿐 아니라 온 나라에서 수경신이 행해지고 있었고, 왕실의 태자마저 수경신을 행하자 비난 여론이 비등했던 사실을 적은 것이다. 더욱이 이때는 이미 수경신 신앙의 습속은 다분히 유락화되어 밤새 술 마시고 즐기는 민속으로 자리잡아 갔음을 보여준다.

논자는 고려 왕실에서 수경신 신앙이 어느 정도 행해졌는지를 살펴보기 위해, 《고려사》 본기에 보이는 경신일 관련 기사를 정리해보았다. 《고려사》에는 경신일 기사가 모두 240회에 걸쳐 나타난다. 이 가운데 수경신과 직·간접으로 연관이 있는 것으로 보이는 기사가 적지 않다.

우선 눈에 띄는 것은 위 240회의 기록 가운데 전후 11회에 걸쳐 나타나는 죄수 재심사 및 석방에 관한 기사다. 유독 경신일에 투옥된 죄수를 재심사하여 석방 또는 감형해주는 사면 조처가 집중적으로 이루어지고 있음이 주목된다. 이것이 수경신 신앙과 관련된 것이라면, 삼시충이 옥황상제께 죄를 고자질하는 날인 경신일에 도리어 죄 지은 자를 용서하여 적선입공(積善立功)함으로써 자신의 허물을 상대적으로 상쇄하고자 하는 심리의 반영으로 읽는다.

또 무려 27회에 걸쳐 경신일에 왕이 사찰로 행차한 기록이 나타난다. 굳이 이날 대궐에서 지내지 않고 사찰로 행차한 기록이 집중된 것 또한 수경신 신앙이 불교와 습합되어 나타나는 한 증좌로 보인다. 삼시가 죄과를 고자질하는 것을 부처의 힘을 빌려 봉쇄하고자 한 심리의 반영으로 볼 수 있기 때문이다.

　이와 관련지어, 경신일 기사 가운데서 대궐 또는 사찰에서 연등회나 각종 도량 등의 법회가 열렸다는 내용이 20차례에 걸쳐 나온다. 팔관회(八關會)·백고좌도량(百高座道場)·연등회(燃燈會)·백좌인왕도량(百座仁王道場)·마리지천도량(摩利支天道場)·사천왕도량(四天王道場)·공덕천도량(功德天道場)·소재도량(消災道場)·화엄신중도량(華嚴神衆道場)·삼계초제(三界醮祭)·화엄삼매참도량(華嚴三昧懺道場) 등이 이날 열린 각종 법회이다. 그 구체적 성격을 파악하는 것은 능력 밖의 일이지만, 대개 자신이 지은 죄과를 참회하고 재앙을 멀리 물리쳐달라는 바람과 관련된 의식으로 보이며, 이렇게 볼 때 이 또한 수경신 신앙과 결코 무관할 수 없다는 것이 논자의 판단이다.

　이밖에 경신일 기사에서 자주 접하게 되는 것이 왕이 신하들에게 연회를 베풀었다는 내용이다. 모두 21차례 보인다. 특히 이날은 수만 명의 승려들에게 음식을 내리거나, 행려(行旅)에게 밥과 국을 먹였으며, 국로(國老)와 평민 늙은이를 위한 잔치를 베풀고 있다. 특히 외국 사신들에게 연회를 베풀었다는 기사도 여러 차례 보여 눈길을 끈다. 경신일에 연회를 베풀었다 함은 이날 밤을 새우며 수경신 의례를 행한 것으로 보아도 무방하다. 위 원종 7년의 기사에서도 볼 수 있듯, 태자까지 별도로 연회를 베풀어 음악을 연주하면서 새벽까지 밤을 새우는 일이 허다했던 것이다.

　《고려사》 경신일조 기사 총 240회에서 수경신과 직·간접 관련이 있는 것으로 보이는 기사는 모두 90회 안팎에 이른다. 정리하면, 경신일이 되면 왕은 절로 행차하거나 별궁으로 거처를 옮겨,

지은 죄를 뉘우치고 재앙이 물러가기를 바라는 법회를 성대하게 열었고, 승려나 행려 및 조정 대신 들에게 음식을 하사하거나 연회를 베풀어주는 것이 일반화된 관례였다. 또한 죄수를 재심사해 석방하거나 감형하는 것도 주로 경신일에 이루어졌다. 다만 특징적인 것은 이러한 의식이 모두 불교와 습합되어 이루어지고 있다는 사실이다. 수경신 신앙이 불교와 습합되는 양상은 우리 나라뿐 아니라 중국과 일본의 경우에도 공통적으로 확인되는 현상이다. 이에 대한 더 면밀한 고찰은 이 방면 연구자에게 미루기로 한다.

《고려사》의 경신일 기록에는, 고려 초기에 수경신과 관련 지을 만한 내용이 별반 보이지 않는다. 그러다가 10대 정종 때부터 관련 내용이 보이기 시작하여, 특히 숙종과 예종 이후로 충렬왕대까지 집중적으로 나타나고, 이후로는 뜸한 편이다. 따라서 고려 왕실에서 수경신 의례가 본격화되는 것은 숙종·예종 연간으로 볼 수 있다. 특히 예종은 아예 고려를 도교 국가로 만들려는 야심을 품었고, 중국에 도사의 파견을 요청하기까지 하는 등 적극적으로 도교를 장려했던 임금이었다.

이렇듯 《고려사》 관련 기록을 검토하는 것만으로도, 수경신 신앙이 고려 사회에 얼마나 폭넓게 숭신되고 있었는지를 짐작할 수 있다. 왕실의 사정이 이와 같았을진대 민간의 성황은 대개 헤아리고 남음이 있다고 본다.

조선조에 들어서도 수경신의 습속은 계속되었다. 수경신 행사는 점차 유락적 성격을 띠면서 규모와 내용이 더욱 확대되었다. 《동각잡기(東閣雜記)》에는 태조가 경신일 밤에 정도전을 비롯한 모든 공신들을 불러 잔치를 베푸는 기사가 실려 있다.[18] 또 이런 행사를 두고 왕과 신하들 사이에 격렬하게 논란이 벌어지기도 했다. 한 예로 성종 17년 11월 정사일에는 경신일을 사흘 앞두고 왕이 경신일에 종친들과 연회를 베풀며 수경신을 하려 한다는 말을 듣고 사헌부 장령 이계남(李季男)이 왕에게 불가함을 논하자, 왕은 경신일 밤에 종친을 접견하는 것은 어제오늘의 일이 아니고 조종조 이래로 있어온 일이니 다시 거론치 말라는 기사가 있다.

또 연산군 3년 11월 경신일 기사에서도 왕이 술과 안주, 호피와 각궁(角弓) 등의 물건을 하사하면서, 오늘이 경신일이니 함께 밤을 지새면서 장난삼아 노름이나 하라 하자, 대사헌 이집(李諿) 등이 여염의 호협아들이나 숭상하는 수경신을 승정원에서 하게 함은 부당하니 그만두게 할 것을 간하였으나, 왕은 끝내 허락하지 않았다.[19] 연산군은 그 뒤로도 경신일 밤에 군신들에게 빈청에 모여 수야(守夜)토록 하면서 직접 시를 내려 화작하게 한 일도 있었다.[20]

조선조 궁중에서의 수경신 행사는 영조 때 가서야 비로소 폐지되었다. 말하자면 고려 중기 이래로 왕실에서 관례적으로 행해진 수경신 행사는 조선 후기에 이르러서야 공식적으로 행해지지 않게 된 것이다. 물론 이것은 민간에서도 이 시기에 와서 수경신 의례가 더 이상 행해지지 않게 되었다는 의미는 아니다. 그밖에 《조선왕조실록》 경신일 기사만 분석하더라도 조선조에 들어서까지 수경신 신앙이 얼마나 성행했는가를 가늠할 수 있을 것이나, 이 글에서는 미처 여기까지는 작업을 진행하지 못했다.

수경신에 담긴 뜻

다음은 조선 후기 신범(辛汎)의 〈수경신설(守庚申說)〉이다. 자료 제시를 겸하여 전문을 옮겨본다.

 예부터 속어에 이르기를,
"사람에게는 삼팽이란 귀신이 있어 해마다 상경신일(上庚申日) 밤이 되면 그 사람이 자는 틈을 엿보아 하늘로 올라가 그 사람의 선악을 옥황에게 고한다."
고 했다. 이 때문에 상경신일을 지키며 잠자지 않는 사람이 많다. 마치 종남산 태일관에 조사(朝士)들이 모여 수야하던 것과 같음이 많다. 그러나 정자소가 홀로 지키지 않고서 시를 지어 말하기를,
 "옥황상제 하마 벌써 내 행동 아시거니, 네깟 삼팽 마음대로 시비를 말하려무나."
고 했으니 통달한 견해라 할 만하다.
 우리 나라의 습속은 더욱 심하니, 아아! 악함만을 하늘에 고한다면 혹 두려워할 만하겠지만, 선함도 하늘에 고한다면 어찌 두려워함이 있으랴! 그렇다면 이를 지키는 자는 반드시 악을 지음이 많고, 선을 행함이 적은 자일 것이다.
 술가(術家)가 말하기를,
 "'경(庚)'이란 것은 '경(更)'이고, '신(申)'이란 것은 '신(伸)', 즉 펴는 것이니, 그런 까닭에 이날에는 여러 귀신들이 하늘에 조회한다."
고 한다. 그렇다면 일 년 여섯 차례의 경신일이 모두 그런 것이니, 상경신일에만 그런 것이 아니고 온갖 귀신이 다 그러하니, 한갓 내 몸에 있는 삼팽만이 그런 것이 아니다. 어찌 반드시 유

독 상경신일만을 지키며, 어찌 반드시 홀로 내 몸의 삼팽만을 지키겠는가? 선유(先儒)가 삼시를 꾸짖으며 논하기를,

"달 밝은 밤에는 삼시가 하늘에 고한다."

고 했다. 그렇다면 한갓 여섯 번의 경신일만 그런 것이 아니라 일 년 중 달 밝은 밤이면 경신이 아님이 없으니, 어찌 능히 모두 지켜서 잠들지 않겠는가? 하물며 천지의 귀신은 어느 날이고 임하지 않은 날이 없다. 내가 올라가면, 곁에 있는 이에게 물어보기만 해도 나의 선악은 알 수가 있으니, 경신일의 삼팽을 기다릴 것이 없고, 또한 달 밝은 날의 온갖 귀신을 기다릴 것도 없다. 360일에 6일이 있다 해도 경신일 아님이 없고, 또한 달 밝은 날이 아님이 없을진대, 설혹 능히 삼백예순 날을 모두 지킨다 해도 가리워 막을 수 없을 것이다. 하물며 360일 동안 저지른 악을 단 하루 경신일 밤을 지킴으로써 가리워 막고자 한다면 또한 어렵지 않겠는가? 삼팽으로 하여금 나의 선행을 고하게 하여 하늘이 이미 먼저 알게 한다면 내가 기뻐할 것이 없겠고, 내 악행을 고하게 하여 하늘이 이미 먼저 알게 한다면 내가 두려워할 것이 없을 것이다. 어찌 수경신을 함이 있겠는가?[21]

이 글은 여러 면에서 흥미로운 내용을 담고 있다. 첫 단락의 정자소 이야기는 앞서 본 섭몽득의 《피서록화》의 기록을 옮긴 것이다. 그리고 조선 후기에 접어들면서는 경신일을 모두 다 지킨 것이 아니라, 번거로움을 피해 상경신일, 즉 한 해의 첫 경신일에만 밤을 지새는 것으로 관습화되어간 점을 알 수 있다. 또 경신일의 음을 따서 '경신(更伸)'의 의미로 새겨, 귀신들이 하늘에 올라가 조

회하는 날로 해석한 것은 다른 기록에서는 볼 수 없는 아주 흥미로운 해석이다. 전체 내용은 수경신 의례의 허탄함을 비판한 것이지만, 이는 역설적으로 조선 후기까지도 수경신 의례가 얼마나 지속적으로 행해지고 있었는지를 잘 말해주는 자료로서 중요한 의미를 지닌다.[22]

일본에서 더 성행한 수경신 신앙

일본의 경우, 수경신 신앙은 민간 신앙의 일부로 오늘날까지 존속되고 있다. 에도(江戶) 시대에 특히 성행했고, 헤이안(平安) 시대에는 공가귀족(公家貴族)들이 '경신어유(庚申御遊)'를 행했다는 기록도 남아 있다. 일본 전국에 걸쳐 많은 수의 경신당(庚申堂)이 현전하고 있고, 신앙 행위도 여전히 성행하고 있다. 그 신앙의 형태는 매우 다양하고 복합적이다.

흔히 경신당에는 삼원(三猿), 즉 세 마리 원숭이를 모셔두었는데 이는 일본만의 독특한 수용 양태를 보여주는 것이다. 굳이 원숭이를 그린 것은 경신일의 '신(申)'이 원숭이인데서 유추한 것으로 보인다. 그림에서 보듯이, 이 세 마리 원숭이는 각각 눈과 귀와 입이 가려져 각각 보지도 않고 듣지도 않고 말하지도 않는다는 불견(不見)·불문(不聞)·불언(不言)의 뜻을 나타내고 있다. 즉 인간이 지은 죄과를 보지도 듣지도 말하지도 말아달라는 바람을 여기에 얹은 것이다.[23]

정리하면, 수경신 신앙은 당초 중국 도교가 참위 사상과 결합하여 사명과 사과의 개념이 도교에 들어오면서 생겨난 신앙 형태였다. 이것이 점차 불교와 습합되고, 민간 신앙의 형태로 확산되면서

일본 교토의 복견경신당(伏見庚申堂)에 있는 세 마리 원숭이. 눈을 가리고, 귀를 막고, 입을 가려, 보지도 듣지도 말하지도 않겠다는 의미를 나타낸다. 경신일의 신(申)이 원숭이어서 수경신에 원숭이가 등장했다. 이 세 마리 원숭이상은 중국에서도 근대까지 성행했다.

특정 종교나 계층을 떠나 광범위하게 의례가 일반화된 신앙이다. 우리 나라의 경우, 고려 중기 이래로 조선 후기에 이르기까지 상하간에 널리 성행했고, 일본에서는 에도 시대 이래 현재에 이르기까지 주요한 민간 신앙의 한 형태로 존속되고 있다.

한시를 통해 본 수경신 신앙

수경신 신앙은 왕실에서뿐 아니라 민간에서도 널리 행해졌으므로, 제가의 문집에는 수경신과 관련된 한시가 비교적 많이 남아 있다.[24)]

수경신을 노래한 제가의 시

먼저 고려 말 이집(李集, 1314~1387)의 〈안타까운 마음(念惜一首呈諸君子)〉이란 작품을 살펴보기로 하자.

> 지난 해 산사에서 경신일 밤에
> 단란히 모여 흐르는 세월 아쉬워했지.
> 사경이라 산 달빛 환히 비치고,
> 골짝에선 솔바람 솔솔 불어왔네.
> 입정(入定)에 든 고승은 묵묵히 말이 없고,
> 사미는 차를 달여 향연이 자욱했네.
> 함께 놀던 손님들은 모두 유자들로
> 술 한 잔에 시 한 수로 즐거이 노래했지.

그때 있던 두 사람은 양부(兩府)에 올라 있고
남은 사람 누에 올라 애오라지 근심 푸네.
돌아올 제 바라보니 터럭 아직 검은데,
흰 머리의 나만이 한 언덕을 지킨다오.
만났다간 헤어지고 기쁘다간 슬픈 인생,
언제나 등촉 밝혀 산 속에서 놀아보리.

 去年山寺庚申夜 團欒共惜歲月流
 四更山月照炯炯 萬壑松風鳴颼颼
 高僧入定默不語 沙彌煮茗香烟浮
 同遊賓客盡儒雅 一觴一詠爲歡謳
 當時二公今兩府 餘子登樓聊消憂
 歸來相顧頭尙黑 白首吾今守一丘
 聚散悲歡幾時極 更期秉燭山中遊[25]

이 시에서 우리는 경신일 밤에 유자들이 산사에 모여 불승과 함께 앉아 도교의 수경신을 행하는, 말 그대로 삼교 합일의 현장을 목도한다. 하지만 술 한 잔에 시 한 수를 읊조리는 유락의 거나함이 있을 뿐, 여기에서 특별히 신앙적 의미를 찾아내기는 어렵다. 이 시기에 벌써 수경신은 종교의 의미보다 유락의 의미가 더 강조될 만큼 변질되었던 것이다.

다음은 서거정(徐居正, 1420~1488)의 〈경신일 밤에(庚申夜題寄吳同隣)〉이다.

계절 변화 새로워짐 문득 놀라니,

새해의 즐거운 일, 경신일이로다.
새벽녘 창가에선 매화 눈을 보내오고,
하룻밤 술동이 열어 댓잎 봄 맞이하네.
젊은 첩은 잠 안 자며 웃고 얘기 다투지만,
늙은이는 병이 많아 탐욕과 성냄 끊었노라.
오늘 밤 이웃의 일 떠올려 생각하면,
부부가 마주 앉아 술잔 자주 따르겠지.

  入眼偏驚物候新 新年樂事又庚申
  五更窓送梅花雪 一夜樽開竹葉春
  小妾不眠爭笑語 老夫多病絶貪嗔
  想知此夕同隣事 相對細君穩酌頻[26]

 어느 새 해가 바뀌고, 경신일을 맞았다. 3구에서 '오경창(五更窓)'이라 했으니, 이미 시인은 밤을 꼬박 새우고 해뜰 무렵을 맞고 있다. '매화설(梅花雪)'과 '죽엽춘(竹葉春)'이 정신을 쇄락케 한다. 소첩은 곁에서 잠시도 가만 있지 않고 웃고 떠들며 이야기한다. 깜빡 잠들지 않으려는 안간힘인 게다. 그러나 늙고 병든 나는 이미 탐욕과 성냄 따위는 끊어버려 삼시의 고자질을 두려워할 것이 없다고 했다. 그러면서 이웃에 사는 벗 또한 그의 아내와 술잔을 마주 놓고 도란도란 얘기하며 이 밤을 지새우는 광경을 떠올렸다.

 아이들 둘러앉아 경신일을 지키니,
 떡 과일 앞에 두고 웃고 떠들며 장난치네.

곁에서 박수치며 즐거운 일 함께하니,
늙은이도 참으로 그 가운데 사람일세.
 兒曹環列守庚申 餠果前頭戱咲頻
 拍手傍觀同樂事 老翁眞是箇中人

북소리도 더디어라 오경을 알리는데,
백 년 인생 이와 같이 잠깐 사이 지나가리.
이웃 닭 홰쳐 울자 숲 까마귀 흩어지고,
동창에 새벽 날 빛 환해옴이 반갑고야.
 更鼓遲遲已五欘 百年如此轉頭過
 隣鷄叫罷林雅散 喜見東窓曙色多[27]

소세양(蘇世讓, 1486~1562)의 〈경신일 밤〉 4수 연작의 첫 수와 넷째 수다.[28] 둘째 수에서 결코 삼팽이 두려워 밤을 지새는 것은 아니라고 하면서도, 오경 북소리에 동창이 밝아옴을 기뻐하고 있다. 위 시에서 보듯, 수경신은 점차 노소간에 어우러져 즐기는 동락의 자리로 변하게 된다. 경신일은 두 달에 한 번은 어김없이 찾아오니, 수경신은 말하자면 벗들이 한 자리에 모여 노니는 합법적인 잔치의 구실이 되었던 것이다.

작은 벌레 어찌하여 상제의 존귀함 어지럽혀,
인간 세상 허탄한 말 떠들썩하게 했나.
한밤중 즐거이 노닒 널리 얻어서,
붉은 등불 곳곳마다 좋은 술잔 마주했네.

微蟲寧溷上帝尊 多事人間誕語喧
博得中宵歡樂地 紅燈處處對芳樽[29]

홍성민(洪聖民, 1536~1594)의 〈경신〉이란 작품이다. 삼시설의 허탄함을 믿지 않는다 하면서도, 곳곳에 붉은 등을 밝혀놓고 술잔을 기울이느라 떠들썩한 광경을 설명하고 있다. 선조조 당시에도 수경신의 습속은 신앙적 의미가 자못 변질된 채 여전히 성행하고 있었다. 또 그는, 〈경신일 밤에 병 앓다 읊조리다(庚申夜病中偶吟)〉에서는 이렇게 노래했다.

피리 불고 노래하며 병든 몸을 위로하니,
오늘 밤이 경신일이라 말들을 한다.
유종원의 교묘한 문장 없다고 해도,
늙은 눈 잠이 안 와 새벽까지 앉아 있네.
兒把笙歌慰病身 人言今夜是庚申
非關柳子文章巧 老眼難眠坐到晨[30]

라 했다. 병든 몸임에도 오늘 밤이 경신일이란 말을 듣고는 새벽까지 잠을 자지 않고 앉아 있다. 그러면서도 늙어 잠이 안 오기 때문이지 삼시설을 믿기 때문은 아니라고 했다. 유종원의 문장을 거론함은 그의 〈삼시충을 나무라는 글(罵尸蟲文)〉을 염두에 둔 것이다.

이수광(李睟光, 1563~1628)도 〈경신일 밤〉에서 이렇게 노래한다.

세모에 멀리 나그네 되니,
하늘가 근심 겨운 병든 몸일세.
흐르는 세월은 병오년을 맞이하고,
경신일 맞이하여 긴 밤을 지새운다.
곧은 도리 평소에 사모했건만,
홀로 누워 외론 등불 벗을 삼는다.
삼팽이야 까짓것 두려울 것 없도다,
내 마음 일 저 하늘이 훤히 아시니.

　　歲暮遠爲客　天涯愁病身
　　流年將丙午　守夜又庚申
　　直道居常慕　孤燈臥獨親
　　三彭何足怕　心事在蒼旻[31]

　당시 그는 함경도 안변 부사로 임지에 머물고 있었다. 타향에서 병든 몸으로 맞이하는 세모에 두서 없는 시름은 그만 잠을 앗아가고 말았다. 때마침 경신일 밤이니 철야의 핑계로도 그만이 아닌가. 바른 길을 잃지 않으려 늘 마음 쏟았는데, 눈 앞에 있는 것은 벼슬길의 명예 아닌 가물거리는 외로운 등불뿐이다. 그러면서 시인은 굳이 자신의 불면을 삼팽이 두려워서는 아니라고 변명한다. 이렇듯 유자들의 한시에서 삼팽을 두려워함은 아니라고 입버릇처럼 말하고 있는 것은 그들의 자의식의 발로일 뿐, 그 이상의 의미는 없다.

수경신 비판과 그밖의 관련 작품들

　이렇듯 수경신은 거의 관습으로 자리잡아 사람들은 별다른 신앙적 신념 없이도 수경신 의례를 행했는데, 유락화된 수경신에 대한 비판적 시각도 없지 않았다. 김효원(金孝元, 1532~1590)의 〈수경신을 하다가 자조의 마음을 담아(守庚申錄懷自嘲兼寄諸生)〉는 바로 그런 예에 해당한다.

    경신일 밤 잠 안 자고 꼬박 새우니,
    삼충이 하마 벌써 없어졌더냐.
    사람들 삼충을 두려워하니,
    생각하매 부끄러움 견딜 수 없네.
    진실로 그 마음이 거울 같다면,
    물듦에 꾀이는 바 되지 않으리.
    설령 103마리 벌레가 있다 해도,
    또한 장차 무엇을 두려워하리.
    그럴진대 한밤중에 잠을 푹 자고,
    닭 울어도 마음은 편안하리라.
    어찌하여 일상 이치 거꾸로 하여,
    한밤에 앉았다간 새벽에 자나.
    그대에게 나의 말을 부쳐보노라.
    이제부턴 착한 일에 힘을 쏟아서,
    치우치지 않음을 기약해둘 뿐,
    좌술(左術)은 숭상치 마시게나.
      守得庚申夜 三蟲已伏不
      人而畏三蟲 思之堪可羞
      誠使心似鏡 不爲染所誘

縱有百三蟲 亦將何所慼
然則夜而寐 鷄鳴湛心慮
胡爲反常理 夜坐還晨睡
寄語二三子 從今勉偲切
唯期履不頗 莫敎崇左術[32]

  무심히 남들 하는 대로 수경신을 하다가 자조의 생각이 떠올라 시로 지은 것이다. 마음을 거울같이 깨끗이 닦아 사물의 유혹에 넘어가지 않는다면 3시 아니라 103시(百三尸)가 있더라도 두려울 것이 없다. 그런데도 마음 닦을 궁리는 않고, 일상을 뒤집어 밤에 안 자고 아침에 자니, 이것이 무슨 짓이냐는 것이다.

  수경신을 노래한 한시는 매우 많다. 일일이 다 예거하기에 겨를하지 못하거니와, 미처 보이지 못한 시인과 작품명만을 거론하면 다음과 같다.

성현(成俔, 1439~1504), 〈경신일여회평저정숙가외휴주위여(庚申日如晦平佇正叔可畏携酒慰余)〉, 《허백당집(虛白堂集)》 권8, 장38(《총간》 14, 298쪽).

이주(李冑, 1468~1504), 〈경신야(庚申夜)〉, 《망헌유고(忘軒遺稿)》 장1(《총간》 17, 489쪽).

김안로(金安老, 1481~1537), 〈경신일관아조수야(庚申日觀兒曹守夜)〉, 《희락당집(希樂堂集)》 권4, 장69(《총간》 21, 369쪽).

엄흔(嚴昕, 1508~1553), 〈경신야여린우회우송당(庚申夜與隣友會于松堂)〉, 《십성당집(十省堂集)》 상권, 장36(《총간》 32, 506

쪽).

노수신(盧守愼, 1515~1590), 〈경신야병수(庚申夜病睡)〉, 《소재집(蘇齋集)》 권3, 장13(《총간》 35, 201쪽).

김효원(金孝元, 1532~1590), 〈경신야기제생(庚申夜寄諸生)〉, 《성암유고(省菴遺稿)》 권1, 장2(《총간》 41, 336쪽).

이정암(李廷馣, 1541~1600), 〈경신야유감 3수(庚申夜有感三首)〉, 《사류재집(四留齋集)》 권2, 장14 (《총간》 51, 260쪽).

심희수(沈喜壽, 1548~1622), 〈경신야서회시엄한림성(庚申夜書懷示嚴翰林惺)〉, 《일송집(一松集)》 권3, 장20(《총간》 57, 212쪽).

신흠(申欽, 1566~1628), 〈경신일기남창(庚申日寄南窻)〉, 《상촌고(象村稿)》 권18, 장8(《총간》 71, 477쪽).

이민성(李民宬, 1570~1629), 〈수경신(守庚申)〉, 〈차백사경신운(次白沙庚申韻)〉, 《경정집(敬亭集)》 권7, 장21(《총간》 76, 309쪽).

이식(李植, 1584~1647), 〈경신야회화희술(庚申夜會話戲述)〉, 《택당집(澤堂集)》 속집 권2, 11(《총간》 88, 206쪽).

이경석(李景奭, 1595~1671), 〈경신일구호각기이여성령공시윤십일월야(庚申日口號却寄李汝省令公時閏十一月也)〉, 《백헌집(白軒集)》 권6, 장14(《총간》 95, 449쪽).

이경석(李景奭, 1595~1671), 〈수경신(守庚申)〉, 《백헌집(白軒集)》 권12, 장30a(《총간》 95, 545쪽).

이밖에도 논자가 미처 찾아보지 못한 작품들이 더 있을 것이다.

표제에 수경신을 전혀 언급하지 않은 작품들까지 포함한다면 그 수효는 상당하리라고 본다.

 이상에서 도교와 관련된 민간 신앙의 일종인 수경신 신앙에 대해 일별해보았다. 먼저 삼시설의 연원과 삼시의 실체를 중국의 각종 문헌 기록의 검토를 통해 살펴보았고, 이어 삼시설이 우리 나라와 일본에 전래되어 신앙이 되어간 경과를 살펴보았다. 이를 다시 요약하는 과정은 생략하기로 한다.
 《고려사》나 각종 문집 자료에 실려 전하는 수경신 관련 한시의 존재로만 보더라도, 수경신 신앙이 고려 시대에서 조선 시대에 걸친 수백 년 동안, 위로는 왕실에서 아래로는 지식인·승려·일반 백성에 이르기까지 폭넓게 숭신되었음을 확인할 수 있다. 오늘날 그 자취는 소멸되었지만, 어쨌든 수경신 신앙은 민간 신앙의 한 형태로 선인들의 인식 속에 확고하게 자리잡고 있었음을 알 수 있다.
 여기에 다른 문집 자료에 전하는 기록을 더 세밀하게 검토하고, 그리고《조선왕조실록》경신일 기사를 확인해서 보탠다면, 수경신 신앙에 대한 더욱 구체적이고 세밀한 자료들을 얻을 수 있으리라고 본다.
 지금까지 도교의 영향력은 흔히 간과되거나 지나치게 평가절하되어왔다. 그러나 성립 도교를 갖지 못했던 우리 나라에서 도교는 기층으로 스며들어 세계관·우주관·사생관 등 세계 인식의 밑바탕을 형성하는 인식 체계로 자리잡아왔다. 수경신 신앙만 하더라도 비록 유락화해서 종교적 의미에서는 변질이 되지만, 이런 변질은 도교적 신앙 사유가 얼마나 뿌리 깊이 체화되었던가를 일깨워주는 한 방증이 될 뿐이다. 앞으로 수경신 신앙과 관련하여 도교와 불교의 습합에 관한 부분 등, 종교학 방면의 더 깊이 있는 관심과 연구를 기대해본다.

■ 7장의 주석

1) 차주환 교수는 그의 《한국 도교사상 연구》(서울대출판부, 1984) 제6장 〈고려의 도교사상〉에서 '수경신의 습속'이란 항목을 설정하여 이에 대해 개략적으로 검토한 바 있다.

2) 《포박자》〈미지(微旨)〉: 或曰, "敢問欲修長生之道, 何所禁忌?" 抱朴子曰, "禁忌之至急, 在不傷不損而已. 按《易內戒》及《赤松子經》及《河圖記命符》皆云, 天地有司過之神, 隨人所犯輕重, 以奪其算, 算減則人貧耗疾病, 屢逢憂患, 算盡則人死. 諸應奪算者, 有數百事, 不可具論. 又言身中有三尸, 三尸之爲物, 雖無形而實魂靈鬼神之屬也. 欲使人早死, 此尸當得作鬼, 自放縱遊行, 享人祭酹. 是以每到庚申之日, 輒上天白司命, 道人所爲過失. 又月晦之夜, 竈神亦上天, 白人罪狀. 大者奪紀, 紀者三百日也; 小者奪算, 算者三日也. 吾亦未能審此事之有無也."

이하 삼시설과 관련된 원전의 인용은 해당 원전 및 張志哲 편, 《道教文化辭典》(中國 江蘇古籍出版社, 1994)과 中國道教協會 편, 《道教大辭典》(中國 華夏出版社, 1994), 그리고 尹飛舟 等 著, 《中國古代鬼神文化大觀》(中國 百花洲文藝出版社, 1994) 등을 참조하였음.

3) 조신의 사명적 성격은 楊福泉의 《灶與灶神》(中國 學苑出版社, 1994) 참조. 이밖에 인간의 행위를 감찰하는 사명산으로 삼태신군(三台神君), 북두신군(北斗神君) 등이 있다.

4) 《중수위서집성(重修緯書集成)》 권6, 〈하도기명부〉: 尸之爲物, 實魂魄鬼神之屬也. 欲使人早死, 此尸當得作鬼, 自放縱游行, 殘食人祭醱. 每到六甲窮日, 輒上天白司命, 道人罪過. 過大者奪人紀, 過小者奪人算. 故求仙之人, 先去三尸, 恬淡無欲, 神靜性明, 積衆善, 乃服藥有效, 乃成仙.

5) 《운급칠첨(雲笈七籤)》 권82, 〈신선수경법〉: 常以庚申日徹夕不眠, 下尸交對, 斬死不還; 復庚申日徹不眠, 中尸交對, 斬死不還; 復庚申日徹夕不眠, 上尸交對, 斬死不還. 三尸皆盡, 司命朔去死籍, 着長生錄, 上與天人游.

6) 위 같은 곳에 "或六月八月, 庚申彌佳, 宜竟日盡夕守之. 三守庚申, 三尸伏沒 ; 七守庚申, 三尸長滅." 또 《유양잡조(酉陽雜俎)》에도 "七守庚申三尸滅, 三守庚申三尸伏."이라 한 언급이 있다.

7) 도홍경, 《진고》: 凡庚申之日, 是尸鬼競亂, 精神躁穢之日也. 當清齋不寐, 警備其日, 遣諸可欲. 또 당 단성식(段成式)의 《유양잡조》〈옥격(玉格)〉에서도 "凡庚申之日, 是尸鬼競亂, 精神躁穢之日也. 不可與夫婦同席及言語面會, 當清齋不寢, 警備其日, 遣諸可欲."이라 하여, 아예 부부간에 한 자리에 앉지도 말고, 대화는 물론 얼굴도 접하지 말라고 했다.

8) 각주 21 참조.

9) 《중황경》: 一者上虫居腦宮, 二者中虫居明堂, 三者下虫居腹胃.

10) 《태상삼시중경》: 上尸名彭倨, 好寶物, 在人頭中 ; 中尸名彭質, 好五味, 在人腹中 ; 下尸名彭矯, 好色慾, 在人足中.

11) 《역대신선통감》 권8 : 三尸者, 名青姑, 伐人眼, 令人目暗面皺, 口臭齒落 ; 二曰白姑, 伐人五臟, 令人心疑氣少, 善忘慌悶 ; 三名血尸, 伐人胃管, 令人腹輪煩滿, 骨枯肉焦, 意志不升, 所思不得.

12) 《태청중환진경》 권상, 〈내양형신장(內養形神章)〉1 : 常守淡泊, 三尸自滅.

13) 갈홍의 《포박자》 권4, 〈금단(金丹)〉에서는 삼시와 백병(百病)을 없앨 수 있는 단약 제조법이 나와 있다. 又義門子丹法, 以酒和丹一斤, 用酒三升和, 曝之四十日, 服之一日, 則三蟲百病立下.

섭몽득, 《피서록화》: 道家有言三尸, 或謂之三虫, 以爲人身中皆有是三虫, 能記人過失. 至庚申日, 乘人睡去, 以讒之上帝. 故學道者至庚申日, 輒不睡, 謂之守庚申. 或服藥以殺三虫.

14) 구보 노리타다 지음, 최준식 옮김, 《도교사》(분도출판사, 1990), 160쪽 참조. 飯田 道夫의 《庚申信仰》(日本 人文書院, 1989)은 일본 민간에 널리 퍼져 있는 수경신 신앙의 실상을 상세하게 정리한 책이다.

15) 섭몽득, 《피서록화》: 唐末朝士會終南太極觀守庚申. 紫霄 笑曰, "此吾師托是以懼爲惡者爾." 据床求枕, 作詩示衆, 投筆鼻息如雷.

16) 尹飛舟 等 著,《中國古代鬼神文化大觀》(中國 百花洲文藝出版社, 1994), 406쪽 참조.
17) 《고려사》 3 (여강출판사, 1991), 48쪽 참조.
18) 《국역 대동야승》 13 (민족문화추진회, 1984), 342쪽 참조.
19) 이에 관한 내용은 차주환, 앞의 책 194쪽 참조.
20) 연산군이 신하들에게 내렸다는 시는 다음과 같다. "俗畏三彭惜漏經, 誰知風巧惑蒼生. 夜深墀下霑恩足, 莫强心力觸寒聲."
21) 신범,《봉서유고(蓬西遺稿)》권4, 장 26b : 古來俗語曰, "人有三彭之神, 每年上庚申夜, 閻其人就寐, 上天告其人善惡於玉皇." 以故人多守上庚申不寐, 如終南山太一觀朝士會守之流, 多矣. 而程紫霄 獨不守, 有詩曰, "玉皇已知行止, 任汝三彭說是非." 此詩也, 可謂達見矣. 我東之俗尤甚. 噫! 惡之告上, 或可畏也, 善之告上, 有何畏乎? 然則, 其守之者, 必是多惡而少善者也. 術家有曰, "庚者更也, 申者伸也. 故是日, 諸神朝天." 然則, 一年六庚申皆然, 非徒上庚申也 ; 百神皆然, 非徒吾三彭也. 何必獨守上庚申, 何必獨守吾三彭也? 先儒罵三尸, 論曰, "月明之夜, 三尸告天." 然則非徒六庚申, 一年明月之夜, 無非庚申也, 安能盡守而不寐耶? 而況 天地鬼神, 無日不臨之, 我上質之在旁, 則知我之善惡, 不待庚申之三彭, 亦不待明月之百神也. 三百六旬, 有六日, 莫非庚申, 亦莫非明月, 則設或能三百六旬之盡守, 不可掩遮. 況 三百六旬所爲之惡, 欲爲掩遮於一庚之守, 不亦難乎? 使三彭告我善, 天已先知, 吾不足喜也 ; 告我惡, 天已先知, 吾不足懼也. 有何守庚申爲哉?
22) 이밖에 신면(申冕)의《하관당유고(遐觀堂遺稿)》에 실려 있는 〈경신사(庚申事)〉와, 조극선(趙克善)의《야곡문집(冶谷文集)》권5에 수록된 〈경신수야설(庚申守夜說)〉과 같은 글도 수경신 신앙을 이해하는 데 중요한 자료들이나, 미처 검토하지 못하였다.
23) 일본의 수경신 신앙에 대해서는 飯田道夫,《庚申信仰》(日本 人文書院, 1989)에서 상세하게 논의한 바 있다.
24) 진갑곤 편,《한국문집총색인》(도서출판 정진, 1994)의 경신 관련 항목의 검색만으로도 제가(諸家)가 지은 25수 가량의 수경신시와 만날 수 있다.
25) 이집,《둔촌잡영(遁村雜詠)》장32 (《총간》3, 350쪽)
26) 서거정,〈경신야제기오동린(庚申夜題寄吳同隣)〉,《사가집(四佳集)》권12, 장19 (《총간》10, 382쪽).

27) 소세양,《양곡집(陽谷集)》권5, 장29b(《총간》23, 374쪽).
28) 둘째 수와 셋째 수는 다음과 같다. "平生自信仗忠誠, 毁譽榮枯已不驚. 今夜政須高枕睡, 巧言那更畏三彭./ 邁兒能舞亦能歌, 一室風流也多. 香篆欲殘燈燼落, 滿庭風雪夜如何."
29) 홍성민,〈경신〉,《졸옹집(拙翁集)》권5, 장8a(《총간》46, 494쪽).
30) 홍성민,《졸옹집》권3, 장18b(《총간》46, 467쪽).
31) 이수광,《지봉집》권12, 장12(《총간》66, 112쪽).
32) 김효원,〈수경신록회자조겸기제생(守庚申錄懷自嘲兼寄諸生)〉,《성암유고(省菴遺稿)》권1, 장43(《총간》41, 357쪽).

■ 일러두기

이 책에 실렸거나 관련되는 글의 원출전과 본래 제목은 다음과 같다. 하지만 원고는 상당한 첨삭과 손질을 거쳤으므로, 혹 학술 자료로 인용할 경우 이 책에 따라주기 바란다.

〈한국한시와 도교〉,《국문학과 도교》, 한국고전문학회 편, 태학사, 1998, 51~77쪽.
이종은·정민 외,〈한국문학에 나타난 유토피아 의식 연구〉,《한국학논집》제28집, 한양대 한국학연구소, 1996.2, 7~226쪽.
〈16,7세기 유선시의 자료개관과 출현동인〉,《한국도교사상의 이해》, 아세아문화사, 1990, 99~132쪽.
〈유선문학의 서사구조와 도교적 상상력〉,《한국도교와 도가사상》, 아세아문화사, 1991, 193~218쪽.
〈유선사부의 도교적 상상력〉,《한국학논집》제26집, 한양대 한국학연구소, 1995.2, 195~208쪽.
〈조선 전기 유선사부 연구〉,《도교의 한국적 변용》, 아세아문화사, 1996, 199~224쪽.
〈허균의 동국명산동천주해기와 도교문화사적 의미〉,《한국의 신선사상》, 도교문화연구 제14집, 도서출판 동과서, 2000, 37~70쪽.
〈삼시설과 수경신 신앙〉,《종교신학연구》제10집, 서강대 종교신학연구소, 1997, 87~108쪽.
〈실락원의 비가, 유선시〉,《한시미학산책》, 솔출판사, 1996, 423~438쪽.

작가와 작품 찾아보기

ㄱ

곽기수
  〈유선사〉 126, 127, 131, 136

곽박(郭璞) 121, 123, 124, 145
  〈유선시〉 121, 123

굴원(屈原) 122, 222, 250~252
  〈원유(遠遊)〉 122, 251, 252
  〈이소〉 251

권극중(權克中) 52, 56, 126, 130, 131, 144, 152, 156, 158~160
  〈금단음(金丹吟)〉 52, 53, 145, 296
  〈구자음(九子吟)〉 158
  〈금단의 세 요소(金丹三事)〉 52
  〈단법의 세 관문(丹法三關)〉 52, 54
  〈두류산가(頭流山歌)〉 52, 145
  〈만남궁진사(挽南宮進士)〉 145
  〈무제(無題)〉 52, 144
  〈삼신산가(三神山歌)〉 52, 145
  〈신악부풍유시(新樂府諷諭詩)〉 161

권필 129, 143, 159, 162, 198
  〈곡고옥정선생작(哭古玉鄭先生碏)〉 159
  〈기몽(記夢)〉 129, 143
  〈비광희증우인(飛光戲贈友人)〉 129, 141
  〈임관보전만사(任寬甫鋌挽詞)〉 151
  〈잡시〉 211

기준 127, 135
  〈영선(詠仙)〉 127, 135

김려(金鑢) 167
  〈장생전(蔣生傳)〉 167

김만중 130, 145
〈기몽(記夢)〉 130, 145
〈무제〉 141
〈요지사(瑤池詞)〉 130, 145
〈회남왕가(淮南王歌)〉 140, 146

김상헌 126, 129, 131, 144
〈유선(游仙)〉 129, 144
〈차유선사운(次遊仙詞韻)〉 129, 143

김시습(金時習) 58, 126, 133, 156, 158, 205, 211
〈삼청궁으로 벗을 찾아가(訪友於三淸宮適醮立冬)〉 58
〈능허사〉 30, 126, 133, 205
〈망삼산(望三山)〉 127
〈복기(服氣)〉 158
〈서불을 조롱하며(嘲徐市)〉 211
〈수진(修眞)〉 158
〈용호결(龍虎訣)〉 158, 159, 296
〈유선가(遊仙歌)〉 127, 134

김안로(金安老) 345
〈경신일관아조수야(庚申日觀兒曹守夜)〉 345

김인후(金麟厚) 101
〈몽유청학동(夢遊靑鶴洞)〉 101

김정희 30, 130, 146, 167, 168
〈소유선사(小遊仙詞)〉 30, 130, 146, 167

김효원(金孝元) 344, 346
〈경신야기제생(庚申夜寄諸生)〉 346
〈수경신을 하다가 자조의 마음을 담아(守庚申錄懷自嘲兼寄諸生)〉 344

김휴의 〈선인야유곡(仙人夜遊曲)〉 145

ㄴ, ㄷ, ㅂ

남극관 268, 279~282, 288, 289, 302
〈제동국명산동천지(題東國名山洞天志)〉 268, 270, 279

남유용 130, 132, 146
〈구선요(求仙謠)〉 130, 146

남효온(南孝溫) 202, 221, 223, 229, 231, 254, 259
〈대춘부(大椿賦)〉 202, 223, 240, 251, 258, 259
〈득지락부(得至樂賦)〉 202, 224,

240, 251
〈약호부(藥壺賦)〉 202, 224, 231, 254, 258

노수신(盧守愼) 346
〈경신야병수(庚申夜病睡)〉 346

도연명(陶淵明) 38, 48, 88, 120, 141, 177
〈한정부병서(閒情賦幷序)〉 38

박상(朴祥) 225, 247, 251, 152, 256
〈몽유(夢遊)〉 225, 247, 248, 251, 252

ㅅ
사마상여(司馬相如) 251
〈대인부(大人賦)〉 251
〈자허부(子虛賦)〉 251

서거정(徐居正) 339
〈경신일 밤에(庚申夜題寄吳同隣)〉 339

성현(成俔) 127, 345
〈경신일여회평저정숙가외휴주위여(庚申日如晦平佇正叔可畏携酒慰余)〉 345

〈보허사(步虛詞)〉 127, 134
〈효선요(曉仙謠)〉 127, 134

소세양(蘇世讓) 63, 341
〈경신일 밤(庚申夜)〉 341

신범(辛汎) 323, 333
〈수경신설(守庚申說)〉 323, 333

신흠(申欽) 129, 298, 346
〈경신일 기 남창(庚申日寄南窓)〉 346
〈독산해경(讀山海經)〉 129, 141
〈선인편(仙人篇)〉 141
〈승천행(升天行)〉 123, 141

심의(沈義) 127, 183, 201, 225
〈광한전부(廣寒殿賦)〉 127, 135, 225
〈꿈이야기(記夢)〉 183
〈대관부(大觀賦)〉 226
〈대관재몽유록(大觀齋夢遊錄)〉 183
〈반도부(蟠桃賦)〉 127, 134, 201, 226
〈산목자구부(山木自寇賦)〉 226
〈속하경조유선시(續何敬祖遊仙詩)〉 127, 135, 256

심희수(沈喜壽) 346
〈경신야서회시엄한림성(庚申夜書懷示嚴翰林惺)〉 346

ㅇ

안노생(安魯生) 43
〈읍선루(挹仙樓)〉 43

엄흔(嚴昕) 345
〈경신야여린우회우송당(庚申夜與隣友會于松堂)〉 345

오균(吳筠) 125
〈보허사(步虛詞)〉 125
〈유선시〉 125

완적(阮籍) 73, 123
〈영화시〉 123

유방선(柳方善) 84
〈청학동(青鶴洞)〉 84

유종원(柳宗元) 328
〈삼시충을 나무라는 글(罵尸蟲文)〉 328, 342

유호인(俞好仁) 221~223, 256
〈몽유청학동사(夢遊青鶴洞辭)〉 223, 242, 251, 258

이경석(李景奭) 346
〈경신일구호각기이여성령공시윤십일월야(庚申日口號却寄李汝省令公時閏十一月也)〉 346
〈수경신(守庚申)〉 29, 60, 62, 63, 66, 317~319, 321~326

이달(李達) 28, 59, 126, 127, 135, 149, 150, 152, 153, 163, 164
〈삼청동을 노닐다(遊三清洞)〉 59
〈강선곡차청간정운(降仙曲次青澗亭韻)〉 127, 135
〈보허사〉 30, 125, 135, 137
〈무산도중봉우감회(巫山道中逢雨感懷)〉 136
〈유삼청동(遊三清洞)〉 136
〈증도인(贈道人)〉 136
〈차권진사운(次權進士韻)〉 127, 135
〈청학동(青鶴洞)〉 77, 82~86, 94, 102

이달충(李達衷) 40
〈취한 노래(醉歌)〉 40

이민성(李民宬) 346
〈수경신(守庚申)〉 346

〈차백사경신운(次白沙庚申韻)〉 346

이백(李白) 74, 125
〈등아미산(登峨眉山)〉 125
〈여산요(廬山謠)〉 125
〈회선가(懷仙歌)〉 125

이색(李穡) 183
〈해상(海上)〉 97, 301

이수광(李睟光) 30, 63, 110, 126, 128, 140, 151, 153, 186, 297, 342
〈경신일 밤(庚申夜)〉 63
〈꿈이야기(記夢)〉 183, 186
〈서몽(敍夢)〉 129, 141
〈유선사〉 30, 128, 141, 153

이숭인(李崇仁) 99
〈사문도회고(沙門島懷古)〉 99

이식(李植) 346
〈경신야회화희술(庚申夜會話戲述)〉 346

이언진 126, 130, 132, 136
〈유선사〉 130, 146

이이(李珥) 161, 227, 297
〈공중누각부(空中樓閣賦)〉 227
〈유가야산부(遊伽倻山賦)〉 227, 234, 240, 248

이인로(李仁老) 49
〈아침에 일어나 머리 빗으며(早起梳頭效東坡)〉 49
〈청학동〉 86

이정암(李廷馣) 346
〈경신야유감3수(庚申夜有感三首)〉 346

이주(李冑) 345
〈경신야(庚申夜)〉 345

이집(李集) 62, 338
〈지난날을 생각하며(念昔一首呈諸君子)〉 62

이춘영(李春英) 128, 180, 297
〈화표주를 보며(華表柱次松江韻五首)〉 180
〈기제선몽대(寄題仙夢臺)〉 128, 141
〈독신선전(讀神仙傳)〉 30, 128, 132~140, 297
〈제왕모대(題王母臺)〉 141
〈화표주차송강운(華表柱次松江韻)〉

128, 140

이행(李荇) 227
〈등영주(登瀛洲)〉 227

임전 30, 126, 128, 137, 151, 158, 159, 162
〈송민도인조천병서(送閔道人朝天幷序)〉 139
〈억양봉래선장(憶楊蓬萊仙庄)〉 139
〈월중사(月中詞)〉 128, 137
〈자삼청도관보출정공모암이시제지(自三淸道觀步出政公茅菴以詩題之)〉 139
〈제양봉래선생선장(題楊蓬萊先生仙庄)〉 139
〈증민도인(贈閔道人)〉 139
〈천상요(天上謠)〉 128, 137

임제 126, 127, 132, 137, 149, 152, 160, 162~164
〈보허사〉 30, 125, 137
〈사선요(思仙謠)〉 137
〈효적선체(效謫仙體)〉 127, 137

ㅈ

장경세 30, 126, 127, 136

〈유선사〉 30, 127

정두경(鄭斗卿) 107, 127, 130, 298
〈유선사(遊仙詞)〉 107, 130, 145
〈청하자시집서(靑霞子詩集序)〉 160

정범조 126, 130
〈유선사〉 130, 132, 146

정성경 126, 130, 145
〈보허사〉 130, 145

정약용(丁若鏞) 89, 92~94, 167
〈미원은사가(薇源隱士歌)〉 89, 93, 94
〈조신선전(曺神仙傳)〉 167

정철 161~163, 249
〈관동별곡〉 178, 180, 249

정희량(鄭希良) 47, 48, 156, 160, 296
〈혼돈주의 노래(混沌酒歌)〉 47
〈산은설(散隱說)〉 156, 160

조당(曺唐) 125, 152~154
〈대유선시(大遊仙詩)〉 125
〈소유선사(小遊仙詞)〉 153~155

조비(曹丕) 123
⟨부용지작(芙蓉池作)⟩ 123
⟨절양류행(折楊柳行)⟩ 123

조식(曹植) 123, 250
⟨계지수행(桂之樹行)⟩ 123
⟨승천행(升天行)⟩ 123
⟨오유영(五遊詠)⟩ 123
⟨원유(遠遊)⟩ 123
⟨유선(遊仙)⟩ 123

조욱(趙昱) 44, 52
⟨사선봉에 노닐며(遊四仙峯次通川東軒板上韻)⟩ 44

조조(曹操) 123
⟨기출갈(氣出喝)⟩ 123
⟨정열(精列)⟩ 123
⟨추호행(秋胡行)⟩ 123

조찬한(趙纘韓) 35, 129, 209
⟨몽선요(夢仙謠)⟩ 35, 129, 209
⟨대설(大雪)⟩ 129, 144, 159
⟨대은은심설(大隱隱心說)⟩ 160
⟨옥석각(玉舄閣)⟩ 129, 144
⟨유선사⟩ 129
⟨혼돈가(混沌歌)⟩ 160

조희일(趙希逸) 229, 232, 234, 256

⟨요지연부(瑤池宴賦)⟩ 229, 232, 234, 242, 257

진화(陳澕) 86, 94
⟨도원가(桃源歌)⟩ 86, 92

ㅊ, ㅎ

최경창 126, 127, 136, 149, 151, 163
⟨간예주수물책약록화(簡藥珠倅勿責蒡綠華)⟩ 127, 136
⟨조천궁(朝天宮)⟩ 127, 136
⟨천단(天壇)⟩ 127, 136

최유청(崔惟淸) 39
⟨잡흥(雜興)⟩ 39

최치원(崔致遠) 27, 37, 257
⟨난랑비서(鸞郎碑序)⟩ 27
⟨우흥(寓興)⟩ 37

허균(許筠) 30, 113, 129, 142, 152, 153, 155, 157~160
⟨고천예선요(姑泉禮仙謠)⟩ 129, 142
⟨꿈이야기(夢記)⟩ 181
⟨남궁선생전⟩ 157, 256, 302
⟨몽기(夢記)⟩ 129

〈몽유연광정부(夢遊練光亭賦)〉 129, 228, 249
〈몽해〉 113, 155, 158, 178
〈사계정사기〉 283, 285, 289, 290
〈상원군왕총기〉 282, 283, 289, 290
〈상청사(上淸辭)〉 30, 129, 142
〈열선찬(列仙贊)〉 129, 142
〈해산선몽요(海山仙夢謠)〉 142
〈훼벽사(毁璧辭)〉 129, 142, 228, 246

허난설헌(許蘭雪軒) 31, 103, 105, 119, 128, 136, 139, 151, 152, 162, 163
〈견흥(遣興)〉 128, 151
〈광한전백옥루상량문(廣寒殿白玉樓上樑文)〉 105, 128, 140
〈망선요(望仙謠)〉 31, 128, 139
〈몽유광상산시(夢遊廣桑山詩)〉 103
〈몽유광상산시서(夢遊廣桑山詩序)〉 128, 140

〈몽작(夢作)〉 128, 139
〈보허사(步虛詞)〉 128, 152
〈유선사〉 30, 128, 136, 140, 153, 154, 297
〈황제유사천단(皇帝有事天壇)〉 128, 129

허봉(許篈) 100, 128, 137, 162
〈상원 부인(上元夫人)〉 100, 128, 137
〈옥동요(玉童謠)〉 128, 137
〈자도음(紫桃吟)〉 128, 137
〈조천궁(朝天宮)〉 128, 137

홍성민(洪聖民) 342
〈경신(庚申)〉 342
〈경신일 밤에 병 앓다 읊조리다(庚申夜病中偶吟)〉 342

홍유손(洪裕孫) 42, 156, 159, 160, 296
〈한잔 먹세그려(將進酒)〉 42

초월의 상상

정민의 도교 미학 깊이 읽기

1판 1쇄 발행일 2002년 5월 28일
1판 3쇄 발행일 2022년 4월 18일

지은이 정민

발행인 김학원
발행처 (주)휴머니스트출판그룹
출판등록 제313-2007-000007호(2007년 1월 5일)
주소 (03991) 서울시 마포구 동교로23길 76(연남동)
전화 02-335-4422 **팩스** 02-334-3427
저자·독자 서비스 humanist@humanistbooks.com
홈페이지 www.humanistbooks.com
유튜브 youtube.com/user/humanistma **포스트** post.naver.com/hmcv
페이스북 facebook.com/hmcv2001 **인스타그램** @humanist_insta

편집 선완규 조경숙 박지홍 노희순 **디자인** 이준용 **사진** 전성현
조판 새일기획 **인쇄** 청아디앤피 **제본** 민성사

ⓒ 정민, 2002

ISBN 978-89-89899-11-2 03810

- 이 책은 저작권법에 따라 보호받는 저작물이므로 무단 전재와 무단 복제를 금합니다.
- 이 책의 전부 또는 일부를 이용하려면 반드시 저자와 (주)휴머니스트출판그룹의 동의를 받아야 합니다.